Special Thanks to

세상이 아무리 바쁘게 돌아가더라도
책까지 아무렇게나 빨리 만들 수는 없습니다.

길벗은 독자 여러분이
가장 쉽게, 가장 빨리 배울 수 있는 책을
한 권 한 권 정성을 다해 만들겠습니다.

독자의 1초를 아껴주는 정성을
만나보세요.

홈페이지의 '독자광장'에서 책을 함께 만들 수 있습니다.

㈜ 도서출판 길벗 www.gilbut.co.kr
길벗이지톡 www.eztok.co.kr
길벗스쿨 www.gilbutschool.co.kr

예제 및 완성 파일 다운로드

이 책에 사용된 예제 파일과 완성 파일은 길벗출판사 홈페이지(www.gilbut.co.kr)에서 다운로드할 수 있습니다.

● **예제 및 완성 파일** : 예제를 따라하면서 꼭 필요한 예제 파일과 완성 파일을 파트별로 담았습니다.

1단계   Q 포토샵 CC 2023 무작정 따라하기   [검색]   에 찾고자 하는 책 이름을 입력하세요.

2단계   검색한 도서로 이동한 다음 (자료실) 탭을 선택하세요.

3단계   예제 및 완성 파일 등 다양한 실습 자료를 다운로드하세요.

PS

PHOTOSHOP CC SHORTCUTS

포토샵 CC 단축키

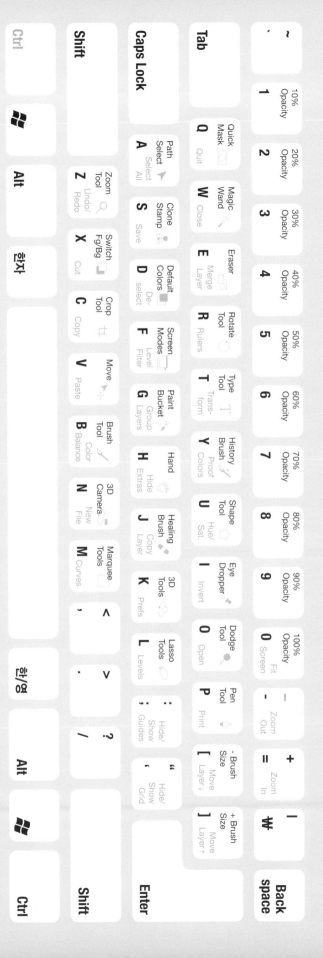

`	
1	10% Opacity
2	20% Opacity
3	30% Opacity
4	40% Opacity
5	50% Opacity
6	60% Opacity
7	70% Opacity
8	80% Opacity
9	90% Opacity
0	100% Opacity
-	Zoom Out
=	Zoom In
I ₩	
Back space	

Tab
Q	Quick Mask / Quit
W	Magic Wand / Close
E	Eraser / Merge Layer
R	Rotate Tool / Rulers
T	Type Tool / Trans-form
Y	History Brush / Proof Colors
U	Shape Tool / Hue/Sat.
I	Eye Dropper / Invert
O	Dodge Tool / Open
P	Pen Tool / Print
[	- Brush Size / Move Layer↓
]	+ Brush Size / Move Layer↑
Enter	

Caps Lock
A	Path Select / Select All
S	Clone Stamp / Save
D	Default Colors / De-select
F	Screen Modes / Level Filter
G	Paint Bucket / Group Layers
H	Hand / Hide Extras
J	Healing Brush / Copy Layer
K	3D Tools / Prefs
L	Lasso Tools / Levels
;	Hide/Show Guides
'	Hide/Show Grid
Enter	

Shift
Z	Zoom Tool / Undo/Redo
X	Switch Fg/Bg / Cut
C	Crop Tool / Copy
V	Move / Paste
B	Brush Tool / Color Balance
N	3D Camera / New File
M	Marquee Tools / Curves
<	
>	
? /	
Shift	

Ctrl | **⊞** | **Alt** | **한자** | **한/영** | **Alt** | **⊞** | **Ctrl**

포토샵CC2023
무작정 따라하기

Photoshop

민지영 × 문수민 × 앤미디어 지음

포토샵 2023 무작정 따라하기
The Cakewalk Series – Photoshop CC 2023

초판 발행 · 2023년 2월 24일

지은이 · 민지영, 문수민, 앤미디어
발행인 · 이종원
발행처 · (주)도서출판 길벗
출판사 등록일 · 1990년 12월 24일
주소 · 서울시 마포구 월드컵로 10길 56(서교동)
대표전화 · 02)332-0931 | **팩스** · 02)323-0586
홈페이지 · www.gilbut.co.kr | **이메일** · gilbut@gilbut.co.kr

기획 및 책임 편집 · 최근혜(kookoo1223@gilbut.co.kr)
디자인 · 장기춘 | **제작** · 이준호, 손일순, 이진혁
영업 마케팅 · 전선하, 차명환, 박민영 | **영업관리** · 김명자 | **독자지원** · 윤정아, 최희창

편집 진행 · 앤미디어 | **전산 편집** · 앤미디어
CTP 출력 및 인쇄 · 교보피앤비 | **제본** · 경문제책

ISBN 979-11-407-0323-4 03000
(길벗 도서번호 007163)

정가 22,000원

독자의 1초까지 아껴주는 정성 길벗출판사

길벗 IT교육서, IT단행본, 경제경영서, 어학&실용서, 인문교양서, 자녀교육서 ▶ www.gilbut.co.kr
길벗스쿨 국어학습, 수학학습, 어린이교양, 주니어 어학학습, 학습단행본 ▶ www.gilbutschool.co.kr

페이스북 www.facebook.com/gilbutzigy
네이버 포스트 post.naver.com/gilbutzigy

실습 예제부터 실전 활용까지!
동영상으로 배우는 포토샵 CC 2023

새롭게 선보이는 CC 2023 버전의 포토샵은 보다 섬세하고 빠르게 고품질의 디자인 작업을 할 수 있도록 기능들이 업그레이드되었습니다. 섬세하게 이미지를 다듬고 조정이 가능하도록 기능이 향상되어 효율적으로 작업할 수 있습니다.

작업자의 편의와 안정성을 위한 CC 2023

포토샵은 버전이 올라갈수록 한번의 클릭으로 원하는 이미지를 섬세하게 선택하거나 배경 이미지를 채우는 기능이 보강되었습니다. 또한 뉴럴 필터(Neural Filters) 기능은 사용자가 유용하게 활용할 수 있는 필터들이 하나씩 추가되고 있습니다. 이번 버전에서는 손상이 심한 오래된 사진도 한번의 클릭으로 간단하게 보정되는 사진 복원 필터도 제공합니다.

포토샵 CC 2023 버전 업그레이드로 인해 포토샵 사용자의 작업 안정성이 보강되어 어도비 클라우드에 작업물을 저장하고, 어느 장소에서도 포토샵을 로그인하여 사용할 수 있습니다. 공동 작업의 경우에는 상대방이 어도비 계정이 없어도 피드백도 가능합니다.

GTQ 전문 포토샵 강사의 강의 동영상 제공

포토샵 CC 2023은 기능으로 인한 불필요한 시간과 노력을 줄여주고, 프로그램의 안정성에 초점을 맞추고 있습니다. 이에 따라 《포토샵 CC 2023 무작정 따라하기》도 독자의 시간을 절약하고, 작업 과정을 쉽게 학습할 수 있도록 핵심 기본 이론과 실습 예제를 제공합니다. GTQ 시험 대비 실력을 올리고, 포토샵 활용 능력을 업그레이드하기 위해 GTQ 전문 포토샵 교육 강사의 강의 동영상을 제공하고 있습니다.

'동영상으로 배우는 포토샵 CC 2023' 코너를 통해 전문 강사의 기능 소개와 활용 예제 강의 동영상을 QR 코드로 제공하여 스마트폰이나 태블릿으로 영상을 확인할 수 있습니다(유튜브 채널에서는 youtube.com/@photoshop_follow에서 예제 강의 동영상을 확인하세요).

강의 동영상을 통해 GTQ 시험에서 예제를 작성하는 과정이나 디자인 업무 작업 과정의 흐름을 이해하고 혼자서도 손쉽게 학습할 수 있을 것입니다. 책에서 제공하는 예제 소스를 불러들여 동영상과 함께 공부해 보세요.

THANKS TO

이 책을 위해 도움을 주신 많은 분들에게 감사합니다. 책이 기획되고 나오기까지 신경 써 주신 길벗출판사 최근혜 차장님과 기획 진행, 편집 디자인을 담당한 앤미디어 김민혜 님, 박기은 님, 유선호 님 집필해주신 교수님께 진심으로 고마움을 전합니다.

이것만 공부하세요!

새롭게 선보이는 CC 2023 버전의 포토샵은 보다 섬세하고 빠르게 고품질의 디자인 작업을 할 수 있도록 기능들이 업그레이드 되었습니다. 섬세하게 이미지를 다듬고 조정이 가능하도록 기능이 향상되어 효율적인 작업이 가능합니다.

❶ 포토샵 시작 단계 : 포토샵의 신기능과 구성을 살펴라!

새 기능 살피기	→	작업 화면 익히기
CC 2023 신기능(34쪽)		작업 도구(52쪽)
		작업 패널(57쪽)

❷ 포토샵 기본기 단계 : 이미지 크기와 선택, 변형을 배우자!

선택 영역 익히기	→	이미지 조정
선택 영역 지정(104쪽)		이미지 크기 조정(80쪽)
이미지 간편 선택(113쪽)		캔버스 크기 조정(83쪽)
선택 영역 변형(121쪽)		

❸ 사진 보정 단계 : 원하는 내 사진을 만들자!

어둡게 촬영된 사진이나 선명하지 않은 사진을 보정하는 방법을 알아보세요. 밝고 선명하게 사진을 업그레이드 하세요.

사진 명도, 색채 보정	→	사진 보정
밝게 보정(191쪽)		피부 보정(206쪽)
명도와 대비 조정(192쪽)		스타일 사진 보정(206쪽)
채도 조정(197쪽)		얼굴 표정 변경(146쪽)
흑백 이미지 변환(203쪽)		계절 변경(150쪽)

취미로 디자인하는 분들을 위한 학습법

포토샵을 취미로 배우는 분이세요? 취미로 포토샵을 배우기 위해서는 일상에서 촬영한 사진이나 여행 사진, 나만의 프로필 사진, 인스타그램이나 유튜브에 사용되는 채널 이미지 제작과 문자 합성을 위한 기능을 익히세요. 주로 사진 보정 기능과 원하는 형태로 이미지를 자르고, 만드는 기본 기능은 필수입니다. 포토샵의 기본기를 점검하고, 포토샵의 자동 기능으로 손쉽게 작업해 보세요.

포토샵의 신기능을 이용하면 쉽고 빠르게 원하는 이미지를 만들 수 있으므로, 신기능과 자동 기능을 살펴보는 것이 좋아요.

파일 다루기	자동 기능
파일 생성(65쪽)	자동 이미지 선택(112쪽)
파일 열기(68쪽)	색상 자동 보정(190쪽)
파일 저장(70쪽)	뉴럴 필터(146쪽)
크기 조정(80쪽)	

이미지와 캔버스 크기를 조정하거나 자르는 것은 기본이며, 특정 영역을 선택하고 변형하는 방법을 필수적으로 익혀야 해요.

이미지 자르기	이미지 변형
비율로 자르기(127쪽)	자유자재로 변형(134쪽)
바르게 자르기(131쪽)	

❹ 문자 입력 단계 : 직관적인 메시지를 전달하라!

이미지 위에 문자 입력 방법과 문자 크기와 형태, 위치를 조정하는 방법을 배우세요. 메시지와 함께 문자를 구성해 보세요.

문자 도구 다루기	글꼴 사용하기
문자 도구 종류(356쪽)	포토샵 제공 글꼴(364쪽)
문자 입력(360쪽)	입력을 위한 패널(357쪽)
문자 수정(360쪽)	글꼴 변형 옵션바(358쪽)

디자이너로 취업 준비하는 분들을 위한 학습법

포토샵을 취업을 위해 배우는 분이세요? 취업을 위한 포토샵 기능은 실무에 초점을 맞춰야 합니다. 보고서나 프레젠테이션, 다양한 디자인 요소 제작, 콘텐츠에 필요한 소컷 작업 등 업무에 필요한 포토샵 기능을 배워 보세요.

❶ 작업 원포인트 미리 보기 : 포토샵 작업 패턴을 이해하라

효율적인 작업 방식	→	효과적인 합성 작업

자동 및 수동 작업(36쪽)
쉽고 빠른 작업 방식(37쪽)
이미지 조절(38쪽)

합성과 보정 작업(39쪽)
합성을 위한 레이어(40쪽)
이미지 배경 연출(41쪽)

❷ 파일 공유와 액션 작업 단계 : 어도비 클라우드와 단축 기능을 사용하라

작업자들과 협업을 하거나 작업물을 공유하기 위한 방법과 반복적인 작업을 효율적으로 처리하는 방법을 알아보세요.

작업 파일 저장	→	작업 시간 단축

클라우드 공간 저장(71쪽)

히스토리 패널(88쪽)
액션 기능(88쪽)
오토메이트 기능(94쪽)
배치 기능(94쪽)

❹ 색상 보정 단계 : 작업물의 색상 톤을 보정하라

고급 보정

특정 톤 보정(192쪽)
색상 균형(202쪽)
특정 색상 대체(204쪽)

❺ 패스선과 드로잉 단계 : 디자인 창작을 위한 드로잉 손맛을 익혀라

드로잉 도구의 이해

브러시 도구(298쪽)
연필 도구(300쪽)
브러시 옵션 설정(302쪽)

수십, 수백 장에 이르는 반복적인 작업부터 협업에 필요한 작업물 피드백, 세밀한 누끼 작업, 속성과 디자인 스타일 작업 방법을 배워 업무에 사용해 보세요.

실무 작업에 따라 작업 패턴을 어떻게 구성하고, 컬러부터 합성, 인쇄용 작업, 품질 조정 등을 체크해 보세요.

$\longrightarrow$

컬러 & 인쇄 이해

명도, 채도, 색상 이해(42쪽)
이미지 품질(43쪽)

$\longrightarrow$

저작권, 디자인 소스

이미지 구입(45쪽)
어도비 클라우드 저장(45쪽)

❸ **이미지 변형부터 합성 단계 :**
섬세한 변형과 합성 기능을 마스터하라

실무에서 원하는 디자인 작업을 위한 디테일한 변형과 합성
과정을 배워 보세요. 동영상 예제로 작업 패턴을 확인하세요.

이미지 변형 $\longrightarrow$ **레이어 익히기** $\longrightarrow$ **채널 익히기**

원근감 변형(138쪽)
기울어진 이미지 조절(143쪽)
자연스러운 변형(142쪽)

레이어 마스크(245쪽)
그룹 레이어(226쪽)
레이어 스타일(237쪽)

채널 종류(274쪽)
채널 만들기(276쪽)
이미지 추출(283쪽)

세밀한 작업을 위한 패스선 작성과 브러시 도구와 연필 도구를 이용한 드로잉 방법을 배워 보세요.

$\longrightarrow$

지우기

지우개 관련 도구(311쪽)
복제(314쪽)
잡티 제거(317쪽)

$\longrightarrow$

패스선 드로잉

패스 도구(324쪽)
자유로운 선택 영역 지정(333쪽)
패스선 따기(336쪽)
선과 도형 그리기(338쪽)

그래픽기술자격증을 준비하는 분들을 위한 학습법

포토샵을 GTQ 시험을 위해 배우는 분이세요? GTQ 시험 목적은 포토샵의 전반적인 기능을 이해하고 활용할 수 있도록 디자인 능력을 평가합니다.

❶ 작업 전 숙지사항 :
문제 예시물 세팅을 숙지하라

예시물을 작성하기 위한 포맷과 규정된 도큐먼트 작성 방법을 체크해 보세요.

작업 화면 익히기 ⟶ **파일 다루기**

작업 화면 익히기	파일 다루기
작업 도구(52쪽)	파일 생성(65쪽)
작업 패널(57쪽)	파일 저장(70쪽)
색상 모드(270쪽)	이미지 크기 조절(80쪽)
	캔버스 크기 조절(83쪽)

❸ 이미지 합성 단계 :
이미지 소스를 합성하라

❹ 예시 그래픽 효과 단계 :
완성도를 높이는 그래픽 효과를 적용하라

이미지 합성

레이어 패널 사용(218쪽)
레이어 스타일 효과(237쪽)
레이어 마스크(245쪽)

색 채움과 변형

그러데이션 효과(209쪽)
패턴 등록 적용(180쪽)

❺ 동영상으로 배우는 활용 단계 : 실전 활용 예제를 연습하라

이미지 변형 활용 예제 ⟶ **채도와 색상 활용 예제**

이미지 변형 활용 예제	채도와 색상 활용 예제
그러데이션 변형(156쪽)	기본 레이아웃 구성(212쪽)
자유 변형 기능(156쪽)	그레이디언트 맵(212쪽)
문자 변형 기능(156쪽)	채도 보정 기능(212쪽)

따라서 이미지 추출과 조합, 이미지 편집을 위한 포토샵의 기능부터 그래픽 효과를 표현할 수 있는 레이어 스타일, 다양한 셰이프 제작과 패턴, 필터 기능까지 꼼꼼하게 학습해야 합니다. 특히 본서에서 예시하는 과제를 동영상으로 배우고 따라하며 제작해 보세요.

❷ **예시 이미지 편집 단계 :**
  가장 많이 출제되는 이미지 편집을 익혀라

예시 문제는 이미지 합성과 구성력을 측정하기 때문에 레이어를 이용한 작업 방법을 이해해야 해요.

선택 영역 익히기 → **이미지 편집** → **이미지 변형**

선택 영역 지정(104쪽) 이미지 자르기(127쪽) 트랜스폼 기능(134쪽)
이미지 간편 선택(113쪽) 이미지 이동(106쪽) 셰이프 제작(338쪽)
선택 영역 편집(110쪽) 이미지 복제(314쪽) 셰이프 편집 변형(340쪽)

컬러, 그러데이션을 이용한 색 채움, 문자 효과, 다양한 필터를 이용하여 그래픽 효과를 만들어 보세요.

색상 보정 → **문자 효과** → **필터 효과**

명도 보정(191쪽) 문자 입력과 변형(360쪽) 필터 갤러리 사용(383쪽)
특정 톤의 명도 대비(192쪽) 문자 단락 사용(359쪽) 회화 필터 효과(381쪽)
채도와 노출 보정(196쪽) 문자 스타일(374쪽) 이미지 변형 필터(382쪽)
피부 보정(317쪽) 패스 문자(366쪽) 다중 필터 사용(383쪽)

포토샵의 필수 기능을 이용하여 작업물을 만드는 과정을 본서에서 제공하는 동영상으로 배워 보세요.

레이어 합성 활용 예제 → **채널 활용 예제** → **문자 효과 활용 예제**

아웃 그로우 효과(266쪽) 이미지 추출(294쪽) 둥근 모서리 제작(396쪽)
그레이디언트 오버레이 효과(266쪽) 픽셀 유동화 필터(294쪽) 도형 도구 편집(396쪽)
그림자 효과(266쪽) 뒤틀기 기능(294쪽) 문자 입력과 효과(396쪽)
레이어 블렌딩 모드(266쪽) 그레이디언트 효과(294쪽)

실력 업! CAPA UP!
체계적인 구성을 따라 쉽고 빠르게 공부하세요.

포토샵 기능을 쉽게 배우기 위해 필수 포토샵 기본 이론과 실습 예제들을 담았습니다. 직접 따라하면서 포토샵을 배워 보세요. 배운 기능을 응용하여 실습 예제를 따라하면서 포토샵 실력을 업그레이드 하세요.

☞ 필수 이론 & 실습 예제

중요도 표시
중요 표시를 통해 중요도를 확인할 수 있습니다.

시험 대비
GTQ 시험에서 자주 사용되는 기능을 확인할 수 있습니다.

이론
포토샵을 다루기 위해 꼭 알아야 할 필수 기능을 다양한 예시와 함께 설명합니다.

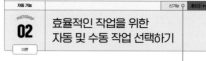

신기능과 포토샵 개념
포토샵 CC 2023의 신기능과 포토샵 작업 개념을 이해할 수 있습니다.

10

실습

학습 내용을 직접 따라할 수 있도록 감각적인 실습
예제로 구성했습니다. 눈으로만 읽지 말고 꼭 직접
따라해 보세요.

Before/After

원본 이미지와 결과물을 미리 볼 수 있습니다.

Why?

포토샵의 활용 폭을 넓히기 위해 예제에서 사용한
기능을 '왜?' 사용했는지를 친절하게 설명합니다.

TIP

따라하기 쉽도록 예제 관련 기본 팁을 제공합니다.
개념에 대한 부연 설명, 관련 정보, 주의할 점은 무엇
인지 등을 설명해 놓았습니다.

볼륨 업! VOLUME UP!
동영상 활용 예제로 시험 대비를 해보세요.

이론과 실습 예제를 이용하여 포토샵의 기본기를 배웠다면 본서에서 제공하는 동영상 활용 예제를 만들어 보세요. 스마트폰이나 태블릿 카메라로 QR 코드를 찍거나 PC에서 유튜브 채널(youtube.com/@photoshop_follow)에 접속해 포토샵 전문 저자 강의 동영상으로 활용 예제 제작 방법을 배워 보세요.

👉 활용 예제 & 동영상 직강　　　●●●

활용 예제
GTQ 대비 필수 활용 예제를 제공해요. 작업 과정을 이해한 다음 작업해 보고, 동영상으로 확인해 보세요.

작업 과정 영상(QR 코드)
작업 과정을 포토샵 강사의 해설과 함께 동영상을 제공하고 있어요. QR 코드를 이용하거나 PC에서 유튜브 채널 강의 영상을 확인하세요.

예제 소개 영상(QR 코드)
스마트폰이나 태블릿으로 QR 코드를 촬영하여 예제 작업 과정을 동영상으로 확인할 수 있어요. PC에서 볼륨을 키우고, 동영상 플레이어의 재생 버튼을 눌러 포토샵 강사의 강의를 듣고, 보면서 학습해요.

작업 과정 소개
예제 작업 시 사용 기능과 작업 과정을 소개합니다. 가장 효율적인 작업 과정을 확인해 보세요.

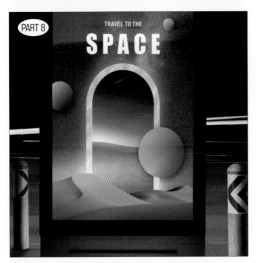

예제 구성

예제 작업에 필요한 포맷과 구성, 소스 파일을 제시
합니다. 포토샵 기능을 학습한 후에 먼저 완성 예제
를 보고 작업해 보세요.

길벗출판사 홈페이지를 적극 활용하세요!

길벗출판사에서 운영하는 홈페이지(www.gilbut.co.kr)에서는 출간한 도서에 대한 정보뿐 아니라 예제 파일 및 완성 파일, 최신 기능 업로드 등 학습에 필요한 자료를 제공합니다. 또한 책을 읽다 모르는 내용이 있다면 언제든지 홈페이지의 도서 게시판에 문의해 주세요. 저자와 길벗 독자지원센터에서 신속하고 친절하게 답해 드립니다.

활용 01 무엇이든 물어보세요!

길벗출판사 홈페이지에 접속한 후 ❶ 검색(🔍) 창에 『포토샵 CC 2023 무작정 따라하기』를 입력해 해당 도서 페이지로 이동하세요. 홈페이지 화면의 오른쪽에 보이는 퀵 메뉴를 이용하면 ❷ 도서 문의를 빠르게 할 수 있습니다.

활용 02 실습 자료 다운로드

이 책에 사용된 모든 예제 파일 및 완성 파일은 자료실에서 다운로드할 수 있습니다. 해당 도서 페이지 아래쪽의 [자료실]을 클릭해 실습 파일을 다운로드하세요. 홈페이지 회원으로 가입하지 않아도 누구나 자료를 다운로드할 수 있습니다.

목차

PART 1 **원포인트 레슨! 포토샵 미리 보기** ● ● ●

01. New 포토샵 CC 2023 신기능 034
    1. 빠르고 정확하게 업그레이드된 오브젝트 선택 도구 034
    2. 한번의 클릭으로 개체를 지우고 감쪽같이 배경 이미지로 합성 ... 034
    3. 공동 작업자와의 협업을 위한 초대 기능 035
    4. 손상된 사진을 감쪽같이 보정하는 뉴럴 필터 035

02. 자동 기능 효율적인 작업을 위한 자동 및 수동 작업 선택하기 ... 036

03. 선택 쉽고 빠른 작업을 위한 자동 선택 활용하기 037

04. 크기 조절 원하는 크기로 자유롭게 이미지 조절하기 038
    1. 이미지 크기 조절하기 | 2. 캔버스 크기 조절하기 038

05. 합성 및 보정 재촬영 없이 간편하게 사진 합성, 보정하기 ... 039

06. 레이어 합성 작업에 효과적인 레이어 이해하기 040

07. 배경 합성 자동으로 이미지 배경 연출하기 041

08. 색 보정할 때 꼭 알아야 할 명도, 채도, 색상 이해하기 042
    1. 명도 | 2. 채도 | 3. 색상 042

09. 이미지 품질 화면 출력용, 인쇄용 작업과 이미지 품질 조정하기 ... 043

10. 문자 문자 입력과 폰트 사용하기 044

11. 디자인 소스 저작권에 상관없는 디자인 소스 사용과 파일 저장하기 ... 045

PART 2 **포토샵 CC 2023 처음 시작하기** ● ● ●

01. 포토샵 실행 포토샵 CC 2023 실행하기 048

02. Sign in · out 여러 대의 컴퓨터에서 포토샵 사용하기 049

03. 작업 환경 작업 화면 밝기 조절하기 050

04. 작업 화면 포토샵 작업 화면 살펴보기 051

05. 도구 클릭으로 실행하는 도구 알아보기 052

06. 패널 옵션 설정은 여기에! 패널 알아보기 057

07. 사용자 패널 사용자 정의 패널 구성하기 062

08. 작업 환경 내게 맞는 작업 환경 만들기 063

09. New File 시작 화면에서 파일 만들기 065

10. New 메뉴 새 문서 만들기 066

15

11. (New Document) 캔버스 만들기 · · · · · · 067

12. (Open 메뉴) 이미지 파일 열기 · · · · · · 068

13. (Place Embedded) 이미지 안에 원본 이미지를 포함하여 파일 불러오기 · · · · · · 069

14. (Save 메뉴) 작업 이미지 저장하기 · · · · · · 070

Exit 명령으로 작업 종료하기 · · · · · · 070

15. (Save 메뉴) PC 또는 클라우드 공간에 파일 저장하기 · · · · · · 071

PART 3 포토샵 작업을 위한 세팅 & 편의 기능 • • •

01. (돋보기, 손 도구) 작업 화면 확대, 축소, 이동하기 · · · · · · 074

02. (다이내믹 뷰 기능) 다이내믹 뷰를 이용해 이미지 탐색하기 · · · · · · 075

03. (Fit Screen) 화면 비율을 조절하여 작업 영역에 알맞게 이미지 확인하기 · · · · · · 076

04. (눈금자, 가이드, 스냅) 눈금자와 가이드 사용하기 · · · · · · 077

1. 눈금자와 단위 표시하기 ｜ 2. 가이드와 스냅 사용하기 · · · · · · 077

05. (가이드 · 스냅) 가이드와 스냅으로 이미지 자르기 · · · · · · 078

06. (Image Size) 이미지 크기 조절하기 · · · · · · 080

07. (Canvas Size) 캔버스 크기 조절하기 · · · · · · 083

08. (Save for Web) 사진 용량 줄이기 · · · · · · 086

09. (Save for Web) 작은 용량의 웹 이미지 만들기 · · · · · · 087

10. (History·Actions 패널) 작업 과정 기록과 반복 작업 해결하기 · · · · · · 088

1. 이전 작업으로 되돌리기 ｜ 2. 반복 작업을 한번에 해결하기 · · · · · · 088

11. (Version History) 버전 히스토리로 작업 과정 기록하기 · · · · · · 092

12. (Automate 메뉴) 작업 시간 단축하기 · · · · · · 094

13. (Batch 기능) 많은 사진을 한 번에 정리하기 · · · · · · 095

14. (PDF Presentation) 여러 장의 이미지를 하나의 PDF 파일로 정리하기 · · · · · · 098

15. (Bridge 기능) 브리지에서 미리 보며 이미지 검색하기 · · · · · · 099

16. (Bridge 기능) 브리지에서 이미지 파일 검색하고 불러오기 · · · · · · 100

17. (Search 기능) 검색하여 기능 실행하기 · · · · · · 101

PART 4 이미지 편집을 위한 다양한 선택과 변형 기능 • • •

01. (도형 선택 도구) 고정된 영역을 선택하는 도구 알아보기 · · · · · · 104

1. 사각형 선택 도구 ｜ 2. 원형 선택 도구 ｜ 3. 세로선 선택 도구 ｜ 4. 가로선 선택 도구 · · · · · · 104

02. (이동&복제 도구) 선택 영역 이동 및 복제하기 · · · · · · 105

1. 선택 영역 이동하기 ｜ 2. 선택 영역 복제하기 · · · · · · 105

03. (올가미 도구) 다양한 형태의 이미지 선택하기 · · · · · · 107

1. 드래그하는 대로 선택하기 │ 2. 클릭하면서 선택하기 107

3. 드래그하는 대로, 자동으로 선택하기 107

04. (선택 도구 옵션바) 선택 기능 살펴보기 110

05. (자동 선택 도구) 자동으로 선택 영역 지정하기 112

1. 빠른 선택 도구 │ 2. 마술봉 도구 112

06. (빠른 선택 도구) 이미지 간편하게 선택하기 113

07. (마술봉 도구) 한 번에 비슷한 영역 선택하기 114

08. (오브젝트 선택 도구) 오브젝트 선택 도구로 이미지 선택하기 115

09. (오브젝트 선택 도구) 이미지 배경을 흑백으로 변경하기 117

10. (Object Finder 기능) 자동으로 이미지 영역 선택하기 119

11. (Modify 메뉴) 선택 영역 변형하기 121

12. (Color Range 기능) 비슷한 색 범위를 선택 영역으로 지정하기 124

13. (Focus Area 기능) 초점에 따라 선택 영역 지정하기 125

14. (자르기 도구) 원하는 비율로 드래그하여 자르기 127

15. (자르기 도구) 프로필 사진 규격으로 이미지 자르기 129

16. (Straighten 기능) 비뚤어진 사진 바르게 자르기 131

PART 5 원하는 형태로 이미지 변형하기 ● ● ●

01. (Transform 기능) 이미지를 자유자재로 변형하기 134

02. (Distort 기능) 이미지에 그림자 효과 적용하기 136

03. (Perspective 기능) 원근감 표현하기 138

04. (Warp 기능) 변형선으로 이미지를 마음대로 변형하기 139

05. (Free Transform 기능) 자유롭게 이미지 변형하기 140

06. (Puppet Warp 기능) 원하는 형태로 자연스럽게 이미지 변형하기 142

07. (Perspective Warp 기능) 기울어진 이미지 바르게 조절하기 143

08. (Neural Filters 기능) 인물과 풍경 자연스럽게 보정하기 145

09. (Content-Aware Scale) 이미지 왜곡을 방지하면서 가로형 배너 만들기 152

10. (Photomerge 기능) 여러 장의 사진을 한 장의 파노라마 사진으로 만들기 154

● 동영상으로 배우는 포토샵 2023 ● 이미지 변형을 이용한 디자인 명함 제작하기

PART 6 이미지에 색상 & 패턴 사용하기 ● ● ●

01. (Color 기능) 전경색과 배경색 지정하기 160

02. (Color Picker) Color Picker로 색상 지정하기 161

03. (페인트통 도구) 페인트통 도구 사용하기   162

04. (Fill 기능) 선택 영역을 색, 이미지, 패턴으로 채우기   165

05. (Content-Aware Fill 명령) 불필요한 대상 한 번에 지우기   170

06. (Content-Aware Fill 기능) 세밀하게 잘린 이미지 살리기   172

07. (그레이디언트 도구) 그러데이션 배경 만들기   175

08. (Gradients 기능) 템플릿을 이용한 그러데이션 만들기   178

09. (Define Pattern 기능) 패턴 등록하고 적용하기   180
    1. 패턴 등록하기 | 2. Fill 대화상자의 Script 옵션 살펴보기   181

PART 7   **컬러 스타일을 위한 이미지 색상 보정하기**   • • •

01. (Auto Color 기능) 색상 자동 보정하기   190

02. (Brightness/Contrast 기능) 어두운 사진 밝게 보정하기   191

03. (Levels 기능) 특정 톤의 명도와 대비 조절하기   192

04. (Curves 기능) 명도와 대비를 조절하여 사진에 강약주기   195

05. (Vibrance 기능) 채도를 조절하여 생동감 있는 사진 만들기   197

06. (Neural Filters 기능) 이미지 합성한 후 어색한 색상 톤 맞추기   198

07. (Hue/Saturation 기능) 색상과 채도를 마음대로 보정하기   200

08. (Color Balance 기능) 색상 균형 조절하기   202

09. (Black & White 기능) 흑백 이미지로 전환하기   203

10. (Replace Color 기능) 특정 색상 대체하기   204

11. (채도와 노출 설정) 채도와 노출 상태 조절하기   205

12. (Skin Smoothing 기능) 피부 보정과 아트 스타일 사진 만들기   206

13. (Neural Filters) 여행지 분위기에 맞는 색상 매치하기   208

14. (Gradient Map 기능) Gradient Map으로 그러데이션 입히기   209

● 동영상으로 배우는 포토샵 2023 ● **채도와 색상을 이용한 음원 레이블 만들기**

PART 8   **레이어를 이용하여 이미지 합성하기**   • • •

01. (레이어) 레이어 알아보기   216
    1. 레이어 구조 이해하기 | 2. 레이어 종류 알아보기 | 3. Layers 패널 살펴보기   218

02. (Layers 패널) 레이어로 이미지 배치하기   219
    1. 레이어 선택하기 | 2. 레이어 이동하기 | 3. 레이어 숨기기   219
    4. 레이어 복제하기 | 5. 레이어 삭제하기 | 6. 레이어 이름 바꾸기   220
    7. 레이어 묶기 | 8. 레이어 합치기 | 9. 보이는 레이어만 합치기   221
    10. 레이어 그룹 만들기 | 11. 레이어 잠그기 | 12. 레이어 색상 지정하기   222

03. (New Group from Layers 기능) **그룹 레이어로 이미지 구성하기** 226

04. (Image Assets 기능) **레이어를 파일로 저장하기** 229

05. (Layers 패널의 블렌딩 모드) **겹친 레이어 합성하기** 230

06. (Layer Style 대화상자) **그러데이션과 패턴 레이어 스타일 적용하기** 237

07. (레이어 마스크) **레이어 마스크로 이미지 합성하기** 245

08. (클리핑 마스크) **문자에 패턴 이미지 합성하기** 249

09. (Sky Replacement 기능) **원하는 형태의 구름 이미지로 합성하기** 254

10. (보정 레이어) **이미지 원본 손상 없이 보정하기** 256

11. (스마트 오브젝트 레이어) **이미지 원본 손상 없이 크기 조절하기** 259

12. (Smart Filters) **스마트 필터 레이어로 노이즈 제거하기** 264

● 동영상으로 배우는 포토샵 2023 ● **레이어 합성 기능으로 포스터 제작하기**

PART 9 색상 정보와 마스크를 위한 채널 사용하기 • • •

01. (Color Mode) **색상 모드 알아보기** 270

   1. Bitmap 모드 ｜ 2. Grayscale 모드 ｜ 3. Duotone 모드 270

   4. Indexed Color 모드 ｜ 5. RGB Color 모드 ｜ 6. CMYK Color 모드 271

   7. Lab Color 모드 ｜ 8. Multichannel 모드 272

   9. Duotone Options 대화상자 273

02. (Channels 패널) **채널 알아보기** 274

03. (알파 채널) **채널 만들어 선택 영역 저장하기** 276

04. (컬러 채널) **복잡한 영역 누끼 따기** 278

05. (채널 마스크) **채널 마스크 알아보기** 281

06. (Select and Mask 기능) **마스크로 특정 이미지 추출하기** 283

   1. Select and Mask 기능 알아보기 283

   2. Select and Mask 옵션 살펴보기 284

07. (Select and Mask 기능) **가느다란 털 선택하고 합성하기** 285

08. (Select and Mask 기능) **머리카락 선택하고 합성하기** 288

09. (Liquify 기능) **얼굴을 자동 인식하여 성형하기** 291

● 동영상으로 배우는 포토샵 2023 ● **채널 기능을 이용한 상품 패키지 디자인**

PART 10 드로잉 도구를 이용하여 그림 그리기 • • •

01. (브러시, 연필 도구) **브러시 도구와 연필 도구 알아보기** 298

   1. 브러시 도구 옵션바 살펴보기 298

   2. 연필 도구 알아보기 300

3. Brush Settings 패널 알아보기 | 4. Brushes 패널 알아보기   301

5. Brush Tip Shape 항목 살펴보기   301

6. Shape Dynamics 옵션 살펴보기 | 7. Scattering 옵션 살펴보기   302

8. Texture 옵션 살펴보기 | 9. Dual Brush 옵션 살펴보기   303

10. Color Dynamics 옵션 살펴보기 | 11. Transfer 옵션 살펴보기   304

12. Noise, Wet Edges, Build-up, Smoothing, Protect Texture 옵션 살펴보기   304

02. (브러시 도구) 인물 일러스트 그리기   305

03. (Define Brush Preset) 문자 브러시로 두께가 있는 입체 문자 만들기   308

04. (지우개 도구) 원하는 부분만 드래그하는 대로 지우기   311

    1. 지우개 도구로 이미지 쉽게 지우기 | 2. 백그라운드 지우개 도구로 배경을 말끔하게 지우기   311

    3. 매직 지우개 도구로 원하는 색상만 한 번에 지우기   311

    4. 아트 히스토리 브러시 도구 사용하기   312

05. (아트 히스토리 브러시 도구) 회화적인 이미지 만들기   313

06. (스탬프 도구) 이미지 복제하기   314

    1. 스탬프 도구 – 스탬프 찍듯 복제하기 | 2. 패턴 스탬프 도구 – 스탬프처럼 이미지 사용하기   314

07. (힐링 도구) 피부 잡티 제거하기   317

    1. 스팟 힐링 브러시 도구 – 인접 픽셀을 이용하여 사진 복원하기   317

    2. 힐링 브러시 도구 – 특정 소스를 이용하여 복원하기   317

    3. 패치 도구 – 넓은 영역을 간단하게 복원하기   318

    4. 콘텐츠 인식 이동 도구 – 이동하고 자동으로 채우기   318

    5. 레드 아이 도구 – 적목 현상 보정하기   318

08. (패스 도구) 패스를 그리는 도구 알아보기   324

    1. 펜 도구 알아보기 | 2. 프리폼 펜 도구 알아보기   324

    3. 내용 인식 추적 도구 알아보기 | 4. 곡률 펜 도구 알아보기   324

    5. 기준점 추가/삭제/변환 도구 알아보기 | 6. 직선 패스 그리기   325

    7. 곡선 패스 그리기 | 8. 자유롭게 패스 수정하기   326

09. (펜 도구) 펜 도구로 일러스트 그리기   327

10. (곡률 펜 도구) 곡률 펜 도구로 방향선 없이 패스 만들기   331

11. (펜 도구) 곡선과 직선의 선택 영역 지정하기   333

12. (Save Path 기능) 로고를 패스선으로 따기   336

13. (셰이프 도구) 선과 도형을 그리는 도구 알아보기   338

    1. 선 도구 알아보기 | 2. 삼각형 도구 알아보기   338

    3. 사각형 도구 알아보기 | 4. 원형 도구 알아보기   339

    5. 다각형 도구 알아보기 | 6. 사용자 셰이프 도구 알아보기   339

    7. 셰이프의 Properties 패널 살펴보기 | 8. 셰이프 도구 옵션바 살펴보기   340

14. (원형 도구) 기본 원형 셰이프 만들기   342

15. (셰이프 도구) 셰이프 도구로 기본 도형을 이용한 이모티콘 그리기   344

16. (사용자 셰이프 도구) 실루엣 이미지 만들기   350

17. (셰이프 그룹과 연산) 밤하늘 이미지 연출하기   351

PART 11 문자 입력과 필터 사용하기 • • •

01. (문자 도구) 문자 도구 종류 알아보기 356
　1. 가로쓰기 문자 도구 ┃ 2. 세로쓰기 문자 도구 356
　3. 세로쓰기 선택 영역 문자 도구 ┃ 4. 가로쓰기 선택 영역 문자 도구 356
02. (Character 패널) 입력을 위한 패널과 옵션바 사용하기 357
　1. Character 패널 – 문자 다루기 357
　2. 문자 도구 옵션바 살펴보기 358
03. (Paragraph 패널) 단락 다루기 359
04. (문자 편집) 문자 입력과 수정하기 360
　1. 문자 입력하기 ┃ 2. 문자 수정하기 ┃ 3. 곡선 형태의 문자 입력하기 .. 360
05. (문자 속성) 문자 입력하고 속성 변경하기 361
　1. 문자를 이미지로 변경할 때 ┃ 2. 문자를 패스로 변경할 때 361
　3. 문자를 셰이프로 변경할 때 361
06. (문자 입력) 문자 입력하고 설정하기 362
07. (문장 입력) 긴 문장을 가져와 입력하기 363
08. (어도비 글꼴) 포토샵에서 제공하는 글꼴 사용하기 364
09. (패스 문자) 형태를 따라 흐르는 패스 문자 입력하기 366
10. (Warp Text 기능) 문자 변형하기 369
11. (로고 문자) 다양한 형태의 로고 문자 만들기 370
12. (Character Styles 패널) 문자 스타일 한 번에 적용하기 374
13. (문자 프레임) 문자 프레임 안에 이미지 삽입하기 378
14. (필터) 필터 종류와 사용 방법 알아보기 380
　1. Filter 메뉴 살펴보기 ┃ 2. Filter Gallery 사용하기 380
　3. 회화 효과를 표현하는 Artistic 필터 살펴보기 381
　4. 이미지를 변형시키는 Distort 필터 살펴보기 ┃ 5. 회화적인 Sketch 필터 살펴보기 .. 382
15. (Filter Gallery) 한 개의 이미지에 여러 개의 필터 적용하기 383
16. (Lens Correction 기능) 렌즈 왜곡 바로 잡기 384
17. (Polar Coordinates) 방사형 패턴 만들기 387
18. (Wave 필터) 물결 형태 만들기 391
19. (Spin Blur 필터) 회전 속도감 표현하기 394

● 동영상으로 배우는 포토샵 2023 ● **문자를 이용한 쿠폰 제작하기**

찾아보기 398

포토샵 설치하기

어도비 포토샵을 설치한 다음 인증하는 방법을 알아보겠습니다. 어도비 홈페이지에서 포토샵을 다운로드하면 7일간 무료로 사용할 수 있습니다. Creative Cloud를 구매하면 구매 기간 동안 제한 없이 사용할 수 있습니다.

※ 포토샵 CC 2023을 설치하기 위해서는 아래의 최소 사양을 만족해야 합니다.

윈도우	맥
64비트를 지원하는 Intel® 또는 AMD 2GHz 이상 프로세서	64비트를 지원하는 Intel 프로세서 : SSE 4.2 이상이 설치된 2GHz 이상의 프로세서
Windows 10(64비트) 버전 1909 이상	최소 MacOS Catalina(버전 10.15) 이상 / MacOS Big Sur(버전 11), MacOS Catalina(버전 10.15) 권장
최소 4GB의 사용 가능한 하드 디스크 공간(설치 시 추가 공간 필요) / 16GB의 사용 가능한 하드 디스크 공간(설치 시 추가 공간 필요) 권장	
최소 8GB RAM / 16GB RAM 이상 권장	
최소 100% UI 배율에서 1280×800 디스플레이 / 100% UI 배율에서 1920×1080 디스플레이 이상 권장	

설치 01 포토샵 최신 버전(CC 2023) 설치하기 ●●●

01 ❶ 어도비 홈페이지(http://adobe.com/kr)에 접속합니다. 메뉴에서 ❷ '도움말 및 지원'을 클릭한 다음 ❸ 〈다운로드 및 설치〉 버튼을 클릭하고 ❹ 〈무료 체험판〉 버튼을 클릭합니다.

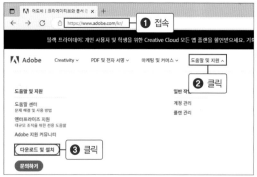

TIP 👉

❶ 유료 구매의 경우 Adobe ID를 입력합니다(Adobe ID가 없는 경우 새로 만들어야 합니다).

❷ 플랜을 확인합니다(학생일 경우 재학 중인 학교명, 전공 등을 입력합니다).

❸ Visa, Master Card 등 해외 카드 브랜드는 물론 국내 결제 전용 카드로도 구매할 수 있습니다.

02 ❶ 사용자 형태, 플랜, 구독 유형을 선택한 다음 ❷ 〈계속〉 버튼을 클릭합니다. 선별된 추가 혜택을 선택하거나 〈아니요〉 버튼을 클릭합니다. 이메일 주소를 입력한 다음 필수 정보에 동의하면 체크 표시하고 〈계속〉 버튼을 클릭합니다. 체험판으로 계속하려면 암호를 입력하고 〈계속〉 버튼을 클릭합니다.

TIP ⇐

7일간의 무료 체험 기간 종료 후 자동 결제가 시작됩니다. 업데이트된 사용 약관을 확인한 다음 〈수락 및 계속〉 버튼을 클릭합니다.

03 결제 방법을 추가하기 위해 ❶ 본인의 신용카드 번호와 이름, 국가, 회사명을 입력하고 ❷ 〈무료 체험기간 시작〉 버튼을 클릭합니다.

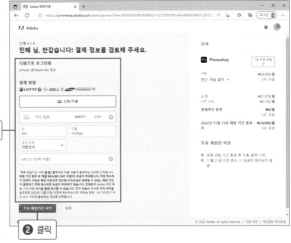

TIP ⇐

7일 무료 체험 기간에는 무료이며, 7일 이후에는 포토샵의 경우 자동으로 매월 24,000원씩 결제됩니다.

04 시험 버전을 시작하기 위해 〈시작하기〉 버튼을 클릭합니다.

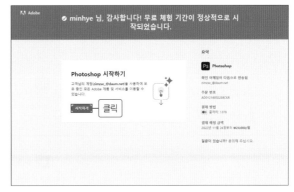

05 Creative Cloud 앱을 열기 위해 〈열기〉
버튼을 클릭합니다.

06 영문 버전 포토샵을 설치하기 위해
Creative Cloud Desktop 앱 화면이
표시되면 ❶ '계정'을 클릭한 다음 ❷ '환경 설
정'을 실행합니다.

07 ❶ '앱'을 선택하고 ❷ 기본 설치 언어
를 'English (International)'로 지정한
다음 ❸ 〈완료〉 버튼을 클릭합니다.

TIP ◁
기본 설치 언어를 선택하지 않으면 자동으로 한글 포
토샵이 설치됩니다.

08 Photoshop의 〈설치〉 버튼을 클릭합니다.

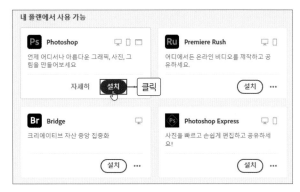

09 포토샵 설치 과정이 진행됩니다.

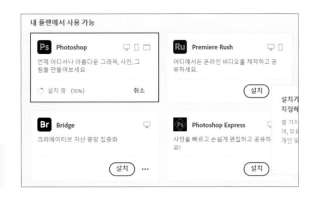

10 설치가 완료되면 〈열기〉 버튼을 클릭합
니다.

11 로딩 화면이 표시된 다음에 포토샵이 실행됩니다.

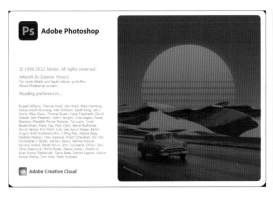

TIP

Creative Cloud 앱에서는 Beta 앱을 제공합니다. 정식 버전은 아니며, 베터 버전의 기능을 사용해보고 의견을 제공하여 향후 정식
버전에 기능이 적용되는 역할을 합니다.

01 이전 버전 사용자가 포토샵 최신 버전으로 업그레이드 하기 위해서는 먼저 Adobe Creative Cloud 앱을 실행합니다.

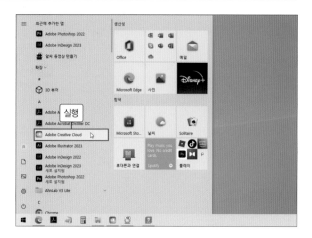

02 Creative Cloud Desktop 앱 화면이 표시되면 Photoshop의 '업데이트 사용 가능'을 클릭합니다.

03 신규 업데이트에서 Photoshop의 ❶ 〈업데이트〉 버튼을 클릭합니다. 기본 옵션에 대한 선택 사항이 표시되면 ❷ '이전 버전 제거'에 체크 표시한 다음 ❸ 〈계속〉 버튼을 클릭합니다.

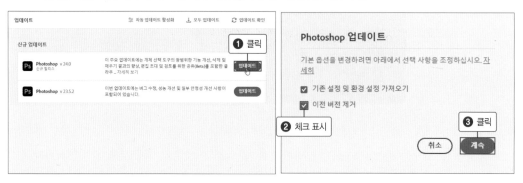

TIP ◁
'이전 버전 제거'를 체크 표시하면 이전 버전은 삭제되면서 포토샵 최신 버전이 설치됩니다. 만약 PC에서 이전 버전과 최신 버전을 같이 사용하려면 '이전 버전 제거' 체크 표시를 해제합니다.

04 이전 버전 포토샵이 최신 버전으로 업데이트됩니다.

설치 03 | 포토샵 이전 버전(CC) 설치하기 • • •

01 Creative Cloud 앱의 Photoshop에서 ❶ '목록' 아이콘(⋯)을 클릭한 다음 ❷ '기타 버전'을 실행합니다.

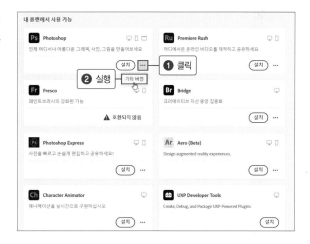

02 이전 버전 Photoshop의 〈설치〉 버튼을 클릭하여 이전 버전 포토샵을 설치합니다.

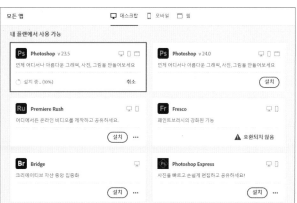

무료 체험판 설치 후 자동 카드 결제 취소하기 •••

01 무료 체험판 설치 후 자동 결제를 방지하기 위해 ❶ 어도비 홈페이지(http://adobe.com/kr)에 접속합니다. ❷ '계정'을 클릭한 다음 ❸ '계정 보기'를 클릭합니다.

02 내 플랜에서 무료 체험판 이후 결제 플랜을 관리하기 위해 〈플랜 관리〉 버튼을 클릭합니다.

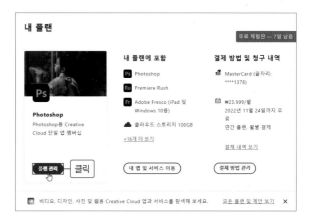

03 플랜 관리 팝업 창이 표시되면 〈플랜 취소〉 버튼을 클릭합니다.

04 취소하려는 이유 항목이 표시되면 해당 ❶ 항목을 체크 표시하고 ❷ 〈계속〉 버튼을 클릭합니다.

05 플랜 취소 세부 정보가 표시되면 ❶ 〈계속〉 버튼을 클릭합니다. 혜택 관련 항목을 확인한 다음 ❷ 〈아니요〉 버튼을 클릭합니다.

06 최종 플랜 취소 세부 정보를 확인한 다음 ❶ 〈확인〉 버튼을 클릭합니다. 플랜이 취소되면 ❷ 〈완료〉 버튼을 클릭합니다.

포토샵 CC 2023 설치 Q&A

독자 문의 중 설치에 관한 부분은 굉장히 많은 비율을 차지합니다. 여기서는 설치 과정에서 가장 궁금한 사항들을 모아 알아보겠습니다.

에러 01 프로그램 버전 문제 • • •

Q 어도비 홈페이지에 프로그램 최신 버전만 있습니다. 이전 버전의 프로그램을 다운로드하고 싶어요.

A 최신 버전을 다운로드하여 사용하거나 27쪽에서 이전 버전 설치 방법을 참고하여 설치하세요.

Q 이 책에서 다루는 버전이 아닌 프로그램이 이미 컴퓨터에 설치되어 있습니다. 책 내용대로 보고 배우려면 책과 같은 버전을 설치해야 하나요?

A 책과 같은 버전이 아니더라도 일부 기능을 제외하면 충분히 책의 내용을 실습할 수 있습니다. 책에서 사용한 프로그램과 같은 버전을 사용하면 더욱 효과적인 학습이 될 것입니다.

Q 다른 버전의 프로그램이 이미 깔려있는데 책에서 다루는 프로그램 버전을 설치하면 프로그램끼리 충돌하지 않을까요?

A 프로그램은 서로 다른 버전을 하나의 컴퓨터에 설치하여 사용해도 상관 없습니다. 그러나 중복 실행은 안 되므로 사용 중인 프로그램 버전이 아닌 다른 버전을 실행하려면 사용하고 있는 프로그램을 종료한 다음 다른 버전을 실행해야 합니다.

에러 02 프로그램 설치 전 문제 • • •

Q 프로그램 정식판을 사용하지 않는 것은 불법인데, 어도비 홈페이지에서 제공하는 프로그램을 설치해도 되나요?

A 체험판은 무료로 배포되므로 사용해도 불법이 아닙니다. 하지만 불법 프로그램을 이용하여 인증 번호를 만들어 사용하는 것은 불법입니다.

Q 'Dependencies'가 만족스럽지 않다는 오류 메시지가 뜨면서 설치 파일이 실행되지 않습니다.

A 제어판에서 방화벽을 설정하지 않고 설치 폴더를 로컬 디스크로 옮겨 다시 설치합니다.

Q 온라인에서 저렴한 가격으로 판매되는 프로그램 프로그램을 다운로드하여 설치해도 될까요?

A 어도비 사이트(www.adobe.com) 이외의 사이트에서 판매하는 어도비 관련 프로그램은 모두 불법이므로, 설치해서는 안 됩니다. 해당 불법 프로그램을 설치하면 어도비 사에서 불법 프로그램을 인식하여 경고 메시지 창을 표시합니다.

Q 설치 중간에 설치가 되지 않습니다. 왜 그럴까요?

A 프로그램이 설치되지 않는 이유는 주로 다음과 같은 네 가지 이유로 구분할 수 있습니다.

❶ 윈도우 운영체제가 프로그램과 맞지 않을 때 → 설치하는 프로그램에 맞는 운영체제를 사용하거나 운영체제에 맞는 버전의 프로그램을 설치합니다.

❷ 이전에 프로그램을 설치한 적이 있을 때 → 체험판은 체험 기간 동안 이용할 수 있으며 체험 기간이 지난 이후에는 프로그램을 지우고 다시 설치해도 사용할 수 없습니다. 계속 프로그램을 이용하려면 정품을 사용하거나 Creative Cloud를 구독하세요.

❸ 메모리나 시스템 사양이 낮을 때 → 시스템 사양을 프로그램 설치 사양에 맞추어 업그레이드합니다.

❹ 설치 프로그램 외에 응용 프로그램이 실행 중일 때 → 프로그램 설치 프로그램 외에 응용 프로그램과 인터넷은 종료하세요.

Q 이전 설치를 마친 후 다시 설치하라고 합니다.

A 프로그램 외에 다른 프로그램을 설치하고 있을 때 표시되는 내용입니다. 여러 프로그램을 동시에 설치하면 레지스트리가 충돌할 수 있으므로 프로그램을 설치할 때는 하나의 프로그램 설치를 마치고 다른 프로그램의 설치를 시작하는 것이 좋습니다.

Q 'Installation cannot continue until the following applications are closed ~' 메시지가 표시되며 설치되지 않습니다.

A 설치할 때는 다른 프로그램들은 모두 종료한 다음 설치합니다. 만약 〈Ignore〉 버튼이 표시되면 버튼을 클릭합니다. 그래도 설치되지 않으면 열려 있는 응용 프로그램을 모두 닫고 설치를 시도하세요. 다시 설치를 시도할 때 같은 메시지가 표시된다면 컴퓨터를 다시 시작한 다음 설치하기 바랍니다.

Q 설치 중 에러가 나서 종료한 이후로 다시 설치할 수 없습니다.

A '프로그램 추가 제거'에 어도비 프로그램이 설치되어 있다면 제거합니다. 이후에도 설치할 수 없다면 레지스트리까지 말끔하게 정리합니다.

에러 04 **프로그램 설치 전 문제** ● ● ●

Q 체험판을 설치했는데 만기가 지난건지 인증 번호를 입력하라는 창이 나타납니다.

A 이전에 프로그램을 설치하고 지운 적이 있나요? 정품 프로그램을 사용하려면 인증 번호가 필요하지만 체험판은 인증 번호 없이 설치할 수 있습니다. 사용자 정보를 입력하는 창에서 '이 제품을 체험판 버전으로 설치합니다.'를 선택하고 다음 단계를 진행하세요. 한 번 체험판을 설치하고 체험 기간이 지나면 프로그램을 지우고 새로 설치해도 사용이 제한됩니다.

PART 1.

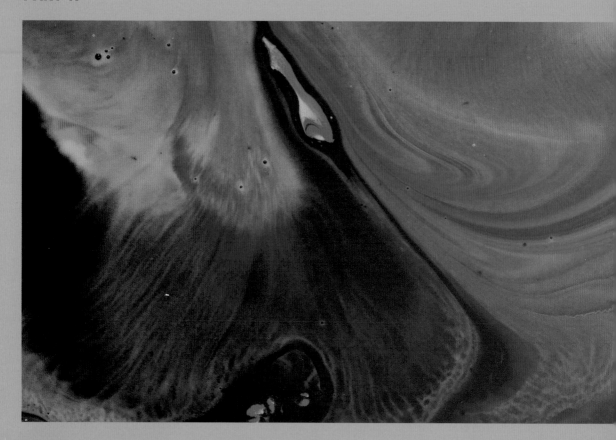

원포인트 레슨!
포토샵 미리 보기

(01) 포토샵 CC 2023 신기능

(02) 효율적인 작업을 위한 자동 및 수동 작업 선택하기

(03) 쉽고 빠른 작업을 위한 자동 선택 활용하기

(04) 원하는 크기로 자유롭게 이미지 조절하기

(05) 재촬영 없이 간편하게 사진 합성, 보정하기

(06) 합성 작업에 효과적인 레이어 이해하기

(07) 자동으로 이미지 배경 연출하기

(08) 보정할 때 꼭 알아야 할 명도, 채도, 색상 이해하기

(09) 화면 출력용, 인쇄용 작업과 이미지 품질 조정하기

(10) 문자 입력과 폰트 사용하기

(11) 저작권에 상관없는 디자인 소스 사용과 파일 저장하기

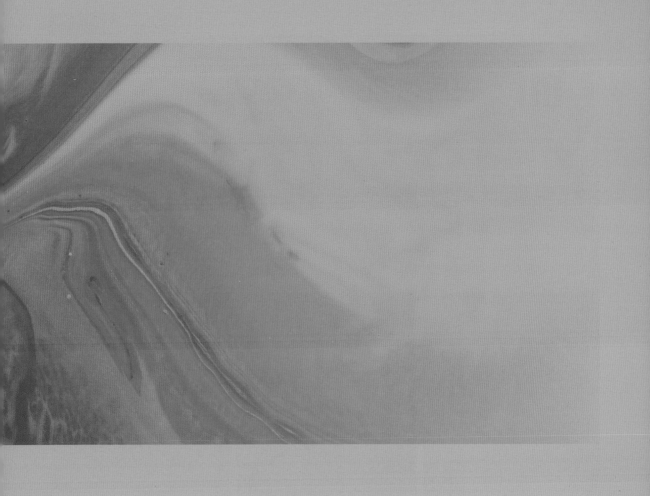

포토샵 작업을 시작하기 전에 알아야 할 포토샵 CC 2023의 신기능과 기본 이론에 대해서 알아봅니다. 작업별로 어떤 명령을 선택할지에 대한 기준을 세울 수 있습니다.

PHOTOSHOP

01 포토샵 CC 2023 신기능

이론

❶ 빠르고 정확하게 업그레이드된 오브젝트 선택 도구   •••

포토샵 CC 2023에서 오브젝트 선택 도구는 인물이나 피사체뿐만 아니라 배경까지 선택 영역으로 지정할 수 있게 되었습니다. 마우스 커서만 선택 영역으로 지정하고 싶은 위치로 이동하면 포토샵 AI 기능으로 자동으로 영역을 탐색한 후 선택 영역을 미리 보여주며, 선택 영역 또한 정확하게 지정할 수 있습니다.

▲ 인물을 선택 영역으로 인식   ▲ 테이블만 선택 영역으로 인식   ▲ 특정 채소만 하나씩 선택 영역으로 인식

❷ 한번의 클릭으로 개체를 지우고 감쪽같이 배경 이미지로 합성   •••

선택 영역으로 지정된 상태에서 마우스 오른쪽 버튼을 클릭하여 Delete and Fill Selection을 실행하는 것만으로도 한번에 개체를 지우고 배경 이미지로 감쪽같이 채워줍니다.

▲ 선택 영역을 탐색하여 표시   ▲ Delete and Fill Selection 명령 실행   ▲ 배경 이미지로 자동 합성

❸ 공동 작업자와의 협업을 위한 초대 기능 • • •

업데이트된 초대 기능을 사용하여 많은 공동 작업자와 포토샵 클라우드 문서에 대한 링크를 공유하고 이에 대한 액세스 권한을 관리할 수 있습니다. 초대 기능을 사용하면 각각의 공동 작업자가 공유 클라우드 문서를 한 번에 하나씩 편집할 수 있도록 비동기 편집을 수행할 수 있습니다.

▲ 어도비 클라우드에 저장된 작업물에 Share for Review 명령 실행

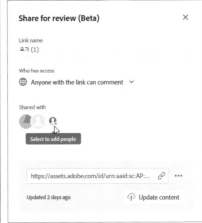

▲ 공유하려는 사용자 지정

❹ 손상된 사진을 감쪽같이 보정하는 뉴럴 필터 • • •

구겨진 사진이나 노이즈가 생긴 오래된 사진을 감쪽같이 보정하는 Photo Restoration 뉴럴 필터가 보강되었습니다. 손상된 사진 부위에 맞게 스크래치 부분부터 흠집, 변색된 컬러 등을 부분적으로 보정할 수 있습니다.

▲ 손상된 원본 이미지

▲ 스크래치 제거

효율적인 작업을 위한
자동 및 수동 작업 선택하기

포토샵에서는 사용자의 명령 선택에 따라
빠른 작업을 위한 자동 기능을 사용할 수
있고, 손이 많이 가는 수동 기능을 사용할
수도 있습니다. 예를 들어, 특정한 영역을
선택할 때 마술봉 도구로 한 번에 선택하
느냐, 아니면 패스선을 한 땀 한 땀 그려
선택 영역을 만드느냐를 선택할 수 있습
니다. 어느 기능을 사용해도 비슷한 결과
물을 얻을 수 있지만 어느 정도 정교한 결
과물을 얻을 것인지에 따라 어떤 명령이
효과적인지 선택해야 합니다.

▲ AI 기반의 선택 도구로 선택 영역 지정

▲ 패스선을 작성하여 선택 영역 지정

작업의 양에서도 명령에 따라 차이가 있기도 합니다. 한 장의 사진을 보정할 것인지, 아니면 수백 장의 사
진을 보정할 것인지에 따라 포토샵의 보정 기능인 Auto 기능을 이용하여 일괄적으로 보정할 수 있고,
Adjustments 메뉴의 보정 기능이나 카메라 로우 필터 기능을 이용하여 결과를 미리 보면서 한 장씩 보정할
수도 있습니다.

▲ Auto Color 기능으로 자동 보정

▲ Camera Raw Filter 기능으로 섬세한 보정

포토샵 작업에서는 항상 시간 대비 결과물의 품질을 생각하지 않을 수 없습니다. 더욱 효율적인 방법을 위해
자동 기능과 수동 기능을 적재적소에 선택하여 작업하는 방법을 배우게 됩니다. 포토샵에서는 다양한 자동화
기능을 제공하므로 자동 선택부터 보정, 배열 출력 기능까지 원하는 작업에 다양하게 활용해 보세요.

PHOTOSHOP

03

이론

쉽고 빠른 작업을 위한
자동 선택 활용하기

×

포토샵 준비

포토샵은 최신 버전으로 업그레이드될수록 사용자의 작업 의도에 맞게 정교하게 실행할 수 있는 기능들이 추가되고 있습니다. AI 기능인 어도비 센세이로 인해 수동으로 작업하기 어려운 기능들도 간단하게 처리할 수 있습니다. 포토샵의 최신 버전에서 가장 돋보이는 기능은 단연 선택 기능으로, 이미지를 불러오는 순간부터 사용자가 선택할 영역을 미리 제시합니다. 포토샵 CC 2023에서는 오브젝트 선택 도구를 이용하여 한 번의 클릭으로 복잡한 영역을 선택 영역으로 지정할 수 있습니다. ▶ 115쪽 참고

▲ 파일을 연 순간부터 선택 영역을 사용자에게 제안합니다.

오브젝트 선택 도구는 자동으로 선택 영역이 지정된 상태에서 사용자가 선택 영역 편집할 수 있습니다.

▲ 아이스크림과 손이 포함되도록 드래그　　　▲ 선택 영역으로 지정　　　▲ 선택 영역에서 제외할 부분을 드래그

PHOTOSHOP

04

이론

원하는 크기로
자유롭게 이미지 조절하기

❶ 이미지 크기 조절하기   • • •

포토샵에서 이미지 크기를 조절하는 방법은 크게 Image Size 기능으로 가로, 세로 수치 값을 입력하여 조절하는 방법과 Canvas Size 기능으로 조절하는 방법이 있습니다.

Image Size는 가로와 세로 크기 값을 직접 입력하여 크기를 변경하는 기능입니다. 입력하는 크기대로 이미지를 줄이거나 늘릴 수 있습니다. 이론상으로는 입력한 수치 값대로 이미지 크기 조절이 가능하지만 함정이 있습니다. 원본 이미지보다 작게 크기를 줄일 때는 큰 문제가 없지만, 원본 이미지보다 크게 늘릴 때는 이미지를 구성하는 픽셀이 깨지는 현상이 나타납니다. 이

미지를 확대해도 모니터에서는 잘 모르지만 실제로 출력해 보면 이미지의 픽셀이 뭉개지거나 흐릿하게 출력됩니다.

포토샵에는 이미지를 늘렸을 때 최대한 뭉개지는 현상을 보정하는 기능이 추가되었지만, 원본 이미지만큼 선명하지 않다는 점을 유의해야 합니다. ▶ 80쪽 참고

▲ Image Size 대화상자

❷ 캔버스 크기 조절하기   • • •

그림을 그리는 밑판을 캔버스라고 하며, 포토샵에서도 이미지 한 판을 캔버스라고 합니다. 이 캔버스 크기는

쉽게 줄이거나 늘릴 수 있습니다. 이미지 크기보다 캔버스 크기를 줄이면 이미지가 잘리며, 이미지 크기보다 캔버스 크기를 늘리면 늘린 만큼 여백이 추가됩니다. 이것은 픽셀로 구성된 이미지를 늘리거나 줄이는 개념이 아니기 때문에 해상도와 상관이 없습니다.

Canvas Size 기능에서 기준점 위치를 지정하면 화살표 방향으로 캔버스가 확장됩니다. 확장된 영역(여백) 색상은 기본으로 Tools 패널의 배경색이 채워지며, Canvas Size 대화상자에서 색상을 선택하여 채울 수도 있습니다. ▶ 83쪽 참고

PHOTOSHOP
05
이론

재촬영 없이 간편하게
사진 합성, 보정하기

포토샵에서 신경 쓰는 또 다른 기능은 바로 자동으로 인물의 얼굴을 인식하고, 사용자가 원하는 스타일로 표정을 수정하는 기능입니다. 사진이 마음에 들지 않는다고 다시 촬영하는 번거로움 없이, 자연스러운 미소를 짓거나 눈, 코, 입을 수정하여 마음에 드는 사진으로 변형할 수 있습니다. 포토샵에서는 AI 기능으로 자연스러운 얼굴 수정이 가능하도록 Neural(신경망) Filters 기능을 제공합니다. ▶ 146쪽 참고

▲ 눈, 코, 입부터 행복감, 화남, 놀람 등 인물의 표정까지 수정할 수 있습니다.

▲ 어린 얼굴이나 나이 든 얼굴로 만들어 인물 사진을 변형할 수 있습니다.

인물 사진에서 배경과 어색해 보이거나 합성한 티가 나는 경우의 대부분은 부자연스러운 색상 톤 때문입니다. 포토샵 CC 2022부터는 Harmonization 기능을 제공하여 합성의 기준이 되는 색상 톤의 레이어를 선택하면 자동으로 다른 이미지와 잘 어울리도록 색상 톤을 보정할 수 있습니다.

▲ 어색한 합성 이미지의 색상 톤을 맞춰 자연스럽게 합성합니다.

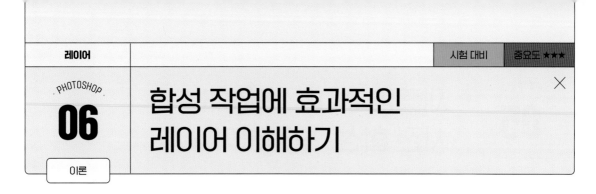

합성 작업에 효과적인
레이어 이해하기

포토샵에서는 다양한 레이어 기능을 제공하여 복잡한 이미지도 쉽게 합성할 수 있습니다. Layers 패널에서 기본으로 제공하는 레이어 옵션부터 자연스러운 합성을 위한 레이어 블렌딩 모드까지 작업에 따라 효과적으로 레이어를 사용해 보세요. ▶ 216쪽 참고

▲ 문자 레이어   ▲ 인물 레이어

▲ 배경 레이어   ▲ 레이어로 합성한 이미지   ▲ 레이어 그룹

레이어 마스크를 이용하면 레이어별로 마스크를 만들어 이미지를 합성할 때 필요한 그래픽 효과를 특정 영역에 지정하거나, 필요할 때마다 선택 영역을 불러와 선택 영역을 편집할 수 있습니다. 포토샵 CC 2022부터는 레이어의 Mask All Objects 기능을 이용하여 이미지에서 각각의 피사체를 자동으로 레이어 마스크로 만들 수 있습니다. 만들어진 레이어 마스크를 이용해 영역을 보정하거나 편집할 수 있습니다.

◀ 피사체를 자동으로 인식하여 각
   각 별도의 레이어 마스크로 만들
   수 있습니다.

배경 합성

중요도 ★★

PHOTOSHOP

07 자동으로 이미지 배경 연출하기

이론

인물 사진에서 배경은 의외로 중요합니다. 인물을 돋보이게 하거나 다소 밋밋한 인물 사진을 감각적인 인물 사진으로 연출하기도 합니다. 포토샵에서는 다양한 하늘과 구름 사진을 템플릿으로 제공하여 사용자는 클릭만으로도 마음에 드는 하늘 배경으로 변경시킬 수 있습니다. 하늘 사진은 피사체를 돋보이게 하는 배경 사진으로 사용할 수도 있지만, 하늘이나 구름 자체가 훌륭한 피사체이기 때문에 포토샵 기능으로 다양한 상황을 예측하고, 합성하는 것도 좋은 방법입니다. ▶ 254쪽 참고

▲ 원본 이미지

▲ 붉은 하늘 구름

▲ 푸른 하늘 구름

풍경 사진은 기다림의 미학이라고도 합니다. 인간이 조정할 수 없는 자연 요소는 이제 포토샵에서 자연스럽게 합성할 수 있습니다. 계절 변화에 따른 풍경 사진은 적어도 일 년을 기다려야 사진에 담을 수 있지만, 이제 포토샵의 Landscape Mixer 기능을 이용하여 클릭 한 번에 원하는 계절감 또는 풍경으로 보정할 수 있습니다.

▶ 150쪽 참고

▲ 원본 이미지

▲ 겨울 풍경으로 보정

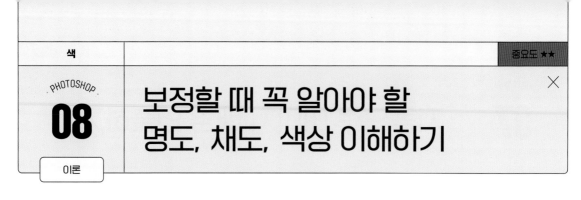

보정할 때 꼭 알아야 할 명도, 채도, 색상 이해하기

색은 작업물의 전체적인 느낌, 완성도를 결정하는 매우 중요한 요소입니다. 빛 없이는 색도 없으며, 같은 색상이라도 주변 환경이나 배색에 따라서 전혀 다른 느낌을 줍니다. 배색과의 조화, 대비 또는 명도 변화 등을 세심하게 고려하여 선택해야 하므로 포토샵 작업에서는 많은 시행착오를 거치면서 색상을 선택합니다.

❶ 명도 • • •

색의 밝기 정도를 의미합니다. 무채색은 명도만으로 구성되어 명도가 가장 높은 흰색부터 명도가 가장 낮은 검은색 사이의 회색이 포함됩니다. 명도를 조정하는 포토샵 기능은 Brightness/Contrast와 Curves입니다.

◀ 명도의 단계

❷ 채도 • • •

색의 선명한 정도를 의미합니다. 순색은 채도가 가장 높은 색상으로 선명하고 강한 느낌이며 순색에 무채색을 섞으면 채도가 낮아집니다. 채도를 조정하는 포토샵 기능은 Hue/Saturation과 Vibrance가 대표적입니다.

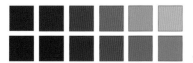

◀ 고채도에서 저채도의 단계

❸ 색상 • • •

색의 정도를 의미합니다. 다른 색과 섞어서 만들어진 색상이 아닌 원색과 원색 이외의 색상을 섞어 만든 다양한 색상이 있습니다. 포토샵에서 색상을 지정하기 위해서는 Color Picker 대화상자를 이용하며, 색상 값을 직접 입력하거나 원하는 색상을 확인하면서 선택할 수 있습니다.

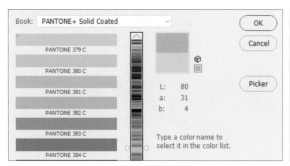

▲ Color Libraries 대화상자

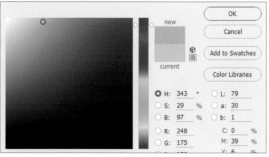

▲ Color Picker 대화상자

이미지 품질

중요도 ★★★

PHOTOSHOP
09

이론

화면 출력용, 인쇄용 작업과
이미지 품질 조정하기

포토샵에서 인쇄용 작업을 할 때는 해상도에 주의해야 합니다. 보통 300~600ppi 정도의 고해상도를 요구하기 때문입니다. 물론 고해상도일수록 파일 용량이 커지므로 작업에 어려움이 생길 수 있습니다. 고해상도 이미지를 중간 품질의 해상도로 내릴 수 있지만, 저해상도 이미지를 고해상도로 올리면 이미지가 손상되어 출력에 문제가 생기는 경우가 많습니다. 따라서 포토샵 작업에서는 해상도를 신중하게 지정하고 유지하는 것이 좋습니다. 해상도가 높을수록 선명한 결과물을 얻을 수 있기 때문에 인쇄용 파일 포맷은 이미지 손상이 크지 않은 PSD 파일이나 고해상도의 PDF, EPS 파일로 저장합니다.

▲ 저해상도일수록 확대하면 이미지를 구성하는 픽셀이 뭉개지는 현상을 볼 수 있습니다.

화면 출력용 이미지는 모니터에서 보이는 그대로가 결과물이므로 해상도가 높을 필요는 없습니다. 보통 화면 해상도는 72ppi이며 인쇄용과 비교하면 매우 낮지만, 그만큼 파일 용량이 작아 파일 전송부터 인터넷 업로드, 웹 사이트, 애니메이션과 최근 각광받는 스마트 앱(애플리케이션) 작업에 유용합니다.

화면 출력용 파일 포맷은 대부분 파일 압축 기술을 이용합니다. 큰 이미지를 작은 이미지로 압축하기 때문에 이미지 품질이 손상될 수밖에 없지만, 포토샵에서는 최대한 화질 대비 파일 크기를 조정하는 기능으로 최적의 이미지를 만들 수 있습니다.

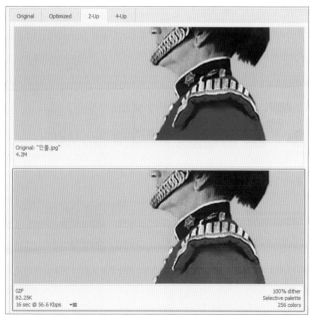

▲ 원하는 화질과 파일 용량을 확인하면서 적합한 이미지를 만들 수 있습니다.

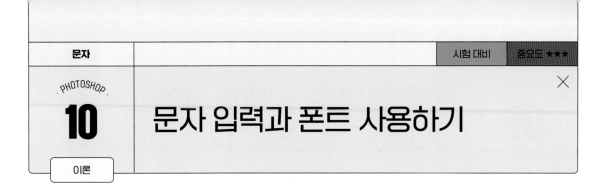

| 문자 | | 시험 대비 | 중요도 ★★★ |

PHOTOSHOP
10
이론

문자 입력과 폰트 사용하기

포토샵 작업에서 문자 입력은 정보 전달뿐만 아니라 이미지에 맞는 문자 디자인이 포함됩니다. 포토샵에서는 효과적인 문자 입력을 위해 샘플 텍스트를 이용하여 문자의 글꼴이나 크기를 조절한 다음 원하는 문자를 입력하는 방법을 제공합니다. 다양한 글꼴 사용을 위해 어도비 클라우드에서는 무료로 영문 글꼴을 제공하므로, 원하는 글꼴을 사용하여 문자를 디자인해 보세요. ▶ 360쪽 참고

▲ 자동으로 샘플 텍스트가 블록으로 표시된 모습

▲ 글꼴과 크기, 색상을 지정한 다음 문자를 입력한 모습

폰트도 저작권이 있습니다. 포토샵 CC 2023에서는 다양한 언어의 폰트를 어도비 크리에이티브 클라우드에서 제공하며, 개인적, 상업적 사용이 모두 가능합니다.

특히, 사용자가 원하는 글꼴을 검색하기 위해 다양한 분류 필터를 제공하므로, 사용자는 미리 보기 화면을 보면서 원하는 글꼴을 마음껏 선택하고 사용할 수 있습니다. 이제 글꼴을 다양하게 사용하여 정보를 제공하는 기능 이외에 디자인 요소로 글꼴을 사용해 보세요. ▶ 364쪽 참고

▲ 어도비 클라우드 구독자라면 개인용, 상업용으로 무제한 한글 글꼴을 사용할 수 있습니다.

PHOTOSHOP
11

이론

저작권에 상관없는
디자인 소스 사용과 파일 저장하기

포토샵에서는 이미지 소스나 일러스트 요소를 불러들여 합성하거나 편집하기도 하고, 글꼴이나 손글씨로 문자 디자인을 하기도 합니다. 디자인 요소의 품질이 좋을수록 결과물 또한 완성도가 높아집니다. 이러한 디자인 요소는 어떻게 구할까요? 직접 가공하거나 제작할 수 있고, 판매 사이트에서 비용을 지불하고 얻을 수도 있습니다. 특히 상업적인 용도로 사용할 때는 타인의 저작권을 침해하지는 않는지 이미지에 대한 초상권이나 사용권을 확인하는 것은 필수입니다.

포토샵에는 원하는 이미지를 바로 검색하여 구매할 수 있는 Adobe Stock이 있으며, Pixabay(pixabay.com), Flicker(www.flickr.com), MorgueFile(morguefile.com) 등의 무료 이미지 사이트에서 소스를 얻을 수도 있습니다.

▲ 어도비 스톡(Adobe Stock)

▲ 픽사베이(Pixabay)

포토샵에서 작업할 때 백업 작업은 매우 중요합니다. 가장 확실한 백업은 어도비 클라우드에 포토샵 작업물을 저장하는 방법입니다. 어도비 클라우드는 장소에 상관없이 포토샵이 실행되어 있는 상태라면 어디서든지 작업물을 불러올 수 있습니다. 또한 다른 작업자와 공유 또는 피드백을 위한 기능도 제공하고 있습니다. 어도비 크리에이티브 클라우드 구독 사용자라면 기본으로 100GB 공간을 제공하고 있습니다. ▶ 7쪽 참고

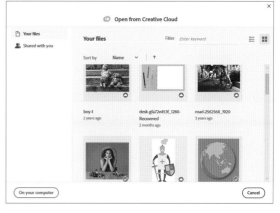

▲ 포토샵에서 파일을 저장할 때 어도비 클라우드에 바로 저장 및 관리가 가능합니다.

PART 2.

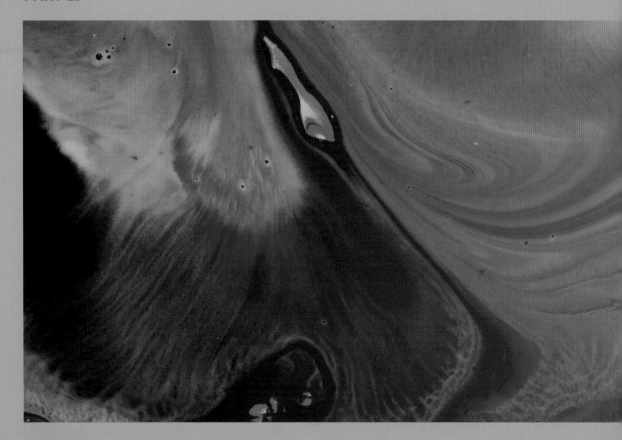

포토샵 CC 2023
처음 시작하기

① 포토샵 CC 2023 실행하기

② 여러 대의 컴퓨터에서 포토샵 사용하기

③ 작업 화면 밝기 조절하기

④ 포토샵 작업 화면 살펴보기

⑤ 클릭으로 실행하는 도구 알아보기

⑥ 옵션 설정은 여기에! 패널 알아보기

⑦ 사용자 정의 패널 구성하기

⑧ 내게 맞는 작업 환경 만들기

⑨ 시작 화면에서 파일 만들기

⑩ 새 문서 만들기

⑪ 캔버스 만들기

⑫ 이미지 파일 열기

⑬ 이미지 안에 원본 이미지를 포함하여 파일 불러오기

⑭ 작업 이미지 저장하기

⑮ PC 또는 클라우드 공간에 파일 저장하기

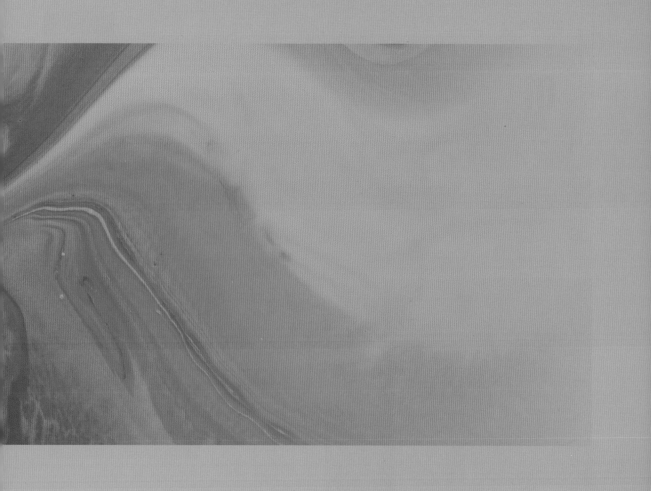

포토샵에서 제공하는 도구와 도구 기능들을 소개하며, 도구를 선택한 다음 옵션 선택이나 설정할 수 있는 패널 기능을 알아봅니다.

포토샵 CC 2023 실행하기

컴퓨터에 포토샵 CC 2023이 설치되었다면 윈도우 메뉴에서 Adobe Photoshop 앱을 실행하는 방법과 Adobe Creative Cloud 앱을 실행하는 두 가지 방법을 이용하여 포토샵을 실행할 수 있습니다.

01 가장 기본적인 방법으로 포토샵을 실행하기 위해 ❶ 윈도우 시작 아이콘(⊞)을 클릭한 다음 ❷ Adobe Photo -shop CC 2023을 실행합니다.

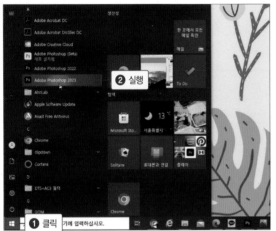
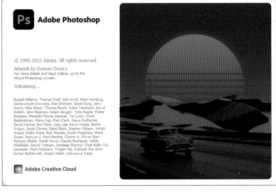

02 또 다른 방법으로는 ❶ 윈도우 시작 아이콘(⊞)을 클릭한 다음 ❷ Adobe Creative Cloud를 실행합니다. Adobe Creative Cloud 앱이 실행되면 ❸ Photoshop의 〈열기〉 버튼을 클릭하여 포토샵을 실행합니다.

TIP ◁

한 화면에서 데스크톱과 모바일, 웹, 앱을 제어할 수 있으며, 앱 분류와 글꼴과 튜토리얼 링크를 선택할 수 있습니다.

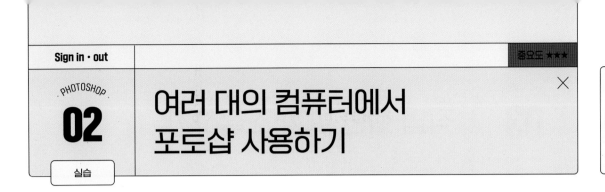

Sign in · out

중요도 ★★★

PHOTOSHOP 02

여러 대의 컴퓨터에서
포토샵 사용하기

실습

01 포토샵을 실행한 다음 Adobe ID 창이 표시되면 Sign in 항목에 ❶ ID와 암호를 입력하고 ❷ 〈Sign In〉 버튼을 클릭합니다.

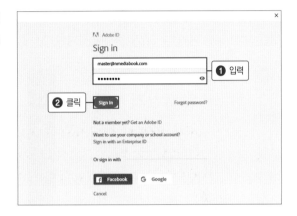

02 포토샵이 2대의 컴퓨터에 로그인되면 로그아웃하려는 PC를 직접 선택할 수 있습니다. 로그아웃하려는 PC의 〈Sign out〉 버튼을 클릭합니다.

TIP ✍

접속을 해제했다고 해서 접속이 해제된 PC에서 포토샵 작업이 중단되는 것은 아닙니다. 단, 해당 PC에서 포토샵을 다시 실행할 때는 다른 PC의 접속을 해제해야 합니다.

03 현재 PC인 'This device'가 체크 표시되고, 접속을 해제하려는 PC의 체크 표시가 해제됩니다. 〈Continue〉 버튼을 클릭하여 포토샵을 실행합니다.

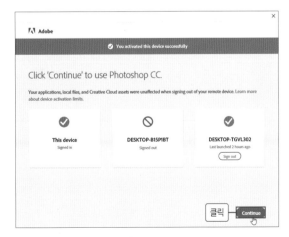

Why? ✍

개인 노트북이나 가정에서 쓰는 PC, 회사 PC에서 포토샵으로 작업하고 있다면 포토샵을 사용하려는 PC를 직접 관리해 보세요.

PHOTOSHOP

03 작업 화면 밝기 조절하기

실습

포토샵을 처음 실행하면 어두운 화면이 기본으로 나타납니다. 포토샵에서 작업 화면의 밝기를 원하는 대로 조정할 수 있으며, 여기서는 밝게 조정해 봅니다.

01 포토샵을 실행한 다음 메뉴에서 (Edit) → Preferences → Interface를 실행합니다.

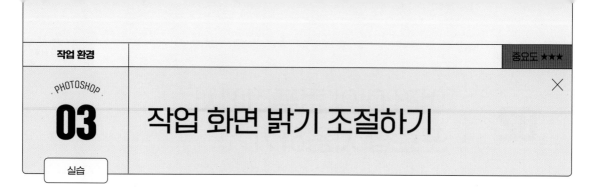

TIP ⟨⊰

이 책에서는 메뉴가 더 잘 보이도록 밝은 회색 인터페이스로 설명합니다.

02 Preferences 대화상자가 표시되면 Color Theme에서 원하는 색상을 선택합니다. 여기서는 ❶ '가장 밝은 회색'을 선택한 다음 ❷ 〈OK〉 버튼을 클릭합니다.

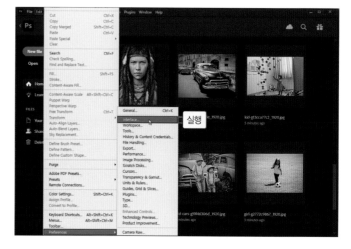

TIP ⟨⊰

가장 어두운 배경을 선택하면 포토샵에서 불러들인 이미지에 집중할 수 있습니다.

03 포토샵 인터페이스 색상이 밝게 변경됩니다.

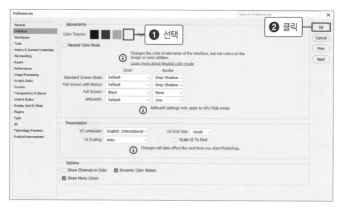

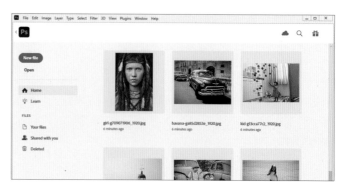

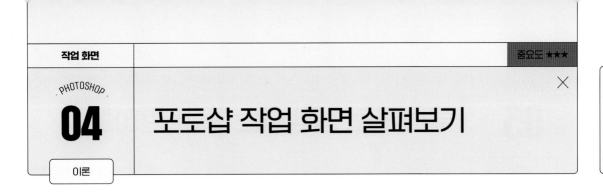

PHOTOSHOP

04

이론

포토샵 작업 화면 살펴보기

포토샵을 실행하면 그래픽 작업을 할 수 있는 작업 영역과 각종 도구, 메뉴의 화면을 볼 수 있습니다. 효율적인 그래픽 작업을 위해 포토샵 작업 화면의 기본 구성과 기능에 대해 알아봅니다.

원하는 패널을 선택해 화면에 나타내거나 감출 수 있습니다. 패널 크기를 줄이면 캔버스를 넓게 사용할 수 있습니다.

❶ **메뉴 표시줄** : 포토샵 기능들이 탭으로 묶여 있습니다.

❷ **옵션바** : 선택한 도구를 좀 더 세밀하게 조절할 수 있는 옵션이 표시됩니다.

❸ **Tools 패널** : 주요 기능들을 모아 아이콘 형식으로 만든 도구 모음입니다.

❹ **파일 이름 탭** : 작업 이미지 이름과 화면 확대 비율, 색상 모드가 표시되며 다른 이미지로 전환하기 편리합니다.

❺ **캔버스** : 이미지 작업을 하는 공간입니다. 이미지를 불러왔을 때 이미지 전체가 캔버스입니다.

❻ **상태 표시줄** : 화면 비율을 설정할 수 있고, 작업 중인 이미지 정보를 확인할 수 있습니다.

❼ **패널** : 작업에 필요한 옵션이 팔레트 형태로 표시됩니다. (Window) 메뉴에서 패널을 선택하여 표시할 수 있습니다.

❽ **Learn more** : 마우스 커서를 도구 위에 위치시키면 도구 사용법 화면이 표시되며, 더 배우기 위해서는 〈Learn more〉 버튼을 클릭합니다.

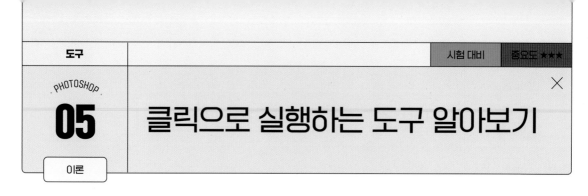

Tools 패널은 포토샵 기능을 아이콘 형태로 모아 놓은 패널입니다. 각 도구를 선택하면 작업 화면 위쪽의 옵션 바에서 세부적인 값을 설정할 수 있습니다. Tools 패널의 오른쪽 하단에 작은 삼각형 표시가 있는 도구를 길게 클릭하면 숨은 도구가 표시됩니다.

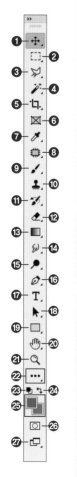

❶ 이동 도구(⊹) : 선택한 이미지를 드래그하여 이동할 때 사용합니다.

아트보드 도구(⊡) : 모바일 이미지를 위한 아트보드를 만들 때 사용합니다.

❷ 사각형 선택 도구(▣) : 사각형 선택 영역을 지정합니다.

원형 선택 도구(◯) : 원형 선택 영역을 지정합니다.

가로선 선택 도구(⋯) : 1픽셀 가로선 형태로 선택합니다.

세로선 선택 도구(▯) : 1픽셀 세로선 형태로 선택합니다.

❸ 올가미 도구(◯) : 불규칙한 형태의 선택 영역을 지정할 때 사용합니다.

다각형 올가미 도구(▽) : 다각형 형태로 클릭하면서 선택 영역을 지정합니다.

자석 올가미 도구(▽) : 드래그하여 이미지의 경계선을 따라 선택 영역을 지정합니다.

TIP ⟨↤

포토샵 CC 2022부터는 사각형의 모서리 부분을 둥글게 만드는 둥근 사각형 도구(▢)가 없어지고, 사각형 도구(▢)로 통합되었습니다.

❹ **오브젝트 선택 도구(⬚):** 복잡한 선택 영역을 간단하게 드래그하여 영역을 지정합니다.
  빠른 선택 도구(✎): 클릭하거나 드래그한 부분을 기준으로 빠르게 영역을 지정합니다.
  마술봉 도구(✐): 클릭한 부분을 기준으로 비슷한 색상의 영역을 지정합니다.

❺ **자르기 도구(⬚):** 이미지의 원하는 부분을 자르거나 분할할 때 사용합니다.
  원근 자르기 도구(⬚): 원근감이 표현되도록 이미지를 자를 때 사용합니다.
  분할 도구(✐): 웹 이미지를 작업하면서 이미지를 분할할 때 사용합니다.
  분할 선택 도구(✐): 분할된 이미지를 선택할 때 사용합니다.

❻ **프레임 도구(⬚):** 원형 또는 사각형 프레임을 만들어 이미지를 위치시킬 수 있습니다.

❼ **스포이트 도구(✐):** 색상을 추출할 때 사용합니다.
  3D 재질 스포이트 도구(✐): 3D 입체 개체에서 색상을 추출합니다.
  색상 샘플러 도구(✐): Info 패널에서 선택한 색상 정보를 표시합니다.
  자 도구(▭): 이미지 길이와 각도를 측정할 때 사용합니다.
  주석 도구(▤): 이미지에 메모할 때 사용합니다.
  계산 도구(¹²³): 개체 수를 셀 때 사용합니다.

❽ **스팟 힐링 브러시 도구(✐):** 클릭 또는 드래그하는 방식으로 특정 부분을 수정합니다.
  힐링 브러시 도구(✐): Alt를 눌러 기준 이미지를 선택한 상태에서 특정 부분을 수정합니다.
  패치 도구(◉): 수정하려는 부분을 선택 영역으로 지정한 다음 드래그하여 수정합니다.
  콘텐츠 인식 이동 도구(✕): 특정 이미지를 자연스럽게 이동합니다.
  레드 아이 도구(◉): 눈동자의 적목 현상을 제거합니다.

⑨ 브러시 도구(✏️) : 원하는 색상과 모양의 붓 터치나 펜 터치를 이미지에 적용할 때 사용합니다.

  연필 도구(✏️) : 연필로 그린 듯한 터치를 적용할 때 사용합니다.

  컬러 리플레이스먼트 도구(🖌️) : 브러시로 색상을 변경할 때 사용합니다.

  혼합 브러시 도구(🖌️) : 색상을 혼합하여 칠할 때 사용합니다.

⑩ 스탬프 도구(🔖) : 이미지를 복사하여 다른 위치에 복제합니다.

  패턴 스탬프 도구(🔖) : 복제한 부분에 특정한 패턴을 적용합니다.

⑪ 히스토리 브러시 도구(🖌️) : 원본 이미지로 복구할 때 사용합니다.

  아트 히스토리 브러시 도구(🖌️) : 회화적인 형태로 복구할 때 사용합니다.

⑫ 지우개 도구(🧹) : 이미지를 지웁니다.

  백그라운드 지우개 도구(🧹) : 지운 영역을 투명하게 만듭니다.

  매직 지우개 도구(🧹) : 클릭한 부분을 기준으로 비슷한 색상 영역을 지웁니다.

⑬ 그레이디언트 도구(▦) : 다양한 색상 띠 형태를 만듭니다.

  페인트 통 도구(🪣) : 특정 영역을 색이나 패턴으로 채웁니다.

  3D 재료 드롭 도구(🪣) : 3D 입체 개체를 색이나 패턴으로 채웁니다.

⓮ **블러 도구(◌)** : 이미지를 흐릿하게 만듭니다.

　샤픈 도구(△) : 이미지를 선명하게 만듭니다.

　손가락 도구(✍) : 이미지를 뭉갤 때 사용합니다.

⓯ **닷지 도구(🔍)** : 특정 영역을 클릭 또는 드래그하여 밝게 만듭니다.

　번 도구(✋) : 특정 영역을 클릭 또는 드래그하여 어둡게 만듭니다.

　스펀지 도구(●) : 특정 영역을 클릭 또는 드래그하여 채도를 조정합니다.

⓰ **펜 도구(✒)** : 패스선 또는 도형을 그릴 때 사용합니다.

　프리폼 펜 도구(✒) : 드래그하는 방향대로 패스선이 그려집니다.

　내용 인식 추적 도구(✒) : 마우스 커서를 이미지 외곽선에 위치시켜 자동으로 패스선을 만듭니다.

　곡률 펜 도구(✒) : 베지어 곡선을 이용하지 않고 곡선의 패스선을 만듭니다.

　기준점 추가 도구(✒) : 패스선에 기준점을 추가합니다.

　기준점 삭제 도구(✒) : 패스선의 기준점을 삭제합니다.

　기준점 변환 도구(⋀) : 기준점을 이용하여 변형합니다.

⓱ **가로쓰기 문자 도구(T)** : 가로 방향으로 문자를 입력합니다.

　세로쓰기 문자 도구(IT) : 세로 방향으로 문자를 입력합니다.

　세로쓰기 선택 영역 문자 도구(ⅢT) : 세로 방향의 문자 선택 영역을 만듭니다.

　가로쓰기 선택 영역 문자 도구(T) : 가로 방향의 문자 선택 영역을 만듭니다.

⓲ **패스 선택 도구(▶)** : 패스선을 선택할 때 사용합니다.

　직접 선택 도구(▷) : 패스선에서 기준점을 선택하여 수정할 때 사용합니다.

패스선은 방향선과 기준점, 선으로 이루어진 베지어 곡선으로 구성됩니다.
직접 선택 도구는 이 구성 요소를 드래그하여 변형할 수 있으며 패스선 이동할
수도 있습니다.

⑲ **사각형 도구(□)** : 사각형을 만들 때 사용합니다.

　원형 도구(○) : 원형을 만들 때 사용합니다.

　삼각형 도구(△) : 정삼각형이나 직삼각형을 만들 때 사용합니다.

　다각형 도구(○) : 다각형을 만들 때 사용합니다.

　선 도구(/) : 다양한 선을 만들 때 사용합니다.

　사용자 셰이프 도구(✐) : 셰이프 라이브러리나 사용자가 등록한 셰이프를 사용합니다.

⑳ **손 도구(✋)** : 확대된 이미지나 큰 이미지에서 숨겨진 부분을 이동하여 볼 때 사용합니다.

　회전 보기 도구(✐) : 캔버스를 회전할 때 사용합니다.

㉑ **돋보기 도구(🔍)** : 이미지의 특정 부분을 확대 또는 축소하여 봅니다.

㉒ **Tools 패널 편집(⋯)** : 사용자가 자주 사용하는 도구만 선택하여 Tools 패널을 편집할 수 있습니다.

㉓ **기본 흑백 설정(▣)** : 전경색을 검은색, 배경색을 흰색으로 지정합니다.

㉔ **색상 교체(↰)** : 전경색과 배경색을 서로 바꿀 때 사용합니다.

㉕ **전경색과 배경색** : 전경색은 브러시나 문자 도구를 사용할 때 기본 색상이며, 배경색은 지우개 도구의 기본 색상으로 사용됩니다. 색을 클릭했을 때 표시되는 Color Picker 대화상자를 이용하여 색상을 지정할 수 있습니다.

㉖ **보기 모드** : 표준 모드(▣)와 퀵 마스크 모드(▣/▣)로 전환할 수 있습니다.

㉗ **스크린 전환 모드** : 포토샵 화면 표시 방법을 선택합니다.

　스크린 모드는 Standard Screen 모드와 Full Screen Mode With Menu Bar 모드, Full Screen 모드 중에서 선택할 수 있습니다.

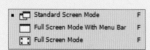

▲ Full Screen Mode With Menu Bar

▲ Full Screen Mode

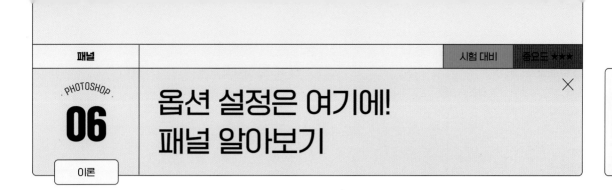

06 PHOTOSHOP

옵션 설정은 여기에!
패널 알아보기

이론

패널은 주로 사용자가 도구를 선택하고 해당 도구의 옵션이나 설정 값을 지정할 때 사용합니다. 작업 영역 오른쪽에 위치하며, 패널에 직접 값을 입력하거나 슬라이더를 드래그하는 방식으로 옵션을 지정할 수 있습니다.

작업 화면에서 사용하려는 패널을 찾을 수 없다면 해당 패널의 단축키를 누르거나 (Window) 탭에서 메뉴를 실행하여 표시합니다. 패널을 드래그하면 패널끼리 묶거나 정렬할 수 있습니다.

아이콘화된 패널은 클릭하면 확장되고, 위쪽 'Expand Panels' 아이콘(◀◀)을 클릭하여 확장해서 사용할 수 있으며, 자주 이용하는 패널은 단축키를 눌러 표시할 수도 있습니다. 예를 들어, F7을 누르면 Layers 패널을 표시하거나 숨길 수 있습니다.

❶ Layers 패널(❤, F7)

이미지를 레이어로 관리하여 수정이나 편집 작업이 편리해집니다.

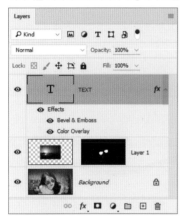

❷ Channels 패널(◉)

색상 정보나 채널을 이용한 선택 영역을 관리합니다.

❸ Paths 패널(⌆)

패스를 이용해 다양한 기능을 적용합니다.

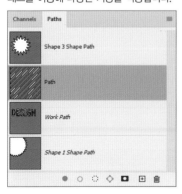

❹ Info 패널(ⓘ, F8)

이미지 정보가 수치로 표시됩니다.

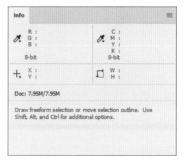

❺ Character 패널(A)

글꼴 크기, 색상 등 글꼴 관련 속성을 지정합니다.

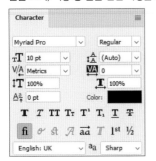

❻ Paragraph 패널(¶)

문자 단락에 관하여 설정합니다.

❼ Character Styles 패널(A)

문자 스타일을 만들고 관리합니다.

❽ Brush Settings 패널(🖌, F5)

다양한 형태와 스타일의 브러시를 만듭니다.

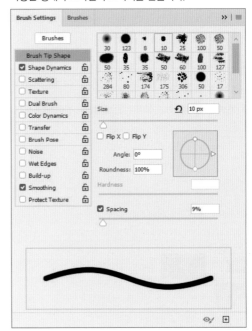

❾ Libraries 패널(□)

자주 사용하는 색상이나 글꼴, 이미지를 등록할 수 있으며,
바로 선택하여 사용할 수 있습니다.

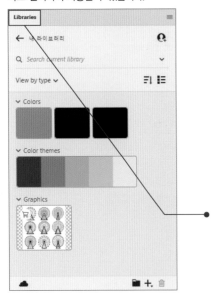

● 작업할 때마다 자주 사용하는 이미지를 드래그하면 필요할
때마다 파일을 찾아서 여는 번거로움을 줄일 수 있습니다.

TIP

Libraries 패널 메뉴에서 **Import library**를 실행하면 공동 작업자 라이브러리를 불러들여 사용할
수 있습니다.

❿ Brushes 패널(🖌)

자주 사용하는 브러시를 저장하거나 브러시를 검색할 수 있습니다.

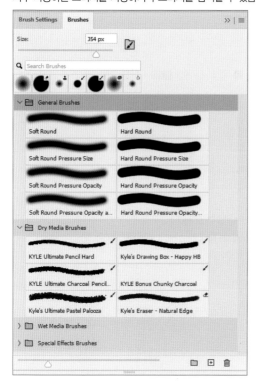

⓫ History 패널(🕐)

작업 단계를 기록하며, 이전 작업으로 되돌릴 수 있습니다.

● 한 단계 이전으로만 되돌릴 수 있는 Undo(Ctrl+Z) 기능을 확장한 패널입니다.

⓬ Navigator 패널(❋)

이미지를 확대하거나 축소하여 쉽게 볼 수 있습니다.

⓭ Actions 패널(▶, Alt+F9)

작업을 기록하여 반복 작업을 편리하게 합니다.

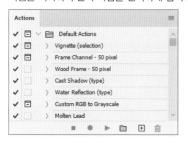

⓮ Styles 패널(🖼)

선택한 이미지에 스타일을 적용합니다.

⓯ Adjustments 패널(◐)

보정 레이어를 추가하고 색을 조절합니다.

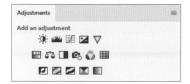

⓰ Color 패널(🎨, F6)

색상을 지정하는 패널입니다.

⓱ Tool Presets 패널(✂)

자주 사용하는 도구를 사전 설정으로 저장하여 사용할 수 있습니다.

⓲ Swatches 패널(▦)

자주 사용하는 색을 팔레트 형식으로 모아 쉽게 색을 지정해 사용할 수 있습니다.

⓳ Histogram 패널(▦)

이미지의 전체적인 색상 톤 구성을 나타냅니다.

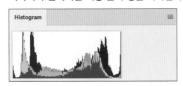

⓴ Gradients 패널(▦)

다양한 색상 띠 형태의 그레이디언트를 제공합니다.

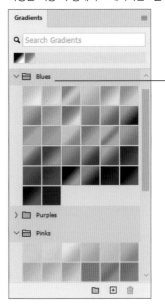

● 폴더별로 다양한 그레이디언트 스타일을 분류하여 제공하고 있습니다.

㉑ Patterns 패널(▦)

나무와 잔디, 물결 형태의 패턴을 제공합니다.

㉒ Timeline 패널(▦)

타임라인을 이용하여 영상을 편집합니다.

● 디지털 카메라로 촬영한 사진이나 동영상을 드래그하여 연결하면 간단하게 하나의 영상 파일로 만들 수 있습니다.

㉓ Notes 패널(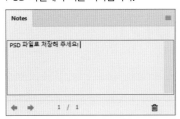)

PSD 파일에 주석을 기록합니다.

㉔ Measurement Log 패널(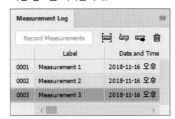)

측정 정보를 기록합니다.

㉕ 3D 패널()

개체를 3D로 변형한 다음 속성을 설정합니다.

㉖ Properties 패널()

이미지의 속성을 지정합니다.

㉗ Layer Comps 패널()

레이어 조합을 저장하여 효율적으로 디자인합니다.

㉙ Comments 패널()

다른 작업자와 작업 정보를 주석 형식으로 입력할 수 있습니다.

㉘ Clone Source 패널(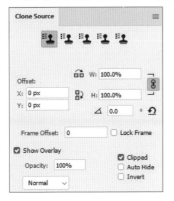)

복제할 때 이미지 정보를 담아 두고 사용합니다.

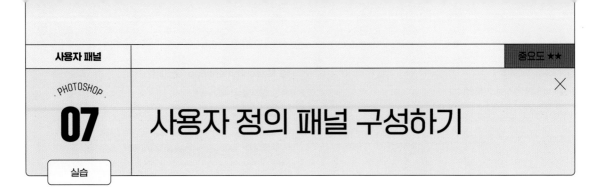

PHOTOSHOP
07 사용자 정의 패널 구성하기

실습

①　❶ 포토샵을 실행하고 확장된 패널을 선택한 다음 패널 아이콘 그룹으로 드래그하면 패널이 분리됩니다. 그림과 같
이 ❷ 사이드 패널 아이콘 그룹에 패널을 드래그하여 아이콘을 배치합니다. ❸ 아이콘을 클릭하면 해당 패널이 펼쳐
지면서 표시됩니다.

TIP

예제에서는 기본 작업 화면을 기준으로 실습합니다. 작업 화면에 Gradients 패널이 없다면 메뉴에서 (Window) → Workspace →
Essentials (Default)를 실행한 다음 메뉴에서 (Window) → Workspace → Reset Essentials를 실행합니다.
포토샵을 설치하면 패널 위주로 초기 설정되어 있기 때문에 포토샵 작업 영역이 상대적으로 좁을 수 있습니다. 불필요한 패널은 패널 오른쪽 상
단의 '패널 메뉴' 아이콘(■)을 클릭한 다음 **Close**를 실행하여 닫습니다.

②　❶ 해당 패널을 다시 작업 영역으로 드래그하면 독립된 패널로 표시됩니다. ❷ 독립된 패널로 다른 패널을 드래그합
니다. ❸ 그림과 같이 독립된 패널 옆에 드래그한 패널이 추가된 것을 확인할 수 있습니다.

TIP

화면에 보이지 않는 패널은 (Window) 메뉴에 있습니다. 메뉴에서 필요한 패널을 선택하면 바로 화면에 표시됩니다.

Why?

같은 성격의 패널을 하나로 묶는 이유는 작업하면서 손쉽게 패널을 찾을 수 있어 효율적이기 때문입니다.

PHOTOSHOP
08 내게 맞는 작업 환경 만들기

실습

---

01 메뉴에서 (Window) → Workspace → Essentials (Default)를 실행하여 작업 공간을 기본 설정으로 변경합니다. 간편한 브러시 작업을 위해 메뉴에서 (Window) → Brushes를 실행하여 Brushes 패널을 표시합니다.

TIP

패널의 위치나 크기는 이전에 작업한 대로 표시되어서 예제와 다를 수 있습니다. 예제와 같이 포토샵의 기본 작업 환경으로 변경하려면 메뉴에서 (**Window**) → **Workspace** → **Reset Essentials**를 실행합니다.

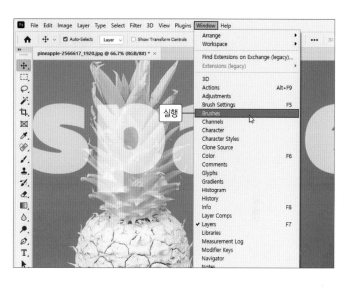

02 Brushes 패널이 표시되었습니다. 그림과 같이 Color 패널도 Brushes 패널로 드래그하여 드로잉 작업이 편리하도록 그룹화합니다.

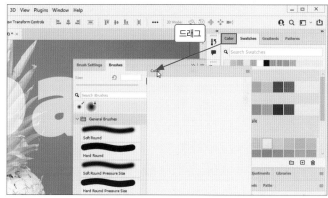

03 Color 패널에서 ❶ '패널 메뉴' 아이콘 (▤)을 클릭한 다음 ❷ Color Wheel을 실행하여 컬러 선택 방식을 컬러 휠로 교체합니다.

TIP

Color Wheel은 드로잉 도구인 페인터 프로그램에서 그림 작업을 할 때 편리하게 브러시 컬러를 선택할 수 있도록 구성된 형태입니다.

04 작업 영역을 저장하기 위해 메뉴에서 (Window) → Workspace → New Workspace를 실행합니다.

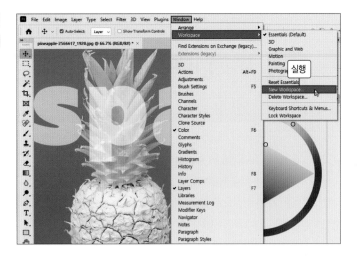

05 New Workspace 대화상자가 표시되면 ❶ Name에 '브러시작업'을 입력하고 ❷ 〈Save〉 버튼을 클릭하여 작업 환경을 저장합니다.

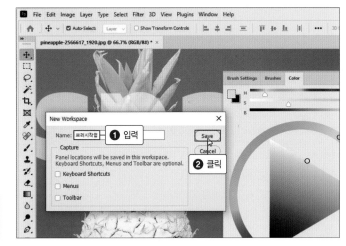

Why? 👉

서로 다른 사용자가 포토샵을 사용할 때 자신의 작업 환경을 따로 저장하여 사용하면 편리합니다.

06 메뉴에서 (Window) → Workspace를 실행하면 저장한 작업 환경을 확인할 수 있으며, ❶ 옵션바에서 오른쪽 'Choose a Workspace' 아이콘(▣)을 클릭하여 ❷ 확인할 수도 있습니다.

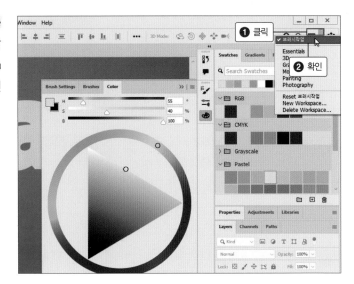

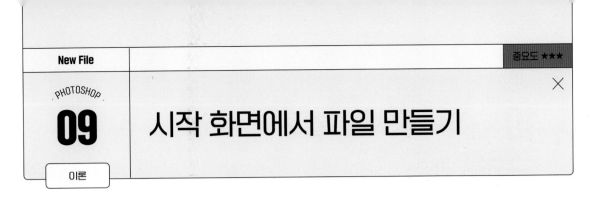

PHOTOSHOP
09 시작 화면에서 파일 만들기

이론

포토샵의 시작 화면에서는 〈New file〉 버튼과 〈Open〉 버튼을 클릭하여 작업을 시작할 수 있습니다. 〈New file〉 버튼을 클릭하면 포토샵에서 제공하는 파일 크기를 선택하여 작업을 시작할 수 있는 New Document 대화상자가 표시됩니다.

● 파일을 불러오거나 새 도큐먼트를 만들 수 있는 메뉴입니다.

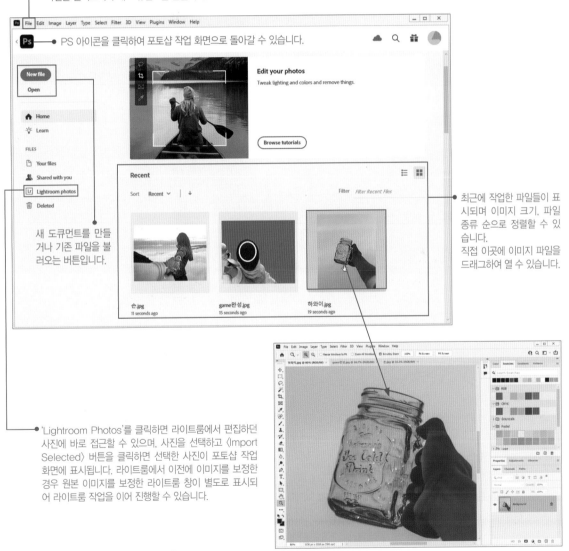

● PS 아이콘을 클릭하여 포토샵 작업 화면으로 돌아갈 수 있습니다.

새 도큐먼트를 만들거나 기존 파일을 불러오는 버튼입니다.

최근에 작업한 파일들이 표시되며 이미지 크기, 파일 종류 순으로 정렬할 수 있습니다.
직접 이곳에 이미지 파일을 드래그하여 열 수 있습니다.

● 'Lightroom Photos'를 클릭하면 라이트룸에서 편집하던 사진에 바로 접근할 수 있으며, 사진을 선택하고 〈Import Selected〉 버튼을 클릭하면 선택한 사진이 포토샵 작업 화면에 표시됩니다. 라이트룸에서 이전에 이미지를 보정한 경우 원본 이미지를 보정한 라이트룸 창이 별도로 표시되어 라이트룸 작업을 이어 진행할 수 있습니다.

새 문서 만들기

포토샵에서 새로운 파일을 만들 때 파일 이름과 크기, 해상도를 지정하는 것은 가장 기본적인 작업입니다. 처음 잘못 설정하면 재설정해야 하는 번거로움이 생길 수 있어 New 명령의 실행과 설정은 매우 중요합니다.

메뉴에서 〔File〕 → New(Ctrl+N)를 실행하여 새 캔버스를 만듭니다. 불러온 캔버스는 이미지를 넣거나 브러시를 사용하는 등 모든 포토샵 작업을 할 수 있습니다.

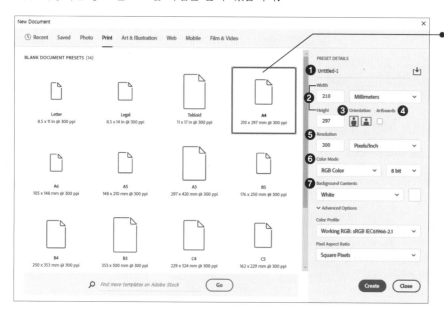

포토샵 CC 2023에서는 다양한 용지 크기를 프리셋으로 제공하여 사용자는 선택만 하면 해당 용지 크기의 새 문서를 만들 수 있습니다.

❶ **파일 이름** : 새로운 파일 이름을 지정합니다.

❷ **Width, Height** : 캔버스의 가로, 세로 길이를 설정하며, 오른쪽에서 단위를 선택할 수 있습니다.

❸ **Orientation** : 용지 방향을 가로 또는 세로로 지정합니다.

❹ **Artboards** : 아트보드를 제작합니다.

❺ **Resolution** : 해상도를 설정합니다. 일반적으로 웹용 이미지는 '72Pixels/Inch', 인쇄용 이미지는 '300Pixels/Inch'로 설정합니다.

❻ **Color Mode** : Bitmap, Grayscale, RGB Color, CMYK Color, Lab Color 모드 중에서 색상 모드를 지정할 수 있습니다.

❼ **Background Contents** : 캔버스의 배경색을 지정합니다.

▲ Background Color   ▲ White   ▲ Transparent

PHOTOSHOP
11 캔버스 만들기

실습

01 포토샵을 실행하면 처음 표시되는 시작
화면에서 〈New file〉 버튼을 클릭합니다.

02 New Document 대화상자가 표시되면
❶ (Print) 탭을 선택한 다음 ❷ 'A4(210
×297mm @300ppi)'를 선택하고 ❸ 〈Create〉
버튼을 클릭합니다.

TIP

Width와 Height에 각각 가로, 세로 수치 값을 입력
하고, Resolution에 해상도를 직접 입력하여 캔버스
를 원하는 크기로 만들 수 있습니다.

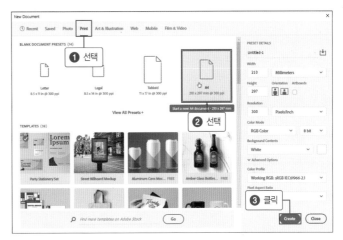

03 A4 용지 크기의 ❶ 새로운 캔버스가
만들어졌습니다. 작업 창을 닫으려면
❷ 파일 이름 탭에서 '닫기' 아이콘(✕)을 클릭
합니다.

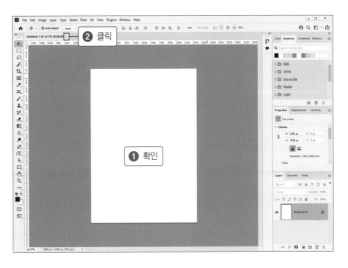

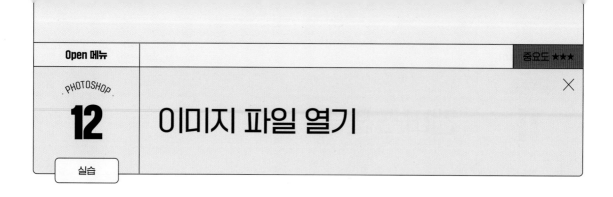

이미지 파일 열기

• 예제파일 : 02\마크.png, 식물.jpg

● ● ●

01 메뉴에서 (File) → Open((Ctrl)+(O))을 실행하거나 시작 화면에서 〈Open〉 버튼을 클릭합니다.

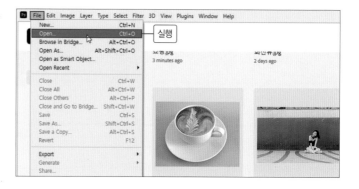

02 열기 대화상자가 표시되면 보기 형식을 ❶ '큰 아이콘'으로 지정해 이미지를 미리 볼 수 있도록 합니다. ❷ (Ctrl)을 누른 상태에서 02 폴더의 '마크.png' 파일과 '식물.jpg' 파일을 선택한 다음 ❸ 〈열기〉 버튼을 클릭합니다.

TIP ◁

(Ctrl)을 누른 상태에서 파일들을 선택하면 여러 개의 파일을 포토샵에서 열 수 있습니다.

03 각각의 도큐먼트 형태로 이미지가 열립니다. 도큐먼트 상단을 확인하면 파일 이름이 탭에 표시되어 있습니다.

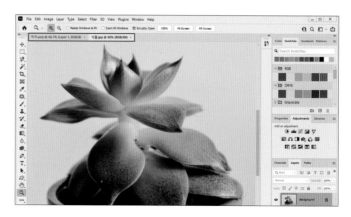

PHOTOSHOP
13

실습

이미지 안에 원본 이미지를 포함하여 파일 불러오기

• 예제파일 : 02\식물.jpg, 마크.png

01 메뉴에서 (File) → Open(Ctrl+O)을 실행하여 열기 대화상자가 표시되면 02 폴더에서 '식물.jpg' 파일을 선택한 다음 〈열기〉 버튼을 클릭하여 불러옵니다.

추가로 이미지를 불러오기 위해 ❶ 메뉴에서 (File) → Place Embedded를 실행합니다. Place Embedded 대화상자가 표시되면 ❷ 02 폴더에서 '마크.png' 파일을 선택한 다음 ❸ 〈Place〉 버튼을 클릭합니다.

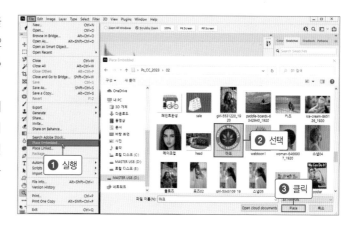

02 그림과 같이 추가로 불러온 마크 이미지가 식물 이미지에 위에 포함되어 표시됩니다. ❶ Shift를 누른 상태로 조절점을 드래그하여 크기를 줄인 다음 ❷ Enter를 누릅니다. ❸ Layers 패널에서 '마크' 레이어의 섬네일 이미지를 더블클릭합니다.

TIP

포토샵 작업 창에 이미지를 드래그하면 X자 표시와 함께 이미지가 불러들여집니다. 이것은 스마트 오브젝트 이미지를 나타내며, 원본 이미지를 유지한 상태에서 이미지의 크기 조절 및 변형이 가능합니다.

03 '마크.png' 원본 이미지가 별도의 도큐먼트로 열립니다. 작업 도큐먼트의 마크 이미지 크기를 줄였어도 원본 이미지는 그대로 유지된 것을 확인할 수 있습니다.

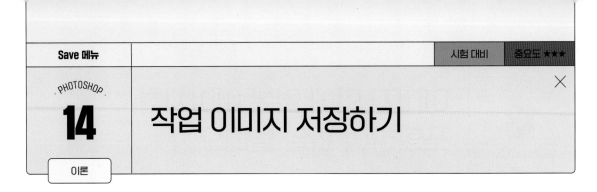

작업 이미지 저장하기

메뉴에서 〔File〕 → Save(Ctrl+S)를 실행하여 작업한 이미지를 저장할 수 있으며, PC에 저장하거나 어도비 클라우드 공간에 저장할 수 있습니다. 어도비 클라우드 공간에 저장하면 장소에 상관없이 언제든지 파일을 불러올 수 있는 장점이 있습니다. 저장한 이름을 다른 이름으로 저장하려면 메뉴에서 〔File〕 → Save As(Shift+Ctrl+S)를 실행합니다.

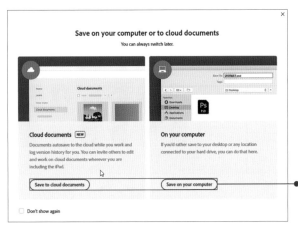

● 저장 공간 선택에 따라 다른 형태의 Save As 대화상자가 표시되며, 각각의 대화상자에서도 서로 다른 저장 공간을 선택할 수 있습니다.

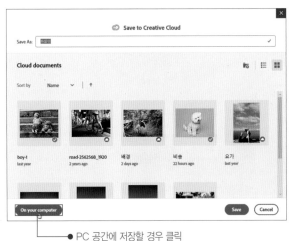

● PC 공간에 저장할 경우 클릭

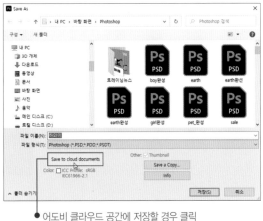

● 어도비 클라우드 공간에 저장할 경우 클릭

Exit 명령으로 작업 종료하기 ● ● ●

메뉴에서 〔File〕 → Exit(Ctrl+Q)를 실행하여 작업 중인 파일을 종료할 수 있습니다. 작업 중에 한 번도 저장하지 않으면 종료하기 전에 작업을 저장할지 묻는 대화상자가 표시되고 〈Yes〉 버튼을 클릭하면 Save As 대화상자가 표시됩니다.

PHOTOSHOP

15

이론

PC 또는 클라우드 공간에
파일 저장하기

메뉴에서 [File] → Save([Ctrl]+[S])를 실행하여 작업한 이미지를 저장할 수 있으며, PC에 저장하거나 어도비 클라우드 공간에 저장할 수 있습니다. 어도비 클라우드 공간에 저장하면 장소에 상관없이 언제든지 파일을 불러올 수 있는 장점이 있습니다. 저장한 이름을 다른 이름으로 저장하려면 메뉴에서 [File] → Save As([Shift]+[Ctrl]+[S])를 실행합니다.

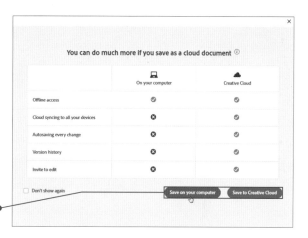

저장 공간 선택에 따라 다른 형태의 Save As 대화상자가 표시되며, 각각의 대화상자에서도 서로 다른 저장 공간을 선택할 수 있습니다.

● 어도비 클라우드 공간에 저장할 경우 클릭

● PC 공간에 저장할 경우 클릭

어도비 크리에이티브 클라우드를 구독하면 100GB의 클라우드 공간을 제공합니다. 인터넷을 사용할 수 있는 공간이라면 스마트폰이나 태블릿에서 사용이 가능하며, 어디서나 저장하고 다시 불러들여 작업할 수 있습니다. 클라우드에 저장된 이미지를 포토샵에서 바로 불러오면 제목 표시줄에 구름 형태의 아이콘이 표시됩니다.

포토샵 시작

PART 3.

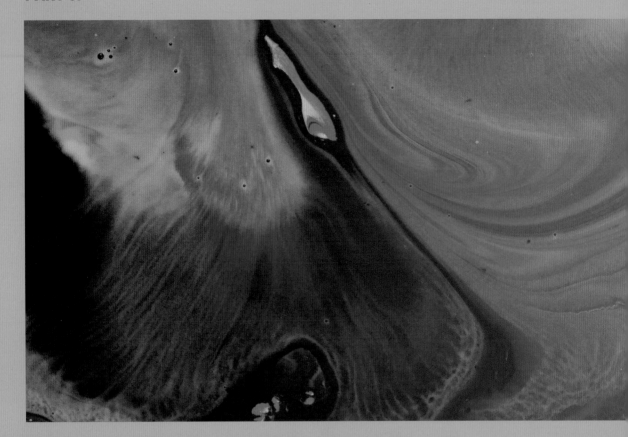

포토샵 작업을 위한
세팅 & 편의 기능

① 작업 화면 확대, 축소, 이동하기

② 다이내믹 뷰를 이용해 이미지 탐색하기

③ 화면 비율을 조절하여 작업 영역에 알맞게 이미지 확인하기

④ 눈금자와 가이드 사용하기

⑤ 가이드와 스냅으로 이미지 자르기

⑥ 이미지 크기 조절하기

⑦ 캔버스 크기 조절하기

⑧ 사진 용량 줄이기

⑨ 작은 용량의 웹 이미지 만들기

⑩ 작업 과정 기록과 반복 작업 해결하기

⑪ 버전 히스토리로 작업 과정 기록하기

⑫ 작업 시간 단축하기

⑬ 많은 사진을 한 번에 정리하기

⑭ 여러 장의 이미지를 하나의 PDF 파일로 정리하기

⑮ 브리지에서 미리 보며 이미지 검색하기

⑯ 브리지에서 이미지 파일 검색하고 불러오기

⑰ 검색하여 기능 실행하기

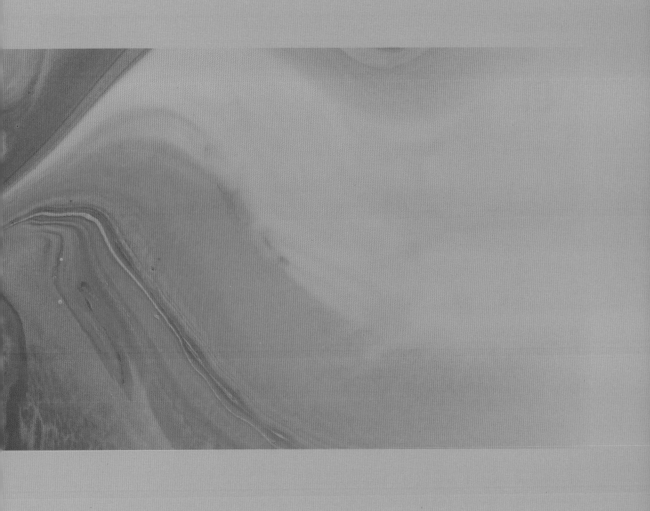

포토샵을 이용한 작업을 하기 전에 정확한 결과물 제작을 위한 기능과 이미지와 캔버스 설정, 반복 작업을 간편하게 끝내는 방법을 알아봅니다.

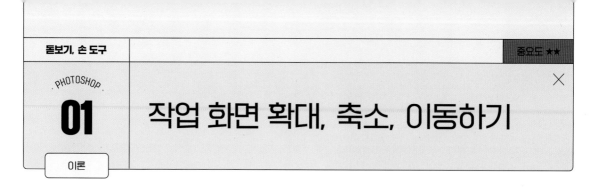

PHOTOSHOP

01 작업 화면 확대, 축소, 이동하기

이론

포토샵에서 그래픽 작업을 할 때 돋보기 도구와 손 도구를 가장 많이 사용합니다. 작업 과정에서 수시로 이미지를 확대하거나 축소하여 명령이나 그래픽 효과가 제대로 적용되었는지 확인해야 하며, 모니터 크기의 한계로 인해 이미지를 탐색해야 하기 때문입니다. 이미지를 확대 및 축소해서 보는 도구인 돋보기 도구를 선택하면 캔버스 상단에 다음과 같은 옵션바가 표시됩니다.

❶ **Zoom In** : 이미지를 확대합니다.
❷ **Zoom Out** : 이미지를 축소합니다.
❸ **Resize Windows to Fit** : 이미지를 확대하거나 축소할 때 이미지 창이 함께 확대되거나 축소됩니다.
❹ **Zoom All Windows** : 현재 포토샵에 열려 있는 모든 이미지 창을 확대하거나 축소합니다.
❺ **Scrubby Zoom** : 드래그하여 바로 이미지를 확대하거나 축소하여 볼 수 있습니다. 이 옵션의 체크 표시가 해제되면 특정 부분을 확대할 수 있는 선택 영역이 표시된 후 이미지 크기를 조절할 수 있습니다. OpenGL 기능이 지원되어야 사용할 수 있는 기능으로 포토샵에서 그래픽카드 드라이버를 제대로 인식해야 합니다.
❻ **100%** : 이미지를 100% 크기로 표시합니다.
❼ **Fit Screen** : 포토샵 작업 영역에 알맞게 이미지를 표시합니다.
❽ **Fill Screen** : 포토샵 작업 영역에 알맞게 이미지를 채웁니다.

돋보기 도구를 선택한 다음 확대하려는 이미지를 연속으로 클릭하여 확대하며, 돋보기 도구가 선택된 상태에서 Alt 를 누르고, 연속으로 클릭하여 축소합니다.

TIP

Tools 패널의 특정 도구에 마우스 커서를 위치시키면 도구의 설명과 함께 사용 방법에 대한 짧은 영상이 나타납니다.

PHOTOSHOP
02
실습

다이내믹 뷰를 이용해 이미지 탐색하기

• **예제파일** : 03\다이내믹.jpg　　　　　　　　　　　　　　　　　● ● ●

01 메뉴에서 (File) → Open(Ctrl + O)을 실행합니다. 열기 대화상자가 표시되면 03 폴더의 '다이내믹.jpg' 파일을 선택한 다음 〈열기〉 버튼을 클릭하여 불러옵니다.
❶ 돋보기 도구(🔍)를 선택하거나 Z를 누른 다음 ❷ 이미지를 클릭 또는 드래그하여 확대합니다.

TIP ⟨⟅
낮은 사양의 컴퓨터일 경우 다이내믹 뷰를 사용할 수 없기도 합니다.

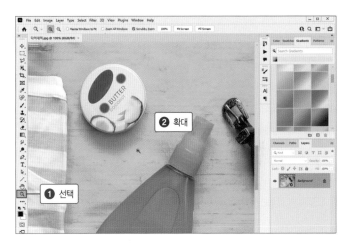

02 전체 이미지에서 유리병을 선택하여 확인하기 위해 H를 누른 상태로 클릭합니다. 이미지가 전체적으로 나타나면 사각형 영역을 그림과 같이 유리병에 위치시키고 마우스 버튼에서 손을 뗍니다.

03 사각형 영역에 나타난 유리병만 확대되어 표시됩니다.

TIP ⟨⟅
H를 누른 상태로 클릭하는 방법은 전체 이미지를 조감하고 특정 부분을 골라 보기 편하기 때문에 문자가 있는 이미지나 도면 이미지 확인에 많이 사용됩니다. 이러한 기능을 버드 뷰(Bird View) 기능이라고도 합니다.

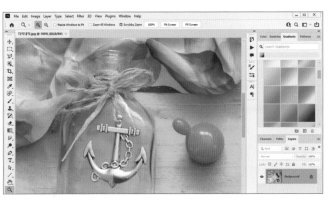

PHOTOSHOP
03

실습

X

화면 비율을 조절하여 작업 영역에 알맞게 이미지 확인하기

• 예제파일 : 03\요가3.jpg ● ● ●

01 메뉴에서 (File) → Open(Ctrl + O)을 실행합니다. 열기 대화상자가 표시되면 03 폴더에서 '요가3.jpg' 파일을 더블클릭하여 불러옵니다.

❶ 손 도구(✋)를 선택하고 옵션바에서 ❷ 〈100%〉 버튼 또는 〈Actual Pixels〉 버튼을 클릭하여 이미지를 100% 크기로 표시합니다.

02 마우스 커서를 캔버스로 가져가면 손 모양으로 바뀝니다. 캔버스를 원하는 방향으로 드래그하여 화면을 이동합니다.

03 옵션바에서 〈Fit Screen〉 버튼을 클릭하거나 ❶ 이미지에서 마우스 오른쪽 버튼을 클릭한 다음 ❷ Fit on Screen을 실행합니다. ❸ 화면 크기에 알맞게 전체 이미지가 표시됩니다.

TIP ◁⟡

포토샵 왼쪽 하단의 화면 비율 입력 창에 직접 비율을 입력하여 화면 비율을 조절할 수 있습니다.

PHOTOSHOP
04 눈금자와 가이드 사용하기

이론

❶ 눈금자와 단위 표시하기

메뉴에서 (View) → Rulers(Ctrl+R)를 실행하면 작업 창 왼쪽과 위에 눈금자가 표시됩니다. 눈금자 단위는 기본으로 Centimeters가 지정되어 있습니다. 메뉴에서 (Image) → Image Size(Alt+Ctrl+I)를 실행해 Image Size 대화상자를 확인하면 눈금자에 표시된 길이와 대화상자에 표시된 가로, 세로 길이가 같습니다.

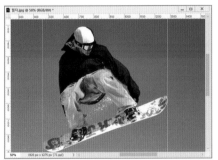

Image Size 대화상자의 단위를 'Centimeters'로 지정하면 가로, 세로 길이를 센티미터 단위로 확인할 수 있습니다. ●

❷ 가이드와 스냅 사용하기

가이드는 이미지의 기준선을 말하며, 가로선과 세로선으로 표현됩니다. 가이드를 이용하기 위해서는 먼저 Ctrl +R을 눌러 눈금자를 표시합니다. 눈금자를 클릭한 다음 이미지로 드래그하여 가이드를 만듭니다. 주로 선택 영역을 지정하거나 이미지를 자를 때 가이드를 이용합니다. 메뉴에서 (Edit) → Preferences → Guides, Grid & Slices를 실행하여 표시되는 Preferences 대화상자에서 가이드 색상과 선 형태를 변경할 수 있습니다. 또한 스냅이란, 도구를 이용하여 작업할 때 마치 자석에 붙듯이 가이드에 마우스 커서가 붙는 기능입니다. 메뉴에서 (View) → Snap(Shift+Ctrl+;)을 실행하면 스냅 기능을 이용할 수 있습니다.

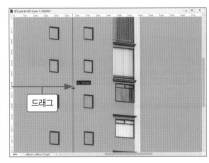
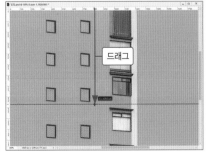

TIP ◁

만들어진 가이드는 이동 도구로 드래그해서 위치를 변경하거나 도큐먼트 밖으로 드래그해 없앨 수도 있습니다.

▲ 눈금자를 클릭한 다음 드래그하여 가이드를 만든 모습

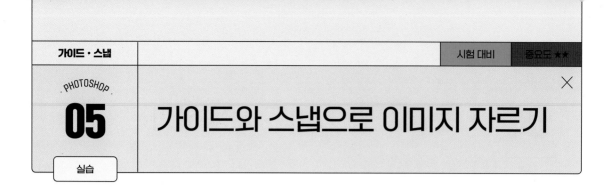

가이드와 스냅으로 이미지 자르기

가이드와 스냅을 이용하면 가이드를 기준선으로 사용해 정확하게 이미지를 선택 영역으로 지정하거나 자를 수 있습니다.

Before

• 예제파일 : 03\테니스.jpg

After

• 완성파일 : 03\테니스_완성.jpg

01 메뉴에서 (File) → Open(Ctrl+O)을 실행하고 Open 대화상자가 표시되면 03 폴더에서 '테니스.jpg' 파일을 불러옵니다. 눈금자를 표시하기 위해 메뉴에서 (View) → Rulers(Ctrl+R)를 실행하면 눈금자가 표시됩니다.

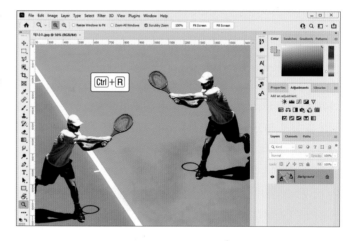

02 상단 눈금자를 클릭한 다음 오른쪽 인물 하단으로 드래그합니다. 수평 가이드가 생성되었습니다.

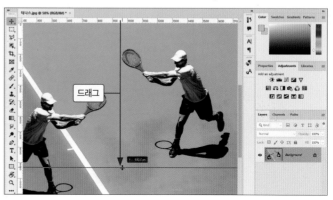

03 왼쪽 눈금자를 클릭한 다음 오른쪽으로 인물 사이로 드래그합니다. 수직 가이드가 생성되었습니다.

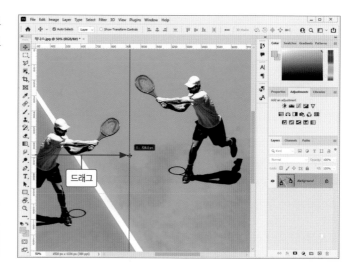

TIP ⟵

만들어진 가이드는 이동 도구로 드래그하여 위치를 변경하거나 도큐먼트 밖으로 드래그하여 없앨 수도 있습니다.

04 ❶ 자르기 도구(◻.)를 선택하고 ❷ 가이드의 교차점 부분을 클릭한 다음 오른쪽 상단 방향으로 드래그합니다.
그림과 같이 가이드에 선택 영역이 붙으면서 드래그되는 것을 확인할 수 있습니다.

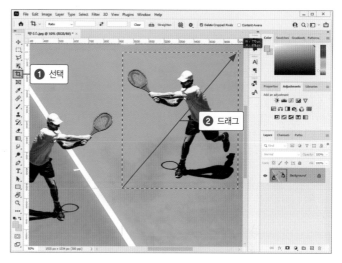

05 자를 영역이 표시되면 Enter 를 누르거나 더블클릭하여 이미지를 자릅니다.

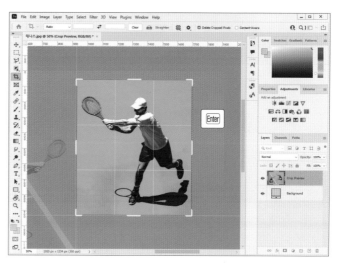

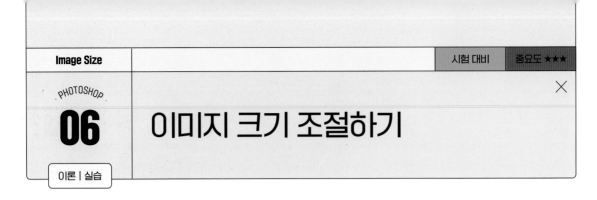

| Image Size | | 시험 대비 | 중요도 ★★★ |

PHOTOSHOP
06
이미지 크기 조절하기

이론 | 실습

이미지 크기를 확대하면 원본 이미지에 비해서 노이즈가 생기고, 픽셀이 깨지는 현상이 나타납니다. 따라서 원본 이미지가 100% 크기라면, 그 이상 확대해서 인쇄용이나 웹용으로 사용하는 것은 좋은 방법이 아닙니다. 부득이하게 이미지를 확대하여 사용해야 한다면 노이즈를 감소시킨 다음 사용합니다.

포토샵에서는 작은 이미지를 크게 확대할 경우 노이즈를 감소시켜 깨끗하게 표현하는 기능을 제공합니다. 이제 인스타그램이나 카카오톡 같은 SNS(소셜 네트워크 서비스)에서 다운로드한 작은 이미지라도 Image Size 기능을 이용하여 출력이나 인화할 수 있는 큰 이미지로 조절할 수 있습니다.

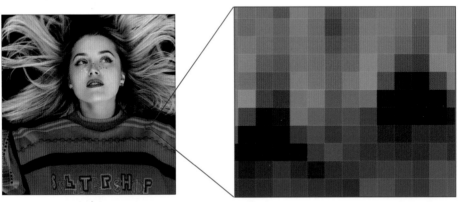

▲ 원본 이미지(500×320픽셀)   ▲ Image Size 기능으로 4배 확대한 이미지(2000×1280픽셀)

▲ 72ppi 이미지를 400% 확대한 이미지

▲ 300ppi 이미지

❶번 사진은 노이즈가 감소하지 않아 이미지 경계 부분에 계단 현상이 발생했으며, 색상 경계면이 거칠게 표현되었습니다. ❷번 사진은 이미지 중간에 색을 채워넣는 방식으로 거친 색상면을 부드럽게 표현하여 노이즈를 감소시켰습니다.

메뉴에서 (Image) → Image Size((Alt)+(Ctrl)+(I))를 실행하면 표시되는 Image Size 대화상자에서 이미지 크기와 해상도를 변경할 수 있습니다.

❶ **Dimensions** : 이미지의 가로, 세로 길이를 설정할 수 있습니다. 크기를 변경하면 바뀔 파일 용량도 표시됩니다.

❷ **Fit To** : 자주 사용하는 이미지의 규격을 제공하여 변경하려는 이미지 크기를 지정할 수 있습니다.

❸ **Width, Height** : 실제로 출력될 이미지의 가로, 세로 길이를 설정할 수 있습니다.

❹ **Resolution** : 해상도를 변경합니다. 웹용 이미지는 '72Pixels/Inch', 인쇄용은 '150~300Pixels/Inch'로 설정하는 것이 좋습니다. 'Resample'에 체크 표시한 경우 해상도가 높아지면 이미지 용량 및 가로, 세로 크기 자체가 커집니다.

❺ **Resample** : 이미지 크기를 변경하면서 새로 만들어지는 영역에 픽셀을 채우는 방식을 지정합니다. 이 옵션을 사용하면 이미지를 확장할 때 픽셀이 뭉개지는 현상을 줄일 수 있습니다.

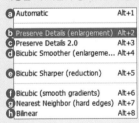

ⓐ **Automatic** : 자동으로 픽셀 간격을 채워 이미지를 표현합니다.

ⓑ **Preserve Details** : 세밀하게 픽셀을 채워 이미지를 표현합니다. 이미지를 확장할 때 유용합니다.

ⓒ **Preserve Details 2.0** : 이미지 확장 시 한층 개선된 이미지를 표현합니다.

ⓓ **Bicubic Smoother** : 이미지의 픽셀 간격을 부드럽게 채워 표현합니다.

ⓔ **Bicubic Sharper** : 선명하게 픽셀 간격을 채워 표현합니다.

ⓕ **Bicubic** : 색상 띠 형태로 픽셀 간격을 채워 표현합니다.

ⓖ **Nearest Neighbor** : 주변 색상을 기준으로 픽셀 간격을 채워 표현합니다.

ⓗ **Bilinear** : 주변 평균 값을 기준으로 픽셀 간격을 채워 표현합니다.

❻ **Reduce Noise** : Resample을 'Preserve Details (enlargement)'로 지정하면 활성화하는 옵션으로 이미지의 노이즈를 제거합니다. 값이 클수록 노이즈가 줄어듭니다.

TIP
일반적으로 화면 출력용 이미지의 해상도는 72ppi면 충분하고, 인쇄용 이미지의 해상도는 300ppi 이상이면 좋습니다. 300ppi는 가로, 세로 1인치의 정사각형 안에 가로 300픽셀 x 세로 300픽셀로 이루어져 총 90,000픽셀로 구성된 이미지입니다.

이미지의 가로 또는 세로 크기를 설정해 이미지를 조정할 수 있습니다. 예제에서는 이미지 크기를 1/2로
줄여 보겠습니다.

Before

After

• 예제파일 : 03\사막.jpg

• 완성파일 : 03\사막_완성.jpg

01 메뉴에서 (File) → Open(Ctrl+O)을
실행하여 열기 대화상자가 표시되면 03
폴더에서 '사막.jpg' 파일을 선택한 다음 〈열기〉
버튼을 클릭하여 불러옵니다.
이미지 크기를 줄이기 위해 메뉴에서 (Image)
→ Image Size(Alt+Ctrl+I)를 실행합니다.

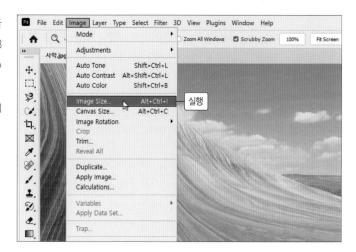

02 Image Size 대화상자가 표시되면
❶ Width를 '600Pixels'로 설정합니
다. 세로 값도 비율에 맞게 자동으로 수정되면
❷ 〈OK〉 버튼을 클릭합니다. 이미지가 절반
(1/2) 정도 크기로 줄어듭니다.

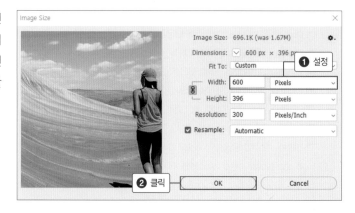

TIP ◁〕

'링크' 아이콘(⑧)이 활성화되어야 원본의 가로, 세로 비율이 유지되면서 이미지 크기가 조절됩니다.

Canvas Size

PHOTOSHOP
07

캔버스 크기 조절하기

이론 | 실습

메뉴에서 [Image] → Canvas Size(Alt+Ctrl+C)를 실행해 표시되는 Canvas Size 대화상자에서 캔버스 크기를 조절할 수 있습니다.

❶ Current Size : 현재 캔버스 크기입니다.
❷ New Size : 새 캔버스 크기를 설정합니다.
❸ Relative : 캔버스 크기가 아닌, 사방의 여백 크기를 설정합니다.
❹ Anchor : 캔버스가 확장되는 방향을 지정합니다.

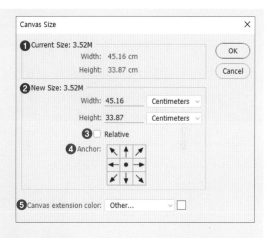

TIP

Canvas Size 기능은 Image Size 기능처럼 이미지를 늘리거나 줄여 해상도를 변화시키지 않으므로, 대화상자에서 해상도 조절 옵션을 제공하지 않습니다.

▲ Anchor를 위쪽으로 지정한 모습

▲ Anchor를 왼쪽으로 지정한 모습

▲ Anchor를 아래쪽으로 지정한 모습

▲ Anchor를 왼쪽 상단으로 지정한 모습

❺ Canvas extension color : 확장할 영역의 색상을 지정합니다.

이미지 크기를 확장하기 위해서는 캔버스 크기를 조절해야 합니다. 예제에서는 캔버스 영역을 확장하고 문자 이미지를 붙여 넣어 포스터를 만들어 보겠습니다.

• 예제파일 : 03\할로윈.png, 홍보문구.png   • 완성파일 : 03\할로윈_완성.jpg

01 메뉴에서 (File) → Open(Ctrl+O)을 실행하여 열기 대화상자가 표시되면 03 폴더에서 '할로윈.png' 파일을 선택한 다음 〈열기〉 버튼을 클릭하여 불러옵니다.
캔버스를 확장하기 위해 메뉴에서 (Image) → Canvas Size(Alt+Ctrl+C)를 실행합니다.

02 Canvas Size 대화상자에서 ❶ 단위를 'Centimeters'로 지정해 이미지 단위를 센티미터로 변경합니다. 이미지 하단을 확장하기 위해 ❷ Anchor에서 위쪽 가운데를 클릭합니다. 가로, 세로 크기가 각각 52Centimeters이므로 하단을 10Centimeters 늘리기 위해 ❸ Height를 '62Centimeters'로 설정합니다. 확장된 영역을 검은색으로 지정하기 위해서 ❹ Cavas extension color를 'Black'으로 지정한 다음 ❺ 〈OK〉 버튼을 클릭합니다.

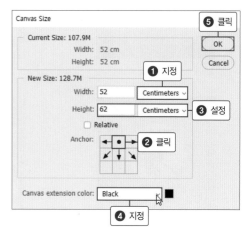

03 이미지 하단에 그림과 같이 검은색 영역이 만들어진 것을 확인할 수 있습니다.

04 확장된 영역에 문자 이미지를 넣기 위해 03 폴더에서 '홍보문구.png' 파일을 불러옵니다.

이미지를 출력한 다음 아래 여백에 손글씨로 사진 설명을 입력할 수도 있습니다.

05 ❶ 이동 도구(⊕)를 선택하고 ❷ 홍보문구 이미지를 클릭한 다음 할로윈 이미지 하단의 확장 영역으로 드래그하여 포스터를 완성합니다.

Save for Web	중요도 ★★

PHOTOSHOP
08 사진 용량 줄이기

이론

메뉴에서 (File) → Export → Save for Web (Legacy)((Alt)+(Shift)+(Ctrl)+(S))을 실행하여 미리 보기 창에서 원본 이미지와 파일 품질, 용량이 조절된 이미지를 보며 압축률을 조절하거나 색상 수를 변경할 수 있습니다.

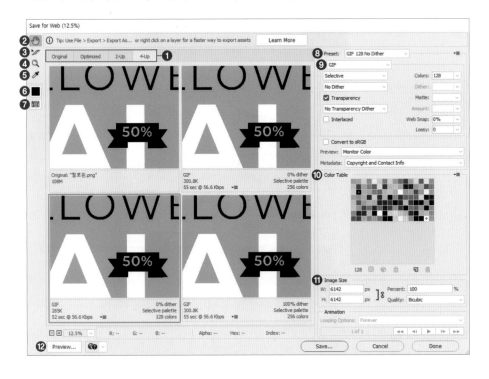

❶ **탭** : 이미지를 보는 방법을 지정할 수 있으며, Original은 원본 이미지, Optimized는 최적화된 이미지, 2-Up은 원본 이미지와 최적화된 이미지, 4-Up은 원본 이미지와 최적화된 이미지 세 개를 보여 줍니다. 최적화된 이미지 아랫부분에서 각각의 이미지 옵션을 설정할 수 있습니다.

❷ **손 도구** : 미리 보기 창 안에서 이미지를 이동합니다.

❸ **분할 영역 선택 도구** : 이미지에 여러 개의 분할 영역이 있을 때 최적화할 분할 영역을 지정합니다. 더블클릭하면 옵션을 설정할 수 있습니다.

❹ **돋보기 도구** : 이미지를 확대 또는 축소합니다.

❺ **스포이트 도구** : 이미지에서 색을 추출합니다.

❻ **스포이트 색상** : 스포이트로 추출한 색상이 표시됩니다. 더블클릭하면 색상을 지정할 수 있습니다.

❼ **분할 영역 가시성 켜기/끄기** : 분할 영역을 나타내거나 숨깁니다.

❽ **Preset** : 포토샵에서 제공하는 최적화 설정을 적용합니다.

❾ **파일 형식** : 저장할 파일 형식을 지정합니다.

❿ **Color Table** : 이미지에 사용하는 색상을 볼 수 있고 더하거나 뺄 수 있습니다.

⓫ **Image Size** : 이미지 크기와 비율, 품질을 지정합니다.

⓬ **Preview** : 최적화된 이미지를 브라우저에서 미리 봅니다.

Save for Web

중요도 ★★

PHOTOSHOP

09

작은 용량의 웹 이미지 만들기

실습

• **예제파일** : 03\petweb.jpg　　• **완성파일** : 03\petweb_완성.jpg　　　　　　● ● ●

---

01 메뉴에서 (File) → Open([Ctrl]+[O])을 실행하여 열기 대화상자가 표시되면 03 폴더의 'petweb.jpg' 파일을 선택하고 〈열기〉 버튼을 클릭하여 불러옵니다.

이미지 품질을 최대한 유지하면서 파일 용량을 줄이기 위해 메뉴에서 (File) → Export → Save for Web (Legacy)([Alt]+[Ctrl]+[I])을 실행합니다.

---

02 Save for Web 대화상자가 표시되면 **①** (2-Up) 탭을 선택한 다음 **②** Preset에서 파일 포맷을 'JPEG'로 지정합니다.

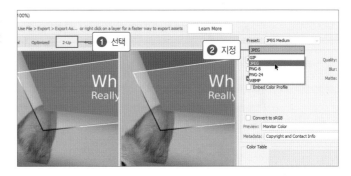

---

03 왼쪽에는 원본 이미지가 표시되고 오른쪽에는 최적화된 이미지가 표시됩니다. **①** Preset에서 파일 포맷을 'High'로 지정합니다. 원본 이미지는 5MB이지만 최적화된 이미지는 269KB 정도로, 파일 용량이 1/20 정도로 줄어들었습니다. **②** 〈Save〉 버튼을 클릭하여 이미지를 저장합니다.

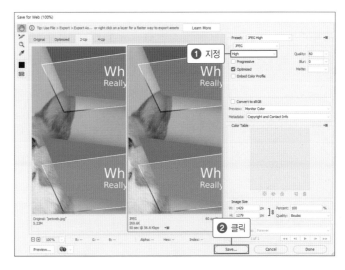

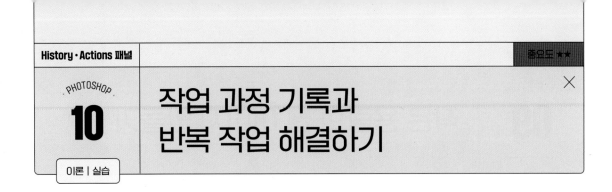

PHOTOSHOP

10

이론 | 실습

작업 과정 기록과 반복 작업 해결하기

❶ 이전 작업으로 되돌리기

History 패널에는 이미지 작업 과정이 순서대로 기록되어 있습니다. 만약 작업이 잘못되면 이전 항목을 클릭하여 작업 결과를 되돌릴 수 있습니다. 특히 스냅샷 기능을 이용하여 특정 단계를 설정하면 언제든지 설정한 단계로 되돌릴 수 있습니다.

● 되돌리려는 항목을 클릭하면 해당 명령이 적용된 시점으로 이동합니다.

❶ **Create new document from current state** : 현재까지 명령이 적용된 상태를 새로운 이미지로 복제합니다.

❷ **Create new snapshot** : 특정 항목을 별도로 저장하여 언제든지 해당 항목으로 이동할 수 있습니다.

❸ **Delete current state** : 기록된 항목을 삭제합니다.

TIP ⇦

Ctrl+Z를 연속으로 눌러 작업 과정에서 이전 단계로 되돌릴 수 있고, Shift+Ctrl+Z를 연속으로 눌러 이전 단계에서 이후 단계로 진행시킬 수 있습니다.

❷ 반복 작업을 한번에 해결하기

Actions 패널은 작업 순서를 기록한 다음 여러 이미지에 기록된 명령들을 일괄적으로 사용할 수 있으며, 메뉴에서 [Window] → Actions(Alt+F9)를 실행하여 표시할 수 있습니다.

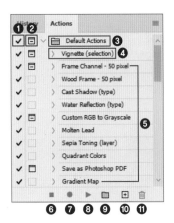

❶ **Item On/Off** : 액션 목록 중 체크 표시된 액션만 실행합니다.

❷ **Dialog On/Off** : 액션의 대화상자 표시 여부를 지정합니다.

❸ **액션 세트** : 액션을 묶어서 관리하는 폴더입니다.

❹ **액션** : 작업 단계가 기록되며, 더블클릭하여 액션 이름도 변경할 수 있습니다.

❺ **액션 목록** : 액션을 실행하는 단계입니다.

❻ **Stop playing/recording** : 액션의 녹화를 중지합니다.

❼ **Begin recording** : 작업 단계를 녹화합니다.

❽ **Play section** : 액션을 이미지에 적용합니다.

❾ **Create new set** : 액션 세트를 만듭니다.

❿ **Create new action** : 새 액션을 만듭니다.

⓫ **Delete** : 액션이나 액션 세트를 삭제합니다.

단순 반복 작업은 액션 기능을 이용하여 쉽고 빠르게 적용할 수 있습니다. 이미지에 동일한 이미지를 합성한 다음 특정 파일 포맷으로 저장하는 방법을 액션으로 만들어 보겠습니다.

Before

After

• **예제파일** : 03\휴양지1.png, 휴양지2.png, 메뉴.png

• **완성파일** : 03\휴양지1_완성.pdf, 휴양지2_완성.pdf

---

01 메뉴에서 (File) → Open((Ctrl)+(O))을 실행해 열기 대화상자가 표시되면 03 폴더에서 '휴양지1.png', '휴양지2.png' 파일을 선택한 다음 〈열기〉 버튼을 클릭하여 불러옵니다.
❶ '휴양지1.png' 작업 창을 선택하고 ❷ 메뉴에서 (Window) → Actions((Alt)+(F9))를 실행하여 Actions 패널을 표시합니다.

---

02 ❶ Actions 패널에서 'Create new action' 아이콘(回)을 클릭합니다.
New Action 대화상자가 표시되면 ❷ Name에 '메뉴'를 입력한 다음 ❸ 〈Record〉 버튼을 클릭합니다.

03 이미지 안에 메뉴 이미지를 넣기 위해 ❶ 메뉴에서 (File) → Place Embeded를 실행합니다. Place Embeded
대화상자가 표시되면 ❷ 03 폴더에서 '메뉴.png' 파일을 선택한 다음 ❸ 〈Place〉 버튼을 클릭합니다.

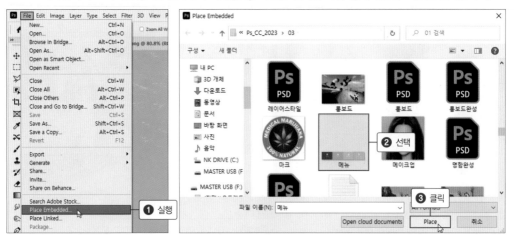

04 작업 화면에 메뉴 이미지가 표시되며,
조절점을 드래그하여 크기를 조절할 수
있습니다.
예제에서는 메뉴 이미지가 이미지 중앙에 기본
으로 위치하도록 Enter를 눌러 메뉴 이미지를 삽
입했습니다.

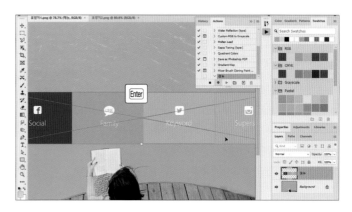

05 이미지를 PDF 파일로 저장하기 위해 메뉴에서 (File) → Save를 실행합니다. Save As 대화상자가 표시되면
❶ 파일 형식을 'Photoshop PDF'로 지정한 다음 ❷ 〈저장〉 버튼을 클릭합니다. Save Adobe PDF 대화상자가
표시되면 ❸ 〈Save PDF〉 버튼을 클릭하여 파일로 저장합니다.

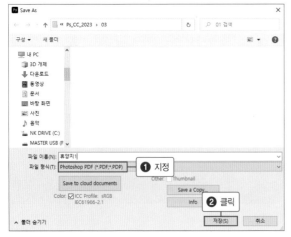
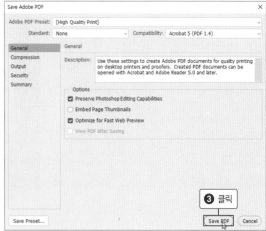

06 Actions 패널에서 'Stop playing/recording' 아이콘(■)을 클릭해 액션 기록을 마칩니다.

07 저장된 액션을 적용하기 위해 ❶ '휴양지 2.png' 작업 창을 선택한 다음 Actions 패널에서 ❷ '메뉴' 액션을 선택합니다.

08 Actions 패널에서 'Play selection' 아이콘(▶)을 클릭합니다. 그림과 같이 자동으로 이미지에 메뉴 이미지가 삽입되고, 이미지가 PDF 파일로 저장됩니다.

PHOTOSHOP

11

버전 히스토리로
작업 과정 기록하기

실습

• 예제파일 : 03\요가.jpg

• • •

---

01 메뉴에서 (File) → Open(Ctrl+O)을 실행하여 열기 대화상자가 표시되면 03 폴더에서 '요가.jpg' 파일을 선택하고 〈열기〉 버튼을 클릭하여 불러옵니다.

어도비 클라우드로 저장하기 위해 ❶ 메뉴에서 (File) → Save As(Shift+Ctrl+S)를 실행한 다음 Save As 대화상자가 표시되면 ❷ 〈Save to cloud documents〉 버튼을 클릭합니다. ❸ Save As에 파일명을 입력하고 ❹ 〈Save〉 버튼을 클릭합니다.

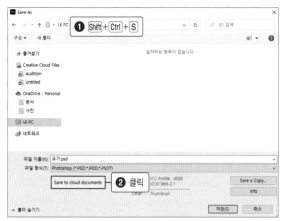

---

02 이제 이미지를 이용하여 순차적으로 명령을 실행해 봅니다. 메뉴에서 (Image) → Adjustments → Levels를 실행합니다. ❶ Levels 대화상자가 표시되면 섀도 탭을 드래그하여 색상 톤을 조정한 다음 ❷ 〈OK〉 버튼을 클릭합니다.

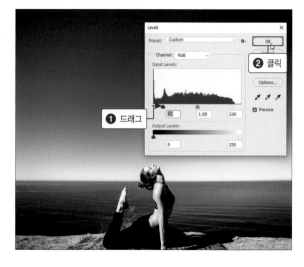

03 두 번째 명령으로 ❶ 자르기 도구(⬚)를 선택하여 ❷ 이미지를 세로로 자릅니다. 버전 히스토리 기능을 실행하기 위해 ❸ 메뉴에서 (Window) → Version History를 실행합니다.

04 Version History 패널이 표시되면 작업이 시간대별로 기록되어 있는 것을 확인할 수 있습니다. 첫 번째 기록 항목의 ❶ '옵션' 아이콘(⋯)을 클릭한 다음 ❷ Name this version을 실행합니다.

TIP ⬦

시간대별로 작업한 이미지를 미리 보기 화면으로 볼 수 있어 결과물의 작업 과정을 확인하고, 팀 작업 시 공유할 수 있습니다.

05 ❶ 히스토리 입력 창에 첫 번째 작업 이름을 입력하고 저장합니다. ❷ 두 번째로 이미지를 자른 작업 이름을 입력해 저장합니다. 작업 과정이 저장되었으며, 30일 동안 작업 과정을 미리 보기와 함께 확인할 수 있습니다.

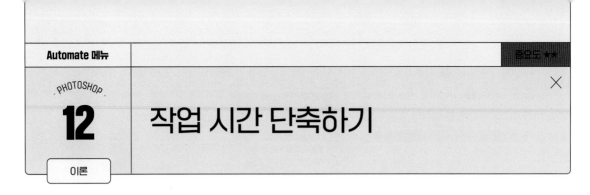

작업 시간 단축하기

메뉴에서 〔File〕 → Automate를 실행하면 포토샵에서 제공하는 자동화 기능을 이용할 수 있습니다. 비슷한 방식으로 여러 이미지를 작업할 때 사용하면 편리합니다.

❶ Batch : 액션을 여러 이미지에 한꺼번에 적용하는 기능입니다.

❷ PDF Presentation : PDF 형태의 프레젠테이션이 가능하도록 파일을 만듭니다.

❸ Create Droplet : 액션을 애플리케이션 형태로 만듭니다.

❹ Crop and Straighten Photos : 이미지 경계에 따라 자동으로 자르고 회전해서 여러 개의 이미지로 나누는 기능입니다.

❺ Contact Sheet II : 여러 장의 사진을 한 장으로 정렬하여 표시합니다.

❻ Conditional Mode Change : 이미지 모드가 다르게 설정된 여러 이미지를 지정한 모드로 한번에 변경합니다.

❼ Fit Image : 지정한 수치로 이미지 크기를 변경합니다.

❽ Lens Correction : 렌즈로 인해 왜곡된 사진을 자동으로 보정합니다.

❾ Merge to HDR Pro : 같은 장소에서 노출이 다르게 촬영한 RAW 이미지들을 HDR 이미지 하나로 합칩니다.

❿ Photomerge : 여러 이미지를 연결하여 파노라마 사진을 만듭니다.

```
❶Batch...
❷PDF Presentation...
❸Create Droplet...
❹Crop and Straighten Photos
❺Contact Sheet II...
❻Conditional Mode Change...
❼Fit Image...
❽Lens Correction...
❾Merge to HDR Pro...
❿Photomerge...
```

배치(Batch)는 '하나의 묶음'이란 의미로, 배치 기능을 이용하면 수많은 반복 이미지 작업을 간단하게 처리할 수 있습니다. 배치 작업을 위해서는 원본 이미지를 하나의 폴더에 저장해 두어야 하며 결과가 적용되어 저장될 폴더를 만들어야 합니다.

메뉴에서 〔File〕 → Automate → Batch를 실행하면 Batch 대화상자를 표시할 수 있습니다.

❶ Action : 배치 기능에 적용할 액션을 선택합니다.

❷ Source : 배치 기능을 적용할 원본 이미지가 저장되어 있는 폴더를 지정합니다.

❸ Errors : 배치 작업 중에 오류가 발생하면 작업을 중단할지, 오류를 파일로 저장할 것인지를 결정합니다.

❹ Destination : 배치 기능으로 저장될 경로를 지정합니다. 액션이 적용된 이미지들을 일괄적으로 저장합니다.

❺ File Naming : 결과물에 저장될 파일 이름 뒤에 알파벳이나 숫자, 날짜 등을 추가로 설정할 수 있습니다.

많은 사진을 한 번에 정리하기

✕

• **예제파일** : 03\낙서.jpg, 원본사진 폴더　• **완성파일** : 03\블로그사진 폴더　　　　● ● ●

---

01 메뉴에서 (File) → Open((Ctrl)+(O))을 실행하여 열기 대화상자가 표시되면 03 폴더에서 '낙서.jpg' 파일을 선택한 다음 〈OK〉 버튼을 클릭하여 불러옵니다.

메뉴에서 (Window) → Actions((Alt)+(F9))를 실행하여 Actions 패널을 표시합니다.

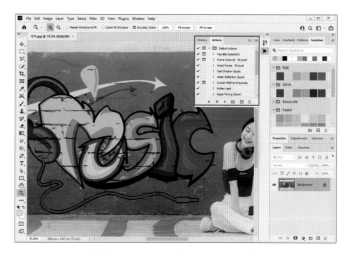

02 ❶ Actions 패널에서 'Create new action' 아이콘(回)을 클릭하여 New Action 대화상자가 표시되면 ❷ Name에 '블로그 사진'을 입력한 다음 ❸ 〈Record〉 버튼을 클릭합니다.

TIP ◁

배치 기능은 액션 기능을 여러 이미지에 한 번에 적용하므로 미리 액션을 만들어 두어야 합니다.

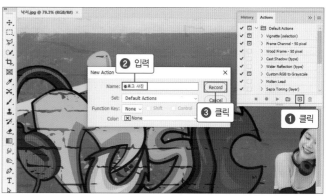

03 자동으로 간단하게 사진을 보정하기 위해 메뉴에서 (Image) → Auto Color ((Shift)+(Ctrl)+(B))를 실행합니다.

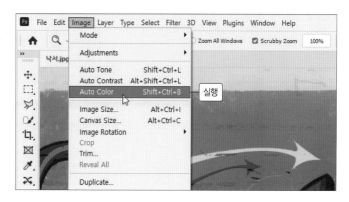

04 이미지를 설정하기 위해 메뉴에서 (Image) → Image Size(Alt+Ctrl+I)를 실행합니다. Image Size 대화상자가 표시되면 Width가 '1920Pixels', Resolution이 '300Pixels/Inch'임을 확인할 수 있습니다.

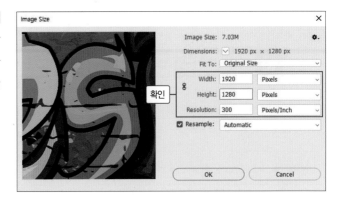

05 이미지 해상도를 줄이기 위해 ❶ Resolution을 '72Pixels/Inch', 이미지 크기를 줄이기 위해 Width를 '900 Pixels', Height를 '600 Pixels'로 설정한 다음 ❷ 〈OK〉 버튼을 클릭합니다.

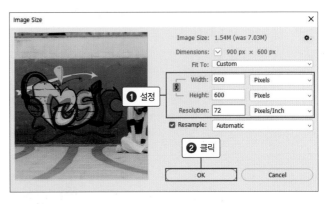

06 ❶ 메뉴에서 (File) → Save(Ctrl+S)를 실행하여 저장합니다. ❷ Actions 패널에서 'Stop playing/recording' 아이콘(■)을 클릭해 액션 기록을 마칩니다.

07 배치 기능을 적용하기 위해 메뉴에서 (File) → Automate → Batch를 실행합니다.

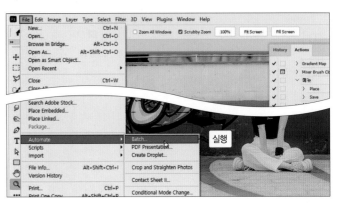

08 Batch 대화상자가 표시되면 ❶ Action을 '블로그 사진', ❷ Source를 'Folder'로 지정합니다. ❸ 〈Choose〉 버튼을 클릭한 다음 ❹ 원본 사진이 저장된 폴더를 선택하고 ❺ 〈폴더 선택〉 버튼을 클릭합니다.
예제에서는 03 폴더의 '원본사진' 폴더를 선택하였습니다.

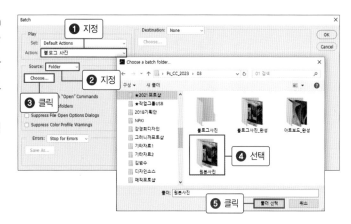

09 액션이 적용된 사진들이 저장될 위치를 지정하기 위해 ❶ Destination을 'Folder'로 지정하고 ❷ 〈Choose〉 버튼을 클릭합니다. ❸ 저장할 폴더를 선택하고 ❹ 〈폴더 선택〉 버튼을 클릭합니다.
예제에서는 '블로그사진' 폴더를 선택하였습니다.

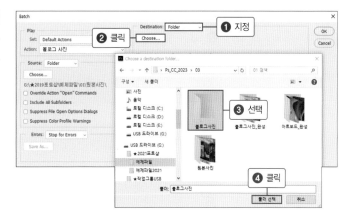

10 배치 기능이 설정되면 〈OK〉 버튼을 클릭합니다. 자동으로 원본 사진들이 열리고 보정되면서 저장됩니다.

11 액션이 적용된 이미지 파일들은 저장한 폴더에서 확인할 수 있습니다.

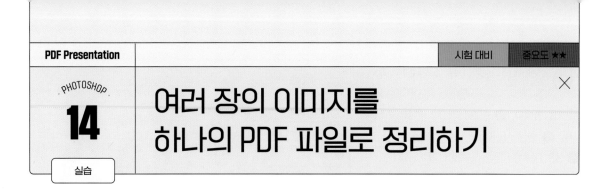

PHOTOSHOP

14

실습

여러 장의 이미지를 하나의 PDF 파일로 정리하기

• **예제파일** : 03\블로그사진_완성 폴더   • **완성파일** : 03\사진파일.pdf   • • •

---

01 PDF 프레젠테이션 파일을 만들기 위해 메뉴에서 (File) → Automate → PDF Presentation을 실행합니다.

PDF Presentation 대화상자가 표시되면 사진이 저장된 폴더를 선택하기 위해 ❶ 〈Browse〉 버튼을 클릭합니다. 열기 대화상자가 표시되면 ❷ 03 → 블로그사진_완성 폴더를 선택한 다음 ❸ 파일들을 드래그하여 전체 이미지 파일을 선택하고 ❹ 〈열기〉 버튼을 클릭합니다.

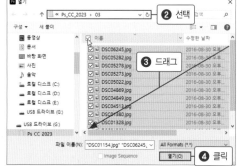

02 Output Options에서 배경색을 지정하기 위해 ❶ Background를 'Black'으로 지정한 다음 파일 이름이 표시되도록 ❷ 'Filename'에 체크 표시하고 ❸ 〈Save〉 버튼을 클릭합니다.

03 다른 이름으로 저장 대화상자가 표시되면 ❶ 파일 이름을 입력한 다음 ❷ 〈저장〉 버튼을 클릭합니다. Save Adobe PDF 대화상자가 표시되면 기본 값으로 저장하기 위해 ❸ 〈Save PDF〉 버튼을 클릭하여 저장합니다.

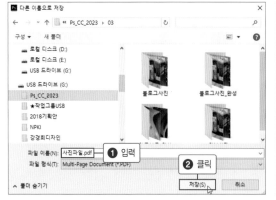
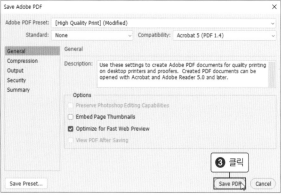

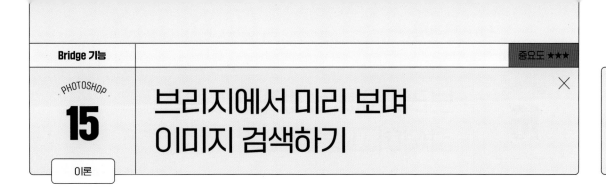

PHOTOSHOP
15

브리지에서 미리 보며
이미지 검색하기

이론

어도비 브리지를 실행하기 위해서는 메뉴에서 (File) → Browse in Bridge(Alt+Ctrl+O)를 실행합니다. 브리지를 이용하면 다른 이미지 뷰어로 볼 수 없는 포토샵 PSD 파일과 RAW 파일을 미리 볼 수 있고, 영상도 바로 재생할 수 있습니다.

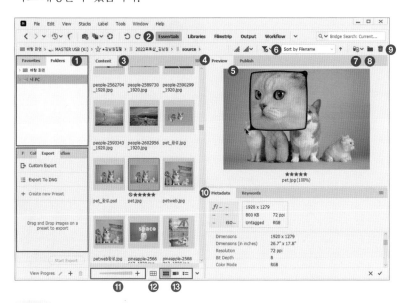

TIP
브리지가 설치되지 않았다면 먼저 설치합니다. Adobe Creative Cloud 앱을 실행한 다음 Bridge 항목에서 〈열기〉 버튼을 클릭해도 됩니다.

❶ **Folders** : 이미지가 저장된 위치를 선택할 수 있습니다.
❷ **Essentials** : 기본 이미지 검색 프레임을 제공하며, 편의에 따라 Libraries, Filmstrip, Output을 선택하여 사용할 수 있습니다.
❸ **Content** : 탐색기와 같은 구조를 제공하며, 파일을 조각 이미지 형식으로 표시합니다.
❹ **Preview** : 선택한 이미지를 미리 확인합니다.
❺ **돋보기** : 확대하고 싶은 부분을 클릭하면 돋보기 형태로 확대하여 볼 수 있습니다.
❻ **Sort by Filename** : 파일 정렬 형식을 지정합니다.
❼ **최근 파일 열기** : 최근에 포토샵에서 실행한 파일을 확인하고 불러옵니다.
❽ **새 폴더 만들기** : 새로운 폴더를 만듭니다.
❾ **삭제** : 선택한 이미지를 삭제합니다.
❿ **Metadata** : 선택한 이미지의 메타데이터나 키워드 정보를 표시합니다.
⓫ **파일 표시 조절 슬라이더** : 파일을 표시하는 조각 이미지 크기를 조절합니다.
⓬ **섬네일 그리드 아이콘** : Content 패널에 보이는 이미지 섬네일 사이에 그리드를 표시하거나 숨깁니다.
⓭ **파일 표시 형태 조절 아이콘** : 이미지 파일을 표시하는 형태를 지정합니다.

PHOTOSHOP

16

실습

브리지에서 이미지 파일 검색하고 불러오기

X

01 포토샵을 실행하고 메뉴에서 (File) → Browse in Bridge(Alt + Ctrl + O)를 실행합니다.

02 브리지가 실행되면 ❶ 폴더 경로를 선택하고 ❷ 확인하려는 이미지를 클릭하여 미리 보기 창에 표시합니다. ❸ 미리 보기 창에 표시된 이미지를 클릭하면 돋보기 창이 표시되며, 드래그하는 위치에 따라 이미지 확인이 가능합니다. ❹ 원하는 이미지를 더블클릭합니다.

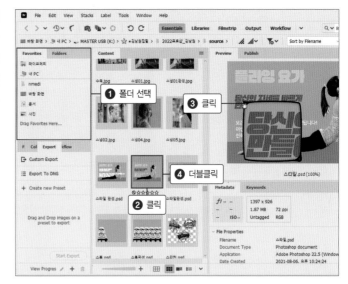

03 포토샵으로 선택한 이미지가 불러들여집니다.

TIP

원하는 이미지를 더블클릭하여 바로 포토샵으로 불러오면 작업 과정이 편리해집니다. 이외에도 이미지를 검색하고 미리 보거나 분류하여 검색할 수 있습니다.

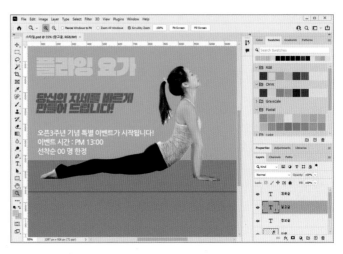

. PHOTOSHOP .

17 검색하여 기능 실행하기

실습

• **예제파일** : 03\농구.jpg   • **완성파일** : 03\농구_완성.jpg   • • •

---

01 메뉴에서 (File) → Open(Ctrl + O)을 실행합니다. 열기 대화상자가 표시되면 03 폴더에서 '농구.jpg' 파일을 더블클릭하여 불러옵니다.

메뉴에서 (Edit) → Search(Ctrl + F)를 실행해 Discover 패널을 표시합니다.

02 ❶ 검색창에 'HUE'를 입력하면 Hue에 관한 모든 명령과 관련 이미지, 해당 명령 매뉴얼이 표시됩니다. ❷ 'Hue/Saturation'을 선택합니다.

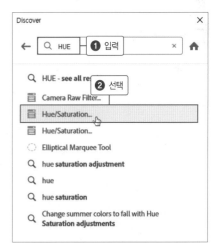

TIP ◁

Search 명령은 기능을 검색하여 실행하는 기능 이외에 패널 등을 실행시킬 수도 있으며, 관련 학습 동영상을 불러올 수도 있습니다.

03 명령이 실행되어 Hue/Saturation 대화상자가 표시되며 ❶ 슬라이더를 드래그하는 방식으로 컬러 변경 작업을 진행할 수 있습니다. ❷ 컬러를 변경하였으면 〈OK〉 버튼을 클릭합니다.

PART 4.

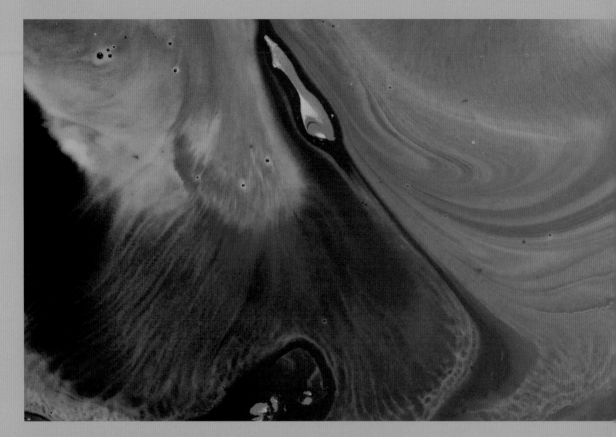

이미지 편집을 위한
다양한 선택과 변형 기능

① 고정된 영역을 선택하는 도구 알아보기

② 선택 영역 이동 및 복제하기

③ 다양한 형태의 이미지 선택하기

④ 선택 기능 살펴보기

⑤ 자동으로 선택 영역 지정하기

⑥ 이미지 간편하게 선택하기

⑦ 한 번에 비슷한 영역 선택하기

⑧ 오브젝트 선택 도구로 이미지 선택하기

⑨ 이미지 배경을 흑백으로 변경하기

⑩ 자동으로 이미지 영역 선택하기

⑪ 선택 영역 변형하기

⑫ 비슷한 색 범위를 선택 영역으로 지정하기

⑬ 초점에 따라 선택 영역 지정하기

⑭ 원하는 비율로 드래그하여 자르기

⑮ 프로필 사진 규격으로 이미지 자르기

⑯ 비뚤어진 사진 바르게 자르기

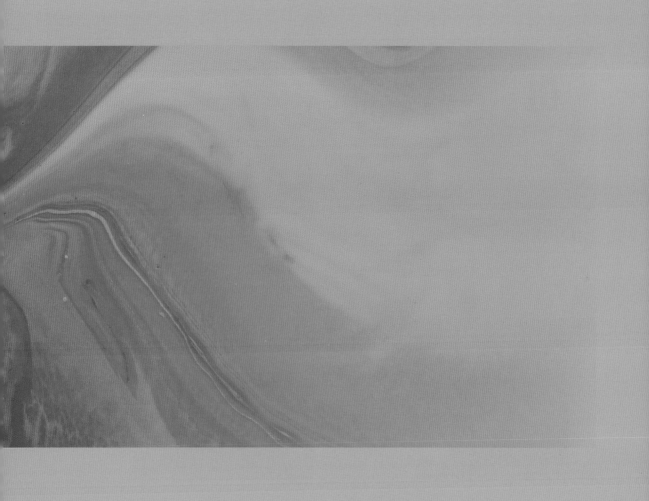

이미지 편집 작업의 시작인 이미지 선택 방법과 변형 기능, 원하는 형태로 자르는 방법 등을 소개합니다.

PHOTOSHOP

01

이론

고정된 영역을 선택하는 도구 알아보기

포토샵에서 제공하는 도형 선택 도구를 이용해 일정한 모양으로 선택하는 방법을 알아보겠습니다.

❶ 사각형 선택 도구　• • •

사각형 선택 도구(▢)는 사각형으로 선택 영역을 지정할 때 사용합니다.

TIP
Shift를 누른 상태에서 드래그하면 정사각형 선택 영역을 지정할 수 있습니다.

❷ 원형 선택 도구　• • •

원형 선택 도구(◯)는 원형으로 선택 영역을 지정할 때 사용합니다.

TIP
Shift를 누른 상태에서 드래그하면 정원 선택 영역을 지정할 수 있습니다.

❸ 세로선 선택 도구　• • •

세로선 선택 도구(▯)는 세로 방향으로 1px 굵기의 선택 영역을 지정할 때 사용합니다.

❹ 가로선 선택 도구　• • •

가로선 선택 도구(▭)는 가로 방향으로 1px 굵기의 선택 영역을 지정할 때 사용합니다.

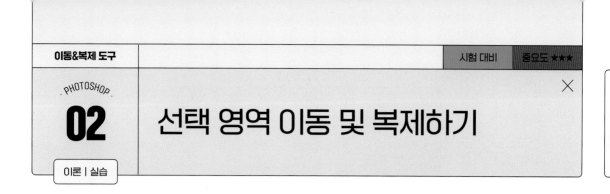

02 선택 영역 이동 및 복제하기

이론 | 실습

❶ 선택 영역 이동하기 ● ● ●

특정 객체를 선택 영역으로 지정한 다음 이동시키거나 복제해 보겠습니다. 이동하려는 부분을 ❶ 선택 도구로 ❷ 드래그하여 선택한 다음 ❸ 이동 도구(✛)를 선택하고 ❹ 선택 영역을 드래그하면 드래그한 위치로 이동됩니다. 기존 영역에는 배경색이 표시됩니다.

▲ 강아지를 선택한 모습

▲ 오른쪽으로 드래그하여 이동한 모습

❷ 선택 영역 복제하기 ● ● ●

복제하려는 부분을 ❶ 선택 도구로 ❷ 드래그하여 선택한 다음 ❸ 이동 도구(✛)를 선택하고 ❹ [Alt]를 누른 상태로 드래그하면 드래그한 위치로 선택 영역이 복제됩니다. 기존 영역은 그대로 표시됩니다.

▲ 강아지를 선택한 모습

▲ [Alt]를 누른 상태에서 하단으로 드래그하여 복제한 모습

사각형 선택 도구로 인물을 선택한 다음 이동하여 복제하면 재미있는 인물 복제 사진을 만들 수 있습니다.

Before

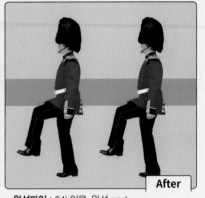

After

• 예제파일 : 04\인물.jpg

• 완성파일 : 04\인물_완성.psd

01 04 폴더에서 '인물.jpg' 파일을 불러옵니다.

❶ 사각형 선택 도구(▣)를 선택하고 ❷ 복제할 부분을 드래그하여 선택 영역으로 지정합니다.

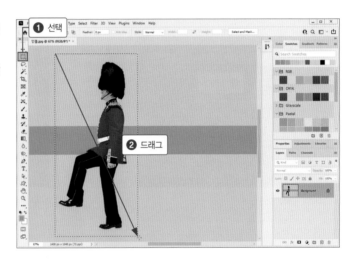

02 ❶ 이동 도구(➕)를 선택하고 ❷ Alt +Shift를 누른 상태에서 오른쪽으로 드래그하여 배치합니다. 인물 이미지가 복제된 것을 확인할 수 있습니다.

TIP ⟨⁀

Alt를 누른 상태에서 드래그하면 이미지가 복제되고 Shift를 같이 누르면 수평으로 복제됩니다.

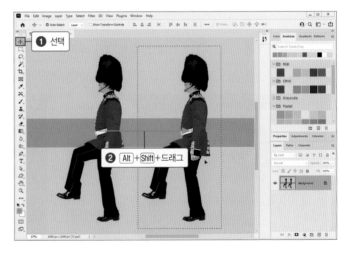

PHOTOSHOP

03 다양한 형태의 이미지 선택하기

이론 | 실습

❶ 드래그하는 대로 선택하기

올가미 도구( )는 자유롭게 드래그하여 선택할 때 이용하는 도구로 다른 도구로 지정하기 어려운 불규칙한 영역을 선택 영역으로 지정할 수 있습니다.

마우스 커서를 따라 드래그하는 대로 선택 영역이 지정되기 때문에 정교한 형태의 선택 영역을 지정하기에는 무리가 있습니다.

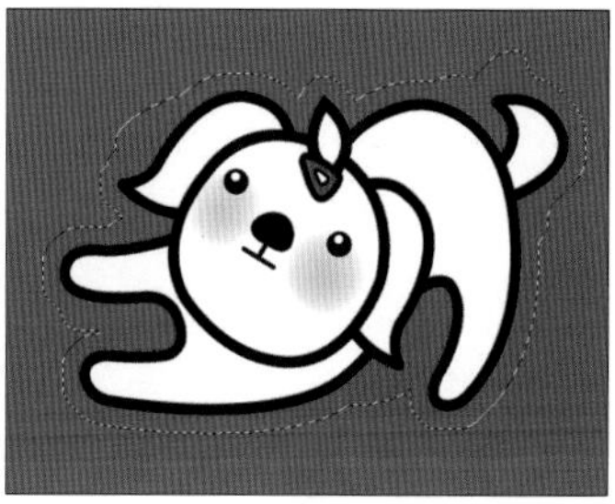
▲ 드래그하는 방식으로 영역을 선택한 모습

❷ 클릭하면서 선택하기

다각형 올가미 도구( )는 클릭하면서 선택 영역을 지정하기 때문에 드래그하는 방법으로 선택 영역을 지정하는 올가미 도구보다 정확하게 선택 영역을 지정할 수 있습니다.

▲ 클릭하는 방식으로 영역을 선택한 모습

❸ 드래그하는 대로, 자동으로 선택하기

자석 올가미 도구( )는 이미지 경계면의 색상 차를 자동으로 인식해서 선택 영역을 지정하므로 색상 차가 많이 나는 영역을 선택하기 쉽습니다.

▲ 경계면을 따라 드래그하여 영역을 선택한 모습

• 예제파일 : 04\목업.jpg

01 04 폴더에서 '목업.jpg' 파일을 불러옵니다. 스마트폰 화면만 선택 영역으로 지정하기 위해 ❶ 다각형 올가미 도구(❂)를 선택합니다. ❷ 스마트폰 화면의 왼쪽 상단을 클릭하여 시작점으로 지정합니다.

02 ❶ 연속으로 왼쪽 하단을 클릭합니다.
❷, ❸ 이어서 화면과 같이 클릭합니다.
❹ 마지막으로 시작점인 화면 왼쪽 상단을 다시 클릭합니다.

TIP ◁┐
작업 중 잘못 클릭하거나 작업 전 단계로 돌아가려면 Backspace 를 누릅니다.

03 스마트폰 화면 영역만 그림과 같이 선택 영역으로 지정되었습니다.

TIP ◁┐
시작점에 마우스 커서를 위치시키지 않고 Enter 를 눌러도 자동으로 시작점과 연결되어 선택 영역으로 지정됩니다.

• **예제파일** : 04\여름.jpg, 패턴3.jpg   • **완성파일** : 04\패턴3_완성.psd   • • •

01 04 폴더에서 '여름.jpg' 파일을 불러옵니다.

❶ 자석 올가미 도구(🧲)를 선택하고 ❷ 인물의 외곽을 따라 드래그합니다. 이때 클릭하면서 드래그하면 좀 더 정확하게 선택 영역을 지정할 수 있습니다.

TIP ◁
외곽을 따라 드래그하다가 Esc 를 누르면 선택 작업을 취소할 수 있습니다.

02 굴곡이 심한 부분은 클릭하여 기준점을 만든 다음 계속해서 외곽을 따라 드래그합니다. ❶ 시작점에 끝점을 연결하여 선택 영역을 지정하고 ❷ Ctrl + C 를 눌러 복사합니다.

TIP ◁
인물의 상체만 합성할 것이므로 해당 부분만 드래그하여 선택 영역을 지정합니다.

03 04 폴더에서 '패턴3.jpg' 파일을 불러옵니다. 인물 이미지를 붙여 넣기 위해 ❶ Ctrl + V 를 누릅니다. ❷ 이동 도구(✛)를 선택하고 ❸ 인물 이미지를 배치해 완성합니다.

TIP ◁
올가미 도구를 이용해 이미지를 추출하면 가장자리 부분이 깔끔하지 않은 경우가 있습니다. 이때 메뉴에서 (Select) → Modify → Contract를 실행해 이미지 테두리의 지저분한 픽셀을 제거할 수 있습니다.

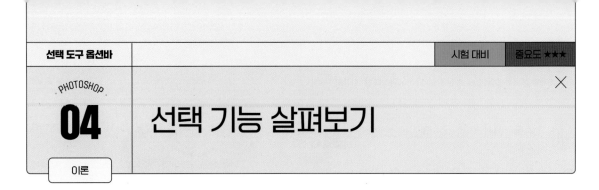

PHOTOSHOP

04 선택 기능 살펴보기

이론

❶ ❷ ❸ ❹   ❺   ❻   ❼

❶ **New selection** : 영역을 지정할 때마다 기존 선택 영역은 없어지고 새로운 영역이 만들어집니다.

❷ **Add to selection** : 선택 영역을 지정할 때마다 기존 선택 영역에 새로운 선택 영역이 추가됩니다.

❸ **Subtract from selection** : 기존 선택 영역에서 선택한 영역을 삭제할 때 이용합니다.

❹ **Intersect with selection** : 기존 선택 영역과 새로운 선택 영역 가운데 겹치는 부분만 남깁니다.

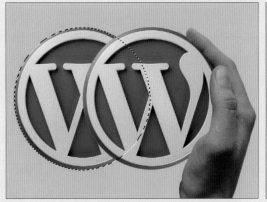

▲ 원형 선택 도구로 원 형태의 선택 영역을 지정한 모습

▲ 'Add to selection'으로 두 개의 선택 영역을 함께 선택한 모습

▲ 'Subtract from selection'으로 두 개의 원형 선택 영역에서 오른쪽 영역을 제외한 모습

▲ 'Intersect with selection'으로 두 개의 원형 선택 영역이 겹치는 부분만 남긴 모습

⑤ Feather : 선택한 이미지의 경계선을 부드럽게 표현합니다. 값이 클수록 경계선이 부드럽게 처리됩니다.

▲ Feather : 0　　　　　　　▲ Feather : 50　　　　　　　▲ Feather : 100

⑥ Anti-alias : 이미지 외곽 부분을 부드럽게 나타내기 위해 비슷한 색상으로 처리합니다. 'Anti-alias'에 체크 표시되지 않으면 거칠게 표현됩니다.

▲ Anti-alias : Off　　　　　　　▲ Anti-alias : On

⑦ Style : 선택 영역 스타일을 지정합니다.

　ⓐ **Normal** : 드래그하는 영역만큼 자유롭게 선택 영역을 만듭니다.

　ⓑ **Fixed Ratio** : 가로와 세로의 비율을 지정하여 선택 영역을 만듭니다.

　ⓒ **Fixed Size** : 특정 값을 입력하여 선택 영역의 가로와 세로 크기를 고정합니다.

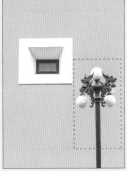

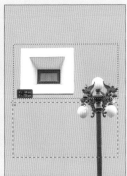

▲ 자유롭게 드래그하여 선택 영역을 지정한 모습　　　▲ Width와 Height를 각각 '1'로 설정해 정사각형 선택 영역으로 지정한 모습　　　▲ Width를 '800px', Height를 '400px'로 설정하여 특정 크기의 선택 영역으로 지정한 모습

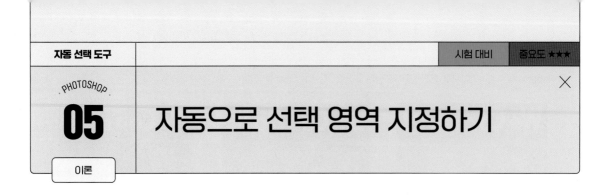

자동으로 선택 영역 지정하기

❶ 빠른 선택 도구

빠른 선택 도구(🖌)는 마술봉 도구를 보완하여 만들어진 도구로 드래그한 부분의 색상과 비슷한 색상이 한꺼번에 선택 영역으로 지정됩니다. 커서를 이용하여 마술봉 도구보다 세밀하게 선택할 수 있습니다.

▲ 드래그하는 영역이 선택 영역으로 지정된 모습

❷ 마술봉 도구

마술봉 도구(🖌)는 클릭한 부분과 같은 색상의 영역을 한꺼번에 선택할 때 이용합니다. 클릭한 지점과 같은 색상이 한꺼번에 선택 영역으로 지정되어 단색 배경을 선택할 때 이용하면 편리합니다. Tolerance 값이 클수록 선택되는 색상 범위가 넓어지며, 옵션바에서 'Contiguous'의 체크 표시를 해제하면 영역이 떨어져 있어도 한꺼번에 선택할 수 있습니다.

▲ 클릭한 문자만 선택 영역으로 지정(Contiguous 옵션 체크 표시)　　▲ 한 번에 모든 문자를 선택 영역으로 지정(Contiguous 옵션 체크 표시 해제)

PHOTOSHOP
06

실습

이미지 간편하게 선택하기

✕

・**예제파일** : 04\해바라기.jpg　　・**완성파일** : 04\해바라기_완성.jpg　　　　　　　　　● ● ●

---

01 04 폴더에서 '해바라기.jpg' 파일을 불러옵니다. 해바라기를 선택 영역으로 지정하기 위해 ❶ 빠른 선택 도구(☑)를 선택합니다. ❷ 옵션바에서 브러시 팝업 버튼을 클릭한 다음 ❸ Size를 '25px'로 설정합니다.

Why?👈

브러시 크기는 선택 영역에서 가장 작은 영역을 고려하여 지정합니다. 예제에서는 해바라기 줄기 부분을 고려하여 Size를 '25px'로 설정하였습니다.

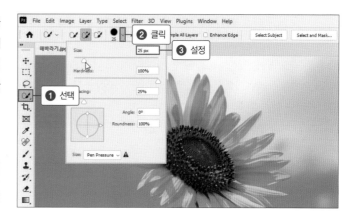

02 ❶ 해바라기 꽃잎 안쪽을 동그랗게 드래그하면 꽃잎들이 선택 영역으로 지정됩니다. ❷ 줄기 부분도 세로 방향으로 드래그합니다. 줄기에 드래그하는 방향대로 선택 영역이 지정되는 것을 확인할 수 있습니다.

03 선택 영역 지정이 완료되면 ❶ 이동 도구(✛)를 선택한 다음 선택 영역 안에 마우스 커서를 위치시키고, ❷ Alt 를 누른 상태에서 오른쪽 하단으로 드래그합니다. 해바라기가 복제된 것을 확인할 수 있습니다. ❸ 다시 Alt 를 누른 상태에서 왼쪽으로 드래그하면 추가로 해바라기가 복제됩니다. ❹ Ctrl + D 를 눌러 선택 영역을 해제합니다.

PHOTOSHOP

07

실습

한 번에 비슷한 영역 선택하기

· **예제파일** : 04\포즈2.psd, 노을.jpg   · **완성파일** : 04\포즈2_완성.psd   · · ·

---

01 04 폴더에서 '포즈2.psd'와 '노을.jpg' 파일을 불러옵니다.

❶ 마술봉 도구(✎)를 선택하고 ❷ 옵션바에서 'Add to selection' 아이콘(☐)을 클릭합니다. ❸ 선글라스의 왼쪽 렌즈를 여러 번 클릭하면 그림과 같이 선택 영역으로 지정됩니다. ❹ 오른쪽 렌즈도 여러 번 클릭하면 추가로 선택 영역이 지정되는 것을 확인할 수 있습니다.

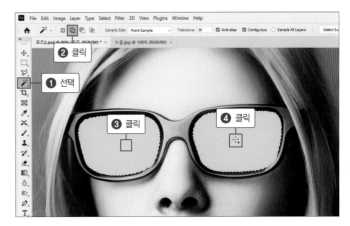

02 '노을.jpg' 작업 창에서 ❶ Ctrl+A를 눌러 이미지를 전체 선택한 다음 ❷ Ctrl+C를 눌러 이미지를 복사합니다.

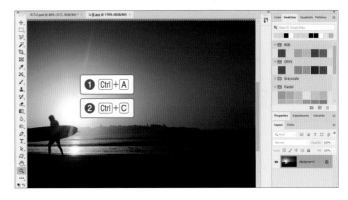

03 복사한 노을 이미지를 선글라스 선택 영역 안쪽으로 붙여 넣기 위해 메뉴에서 (Edit) → Paste Special → Paste Into(Alt +Shift+Ctrl+V)를 실행합니다. 노을 이미지가 선글라스 렌즈 안에 붙여 넣어졌습니다. ❶ 이동 도구(✛)로 ❷ 드래그하여 노을 이미지 위치를 알맞게 조절합니다.

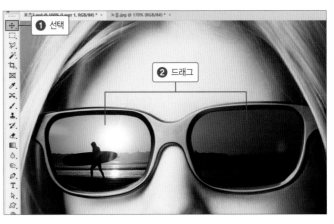

| | | | 시험 대비 | 신기능 | 중요도 ★★★ |

PHOTOSHOP

08

이론

오브젝트 선택 도구로
이미지 선택하기

선택 × 변형

오브젝트 선택 도구(⬚)는 자동으로 선택 영역을 인식하거나 사각형 선택 도구처럼 사각형의 선택 영역을 지정하면 영역 안의 복잡한 오브젝트 형태도 자동으로 인식하여 선택 영역으로 지정합니다.

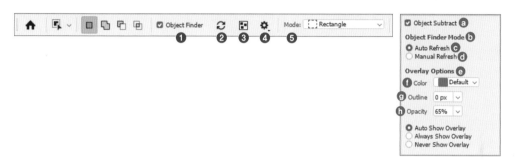

❶ **Object Finder** : 자동으로 이미지 안의 오브젝트 영역을 검색합니다.

▲ 원본 이미지

▲ 마우스 커서를 이미지 위에 위치

▲ 클릭하여 선택 영역 지정

❷ **Click to refresh object finder** : 새롭게 오브젝트를 재검색합니다.

❸ **Show all objects** : 이미지 안의 모든 오브젝트를 영역으로 지정합니다.

❹ **Set additional options** : 추가 설정 옵션을 지정합니다.

ⓐ **Object Subtract** : 선택 영역을 지정할 때 안쪽 영역을 자동으로 제외합니다.

ⓑ **Object Finder Mode** : 선택 영역 검색 방식을 자동이나 수동으로 선택할 수 있습니다.

ⓒ **Auto Refresh** : 파일을 열 때마다 자동으로 영역을 검색합니다.

ⓓ **Manual Refresh** : 'refresh object finder' 아이콘(↻)을 클릭할 때마다 영역을 검색합니다.

ⓔ **Overlay Options** : 선택 영역을 표시하는 색상을 선택할 수 있으며, 경계 영역과 투명도를 조절할 수 있습니다.

ⓕ **Color** : 영역을 표시하는 오버레이 색상을 선택할 수 있습니다.

ⓖ **Outline** : 영역의 외곽선 두께를 설정합니다.

ⓗ **Opacity** : 영역의 오버레이 색상의 불투명도를 조절합니다.

❺ **Mode** : 선택 영역을 사각형 선택 도구와 올가미 도구 방식으로 지정할 수 있습니다.

▲ 인물이 포함되도록 드래그

▲ 자동으로 인물만 선택 영역으로 지정

오브젝트 선택 도구는 선택 영역으로 지정된 상태에서 선택 영역을 편집할 수도 있습니다. 예를 들어, 다음 그림과 같이 인물이 선택 영역으로 지정된 상태에서 옵션바의 'Subtract from selection' 아이콘(🖻)을 클릭하고, 오브젝트 선택 도구로 신발 부분만 드래그하면 자동 인식으로 신발 부분만 선택 영역에서 제외됩니다.

▲ 'Subtract from selection' 아이콘을 클릭한 다음 선택 영역에서 신발이 포함
되도록 드래그

▲ 신발 부분만 선택 영역에서 제외

포토샵 CC 2022부터는 Object Finder 기능이 추가되어 포토샵에서 이미지를 열면 영역을 자동으로 인식하여 선택 영역을 제시하며, 원하는 부분을 클릭하여 선택 영역으로 지정할 수 있습니다. 이 기능은 이전 버전의 드래그 방식으로 선택 영역을 자동으로 지정하는 방법보다 더 발전된 방식으로 볼 수 있습니다.

오브젝트 선택 도구

PHOTOSHOP

09 이미지 배경을 흑백으로 변경하기

실습

오브젝트 선택 도구를 이용하면 사용자가 선택하려는 오브젝트 이외에 불필요한 배경이나 겹쳐져 있는 오브젝트를 선택 영역으로 지정하지 않습니다. 오브젝트 선택 도구로 복잡한 형태의 인물을 간단하게 선택 영역으로 지정한 다음 배경을 흑백 이미지로 만들어 봅니다.

Before

• **예제파일** : 04\해변.jpg

After

• **완성파일** : 04\해변_완성.jpg

---

01 04 폴더에서 '해변.jpg' 파일을 불러옵니다.

인물을 선택 영역으로 지정하기 위해 먼저 오브젝트 선택 도구(▣)를 선택합니다. 오른쪽 인물을 드래그하여 그림과 같이 선택 영역 안에 인물이 포함되도록 지정합니다.

❶ 선택

❷ 드래그

02 왼쪽 인물도 선택 영역으로 추가하기 위해 ❶ 옵션바에서 'Add to selection' 아이콘(🖻)을 클릭합니다. ❷ 왼쪽 인물을 드래그하여 선택 영역 안에 인물이 포함되도록 지정합니다.

03 두 인물이 선택 영역으로 지정되면 인물 이외 부분을 선택 영역으로 지정하기 위해 ❶ 메뉴에서 (Select) → Inverse(Shift + Ctrl + I)를 실행해 선택 영역을 반전합니다.
배경을 흑백 색상으로 변경하기 위해 ❷ 메뉴에서 (Image) → Adjustments → Desaturate (Shift + Ctrl + U)를 실행합니다.

TIP ⊲⊱

Desaturate 명령은 컬러 이미지를 흑백 이미지처럼 변경하는 기능입니다.

04 인물을 제외한 배경 부분이 그림과 같이 흑백 이미지로 변경된 것을 확인할 수 있습니다. 선택 영역을 해제하기 위해 Ctrl + D를 누릅니다.

PHOTOSHOP

10

실습

자동으로 이미지 영역 선택하기

선택 × 변형

• 예제파일 : 04\숲.jpg

01 04 폴더에서 '숲.jpg' 파일을 불러옵니다. 개와 소년을 선택 영역으로 지정하기 위해 ❶ 오브젝트 선택 도구(▣)를 선택한 다음 ❷ 옵션바에서 'Object Finder'를 체크 표시합니다.

TIP

포토샵 CC 2023에서는 오브젝트 선택 도구로 더 정교하게 선택 영역을 지정할 수 있으며, 인물뿐만 아니라 배경 이미지 선택도 가능하게 되었습니다.

02 마우스 커서를 왼쪽 개에 위치시키면 영역이 반전되며, 선택될 영역을 표시합니다.

TIP

만약 오른쪽 소년에 마우스 커서를 위치시키면 마찬가지로 영역이 반전되면서 선택될 영역을 표시합니다.

03 왼쪽 개를 선택 영역으로 지정하기 위해 반전된 영역을 클릭합니다. 개만 선택 영역으로 지정되었습니다.

TIP

마우스 커서를 작업 영역 바깥으로 위치시키면 반전된 영역이 화면에서 사라지며, 선택 영역만 표시됩니다.

04 개와 소년을 선택 영역으로 지정하기 위해 ❶ 옵션바에서 'Add to selection' 아이콘(🔲)을 클릭하고 ❷ 소년에 마우스 커서를 위치시킨 다음 클릭하여 선택 영역을 지정합니다. 개와 소년이 함께 선택 영역으로 지정되었습니다.

05 선택 영역을 해제하기 위해 Ctrl+D를 누릅니다. 이번에는 배경 부분을 선택 영역으로 지정하기 위해 마우스 커서를 배경에 위치시킨 다음 영역이 반전되면 클릭합니다.

06 개와 소년을 제외한 배경 부분이 그림과 같이 선택 영역으로 지정된 것을 확인할 수 있습니다.

PHOTOSHOP

11 선택 영역 변형하기

이론 | 실습

선택 영역을 지정한 후에도 필요에 따라 형태를 변경할 수 있습니다. 선택 영역을 수정하기 위해서는 (Select) → Modify 메뉴에서 원하는 명령을 실행합니다.

❶ **Border** : 기존 선택 영역을 기준으로 테두리 형태의 선택 영역을 만듭니다.

❷ **Smooth** : 선택 영역의 모서리를 둥글게 만듭니다. 둥근 사각형 형태의 바 또는 버튼을 만들 때 유용합니다.

❸ **Expand** : 선택 영역을 바깥쪽으로 확대합니다.

❹ **Contract** : 선택 영역을 안쪽으로 축소합니다.

❺ **Feather**(Shift + F6) : 선택 영역 가장자리를 부드럽게 처리합니다.

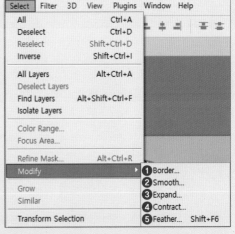

▲ 원본 이미지

▲ Border : 30

▲ Expand : 30

▲ Contract : 30

▲ Feather : 0

▲ Feather : 30

선택 영역을 지정한 상태에서 회전하거나 주변 영역을 기준으로 선택 영역을 확장할 수도 있습니다. [Select] 메뉴에서 선택 영역을 변형할 수 있는 Transform Selection 명령과 선택 영역을 확장할 수 있는 Grow, Similar 명령을 실행할 수 있습니다.

▲ 인물을 선택한 모습

▲ Transform Selection : 조절점을 드래그하여 선택 영역의 크기와 위치 변경

▲ Grow : 선택 영역 주변 확장

▲ Similar : 선택 영역과 비슷한 색상 영역을 선택 영역으로 지정

선택 도구를 이용하여 선택 영역을 만든 다음 메뉴에서 [Select] → Save Selection을 실행하면 선택 영역을 알파 채널로 저장할 수 있습니다.

메뉴에서 [Select] → Load Selection을 실행하거나 Channels 패널에서 [Ctrl]을 누른 상태로 알파 채널을 클릭하면 저장한 알파 채널을 선택 영역으로 불러올 수 있습니다.

▲ Save Selection 대화상자

01 04 폴더에서 '회전목마.jpg' 파일을 불러옵니다.

❶ 사각형 선택 도구(▣)를 선택하고 ❷ 그림과 같이 드래그하여 선택 영역을 지정한 다음 ❸ 메뉴에서 (Select) → Modify → Smooth를 실행합니다.

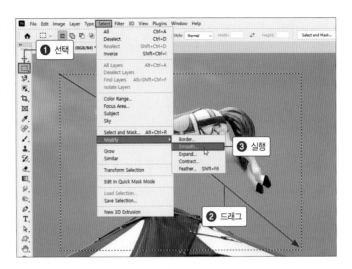

02 Smooth Selection 대화상자가 표시되면 ❶ Sample Radius를 '60pixels'로 설정한 다음 ❷ 〈OK〉 버튼을 클릭합니다. 모서리가 둥글게 변형되면 ❸ 메뉴에서 (Select) → Inverse(Shift+Ctrl+I)를 실행하여 선택 영역을 반전시킵니다.

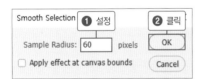

03 ❶ 메뉴에서 (Edit) → Fill(Shift+F5)을 실행하여 Fill 대화상자가 표시되면 ❷ Contents를 'White'로 지정합니다. ❸ 〈OK〉 버튼을 클릭하면 흰색 둥근 테두리가 완성됩니다.

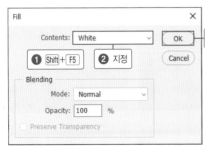

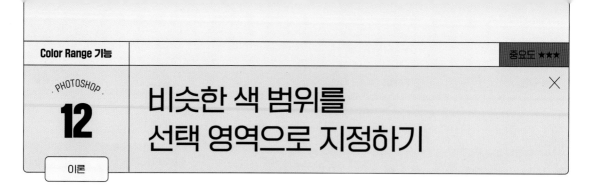

PHOTOSHOP

12

이론

비슷한 색 범위를
선택 영역으로 지정하기

메뉴에서 [Select] → Color Range를 실행하면 직접 선택하려는 색상을 미리 보기 창에서 클릭한 다음 색상 범위를 설정하여 선택 영역을 지정할 수 있습니다.

❶ Select : 색상이나 색조 범위를 선택합니다.

❷ Detect Faces : Select를 'Skin Tones'로 지정하면 체크 표시할 수 있으며 피부만 선택할 수 있습니다.

❸ Fuzziness : 색상 범위를 설정합니다. 선택 영역에서 색상 범위를 제어하고 부분적으로 선택된 픽셀, 즉 선택 영역 미리 보기에서 회색 영역의 양을 늘리거나 줄입니다. 색상 범위를 제한하려면 낮게 설정하고 색상 범위를 늘리려면 높게 설정합니다.

❹ Range : 'Localized Color Clusters'를 체크 표시하면 설정할 수 있으며 샘플 포인트를 기준으로 선택 영역에 포함할 색상 범위를 조절합니다.

❺ Selection : 이미지에서 샘플링 색상을 적용하여 만들어지는 선택 영역을 미리 봅니다. 기본으로 흰색 영역은 선택된 픽셀, 검은색 영역은 선택되지 않은 픽셀, 회색 영역은 부분 선택된 픽셀을 나타냅니다.

❻ Image : 이미지 전체를 미리 보기로 표시합니다. 예를 들어, 화면에 표시되지 않은 이미지 부분을 샘플링해야 할 수도 있습니다.

❼ Selection Preview : 이미지 창에서 선택 영역을 미리 보기 위한 옵션을 지정합니다.

❽ Load, Save : 색상 범위 설정을 저장하거나 불러올 수 있습니다.

❾ 스포이트 : 선택 영역을 조절합니다. 색상을 추가하려면 + 스포이트를 선택한 다음 미리 보기 영역이나 이미지를 클릭합니다. 색상을 빼려면 – 스포이트를 선택한 다음 미리 보기 영역이나 이미지를 클릭합니다.

▲ Fuzziness : 40

▲ Fuzziness : 80

▲ Fuzziness : 170

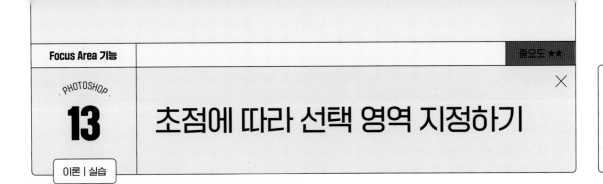

초점에 따라 선택 영역 지정하기

메뉴에서 [Select] → Focus Area를 실행하면 배경이 흐릿하게 표현된 이미지에서 초점이 맞춰져 있는 특정 부분을 선택 영역으로 지정할 수 있습니다.

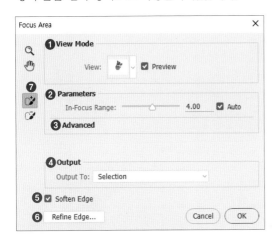

❶ **View Mode** : 보기 옵션을 지정합니다.

❷ **Parameters** : In-Focus Range 범위를 조절해 선택 영역을 넓히거나 좁힙니다.

❸ **Advanced** : 노이즈를 제어할 수 있습니다.

❹ **Output** : 어떤 방식으로 결과물을 만들지 지정합니다.

❺ **Soften Edge** : 선택 영역 가장자리를 부드럽게 만듭니다.

❻ **Refine Edge** : 선택 영역 가장자리를 미세하게 조절합니다.

❼ **브러시 컨트롤** : 수동으로 선택 영역을 추가하거나 제거합니다.

▲ 인물에 초점이 맞춰져 있는 원본 사진

▲ In-Focus Range를 '2.5'로 조절한 사진

▲ 브러시 컨트롤로 풀밭 배경을 제거한 모습

▲ 선택 영역 지정

▲ 선택된 부분을 복제 및 이동한 모습

▲ 아래 레이어에 효과를 적용해 속도감을 준 모습

01 04 폴더에서 '새.jpg' 파일을 불러옵니다. 새를 선택 영역으로 지정하기 위해 메뉴에서 (Select) → Focus Area를 실행합니다.

Why? 👈

카메라의 줌 기능을 이용해 피사체에 초점을 맞추면 배경이 흐릿하게 촬영됩니다. 이렇게 피사계 심도가 얕은 사진은 Focus Area 기능으로 선택 영역을 지정하면 편리합니다.

02 Focus Area 대화상자가 표시되면 ❶ View를 'On Layers'로 지정합니다. View 미리 보기 창을 확인하면 새 부분만 나타납니다. ❷ Output To를 'Selection'으로 지정한 다음 ❸ (OK) 버튼을 클릭합니다.

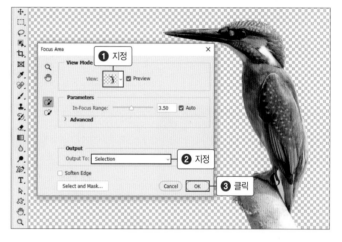

TIP 👈

격자로 표시된 투명 영역은 선택 영역으로 지정되지 않은 부분입니다. 새 부분에도 투명 영역으로 표시된 부분이 있는지 확인합니다.

03 배경을 제외한 새가 선택 영역으로 지정되었습니다.

PHOTOSHOP

14

원하는 비율로 드래그하여 자르기

이론 | 실습

자르기 도구(☐)는 원본 이미지에서 필요한 부분만 드래그하여 선택한 다음 잘라내는 도구입니다. 드래그한 다음 표시되는 조절점을 이용하여 자르기 영역을 조절할 수 있으며 회전할 수도 있습니다. 자를 영역을 지정한 다음 더블클릭하거나 Enter를 누르면 간단하게 자르기 작업이 마무리됩니다.

▲ 원본 이미지

▲ 자르기 도구로 영역을 지정한 모습

▲ 더블클릭해서 잘라낸 모습

▲ 원본 이미지

▲ 잘라낼 영역을 회전한 모습

▲ 회전한 상태로 잘라낸 모습

TIP ☞

자르기 도구를 선택한 다음 옵션바의 프리셋에는 드래그하는 대로 자를 수 있는 Ratio 옵션과 원본 이미지의 비율대로 자를 수 있는 Original Ratio 옵션을 제공합니다.

자르기 도구로 특정한 부분을 자르기 위해 해당 부분을 직접 드래그하는 방식을 사용합니다. 자를 영역을 고려하며 이미지를 드래그한 후 [Enter]를 눌러 이미지를 자릅니다.

Before

After

• 예제파일 : 04\전동.jpg

• 완성파일 : 04\전동_완성.jpg

01 04 폴더에서 '전동.jpg' 파일을 불러옵니다. 이미지를 원하는 크기로 자르기 위해 자르기 도구(◻)를 선택합니다.

선택

TIP

옵션바에서 Preset이 기본 값인 'Ratio'로 지정되어 있는지 확인합니다. Ratio는 드래그하는 대로 이미지를 자를 수 있습니다.

02 ❶ 인물의 왼쪽 상단에 마우스 커서를 위치시키고 오른쪽 하단으로 드래그합니다. 잘릴 영역이 흐릿하게 표시되면 ❷ [Enter]를 누르거나 영역 안쪽을 더블클릭하여 이미지를 자릅니다.

❶ 드래그

❷ Enter

TIP

만약 특정 비율로 드래그된다면 옵션바에서 〈Clear〉 버튼을 클릭해 비율을 초기화한 다음 자를 영역을 조절합니다.

시험 대비   중요도 ★★

선택 × 변형

PHOTOSHOP
15

실습

프로필 사진 규격으로
이미지 자르기

✕

자르기 도구는 원하는 비율로 드래그하여 이미지를 자를 수 있습니다. 주로 불필요한 부분을 제거하거나 사진 구도를 좋게 만들기 위해 자르기도 합니다. 예제에서는 프로필 사진 비율(4:5)로 수평에 맞게 잘라 보겠습니다.

Before

• 예제파일 : 04\프로필.jpg

After

• 완성파일 : 04\프로필_완성.jpg

01 04 폴더에서 '프로필.jpg' 파일을 불러옵니다.
이미지를 자르기 위해 자르기 도구(⬚)를 선택합니다.

선택

02 이미지를 4:5 비율로 자르고 자동으로 해상도를 높이기 위해 옵션바에서 '4×5 in 300 ppi'로 지정합니다.

TIP ◁
Preset에서 드래그하는 대로 비율 조절이 가능한 'Ratio'와 원본 이미지의 비율에 맞게 이미지를 자를 수 있는 'Original Ratio'를 주로 많이 사용합니다.

지정

03 이미지에 격자 형태의 보조선이 표시됩니다. 이미지의 모서리 조절점을 안쪽으로 드래그합니다. 예제에서는 왼쪽 하단의 모서리 조절점을 안쪽으로 드래그합니다.

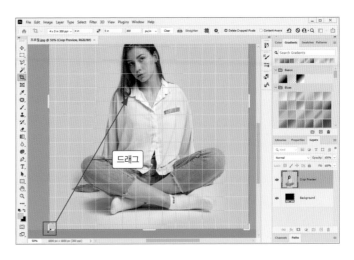

04 ❶ 이미지를 드래그하여 인물의 얼굴을 중심으로 자르려는 영역을 위치시킵니다. 인물의 어깨를 수평으로 맞추기 위해 ❷ 왼쪽 상단 모서리를 시계 방향으로 드래그하여 회전합니다.

05 인물의 위치가 조절되었다면 Enter 를 누릅니다. 이미지가 잘린 것을 확인할 수 있습니다.

TIP
예제 작업 후 자르는 비율을 원상태로 되돌리기 위해 옵션바에서 〈Clear〉 버튼을 클릭합니다.

Straighten 기능

시험 대비 　중요도 ★★★

PHOTOSHOP
16
실습

비뚤어진 사진 바르게 자르기

자르기 도구를 이용하면 비뚤어진 이미지를 바르게, 비율에 맞춰 자를 수 있습니다. Straighten 기능을 이용하여 기준선을 지정하고 이미지를 잘라 보겠습니다.

Before

After

• 예제파일 : 04\스키.jpg
　• 완성파일 : 04\스키_완성.jpg

01 04 폴더에서 '스키.jpg' 파일을 불러옵니다. ❶ 자르기 도구(🔲)를 선택하고 원본 사진 비율로 자르기 위해 ❷ 옵션바에서 'Original Ratio'로 지정합니다.

Why? 👉

'Original Ratio'는 원본 사진의 가로, 세로 비율을 유지하면서 자릅니다. 사진을 인화할 때 임의의 비율로 자르기보다 원래 비율로 자르는 것이 좋습니다.

02 ❶ 옵션바에서 'Straighten' 아이콘(📐)을 클릭한 다음 ❷ 기울어진 코트 방향에 맞게 드래그합니다. 비뚤어졌던 사진이 회전하여 바르게 조절됩니다. ❸ 자르기 영역 안쪽을 더블클릭하거나 Enter 를 눌러 이미지를 자릅니다.

PART 5.

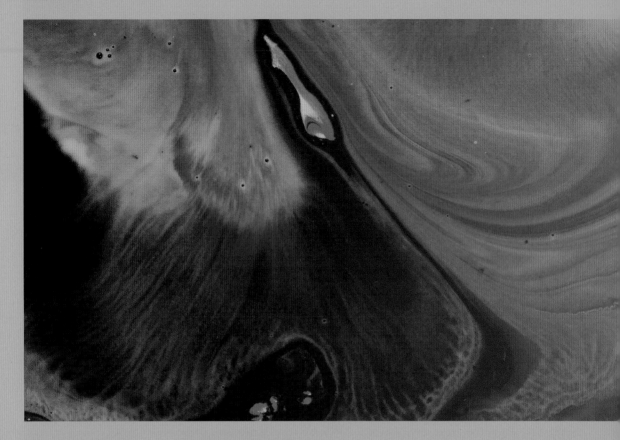

원하는 형태로
이미지 변형하기

① 이미지를 자유자재로 변형하기

② 이미지에 그림자 효과 적용하기

③ 원근감 표현하기

④ 변형선으로 이미지를 마음대로 변형하기

⑤ 자유롭게 이미지 변형하기

⑥ 원하는 형태로 자연스럽게 이미지 변형하기

⑦ 기울어진 이미지 바르게 조절하기

⑧ 인물과 풍경 자연스럽게 보정하기

⑨ 이미지 왜곡을 방지하면서 가로형 배너 만들기

⑩ 여러 장의 사진을 한 장의 파노라마 사진으로 만들기

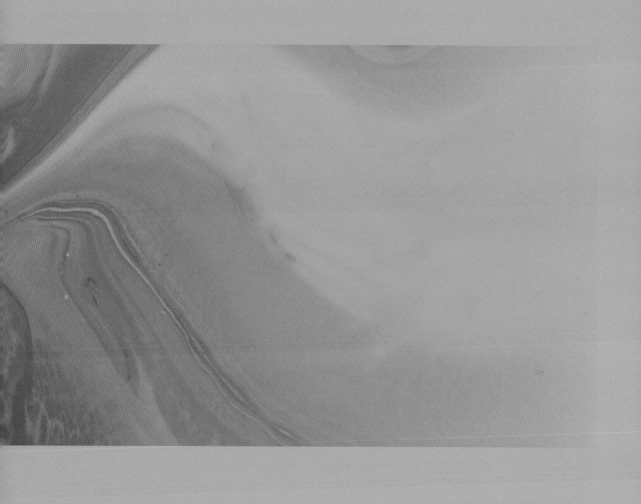

이미지 합성의 기본은 원하는 형태에 맞게 이미지를 변형할 수 있어야 합니다. 포토샵에서 제공하는 다양한 이미지 변형 방법에 대해 알아봅니다.

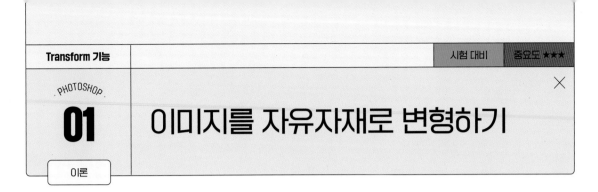

PHOTOSHOP

01 이미지를 자유자재로 변형하기

이론

변형하려는 이미지를 선택 영역으로 지정한 다음 메뉴에서 (Edit) → Transform을
실행하면 이미지를 변형할 수 있는 다양한 메뉴가 표시됩니다.

❶ Again	Shift+Ctrl+T
❷ Scale	
❸ Rotate	
❹ Skew	
❺ Distort	
❻ Perspective	
❼ Warp	
Split Warp Horizontally	
Split Warp Vertically	
Split Warp Crosswise	
Remove Warp Split	
Convert warp anchor point	
Toggle Guides	
Rotate 180°	
❽ Rotate 90° Clockwise	
Rotate 90° Counter Clockwise	
❾ Flip Horizontal	
Flip Vertical	

TIP

버전에 따라 'Rotate 90° CW'가 'Rotate 90° Clockwise'로, 'Rotate 90° CCW'가 'Rotate 90° Counter
Clockwise'로 표시될 수 있습니다.

❶ **Again**(Shift+Ctrl+T) : 이전에 실행한 Transform 명령을 다시 실행합니다.

❷ **Scale** : 이미지 크기를 조절합니다.

❸ **Rotate** : 이미지를 회전합니다.

❹ **Skew** : 이미지를 비스듬하게 변형합니다.

❺ **Distort** : 각각의 모서리를 자유롭게 드래그하여 변형합니다.

❻ **Perspective** : 이미지를 원근감 있게 변형합니다.

❼ **Warp** : 조절점을 드래그하여 이미지를 불규칙적으로 변형합니다.

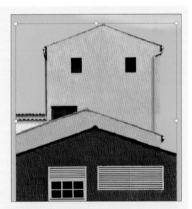

▲ 원본 이미지 (예제파일 : 05\건축.psd)

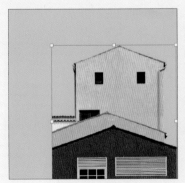

▲ Scale

▲ Rotate

▲ Skew

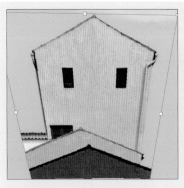

▲ Distort

▲ Perspective

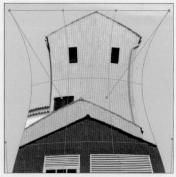

▲ Warp

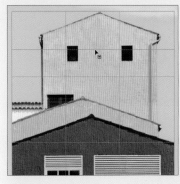

▲ Split Warp Horizontally

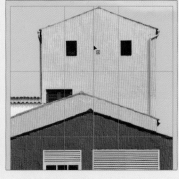

▲ Split Warp Vertically

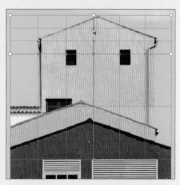

▲ Split Warp Crosswise

❽ Rotate 180˚, Rotate 90˚ CW(Clockwise), Rotate 90˚ CCW(Counter Clockwise) : 이미지를 180˚, 시계 방향으로 90˚, 반시계 방향으로 90˚ 회전합니다.

▲ 원본 이미지

▲ Rotate 180˚

❾ Flip Horizontal, Flip Vertical : 이미지를 수평, 수직으로 반전합니다.

▲ Flip Horizontal

▲ Flip Vertical

PHOTOSHOP

02 이미지에 그림자 효과 적용하기

실습

• **예제파일** : 05\선수.jpg　• **완성파일** : 05\선수2_완성.psd　● ● ●

---

01 05 폴더에서 '선수.jpg' 파일을 불러옵니다. ❶ 빠른 선택 도구(✐)를 선택한 다음 ❷ 옵션바에서 브러시 팝업 버튼을 클릭하고 ❸ Size를 '20px'로 설정합니다.

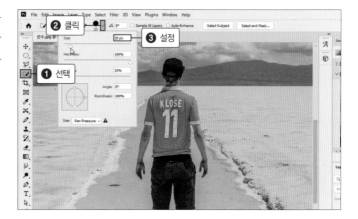

02 ❶ 인물의 머리부터 등, 팔과 다리까지 드래그하여 선택 영역으로 지정합니다. 선택된 인물을 복제하기 위해 ❷ Ctrl+C를 누른 다음 ❸ Ctrl+V를 누릅니다.

Why? 👇

복제된 이미지는 그림자로 사용합니다. 복제된 인물과 원본 인물이 겹쳐서 화면에는 한 명으로 보이지만, 실제로 인물 사진은 두 장입니다. 새로 그리는 것보다 이미지를 복제하여 사용하는 것이 훨씬 효과적이기 때문입니다.

03 복제된 이미지에 검은색을 채워 그림자를 만들기 위해 메뉴에서 (Edit) → Fill(Shift+F5)을 실행합니다.

❶ Fill 대화상자가 표시되면 Contents를 'Black'으로 지정합니다.

❷ Opacity를 '100%'로 설정한 다음 ❸ 'Preserve Transparency'를 체크 표시하고 ❹ 〈OK〉 버튼을 클릭합니다.

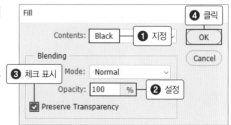

Why? 👇

'Preserve Transparency'를 체크 표시하는 것은 인물에만 색상을 채우기 위해서입니다. 체크 표시를 해제하면 인물 외의 투명 영역까지 전부 색이 채워집니다.

04 인물에 검은색이 채워지면 그림자 형태
를 만들기 위해 ❶ 메뉴에서 (Edit) →
Transform → Distort를 실행합니다.
조절점이 표시되면 ❷ 양쪽 윗부분의 조절점을
클릭한 다음 왼쪽 아래로 드래그해 그림과 같이
조절하고 ❸ (Enter)를 누릅니다.

Why? 👆
그림자를 사선 방향으로 한 번에 비틀기 위해 Distort
기능을 적용했습니다. 검은색으로 채워진 인물의 위
치를 조절하면 아래에 겹친 원본 인물 이미지가 화면
에 표시됩니다.

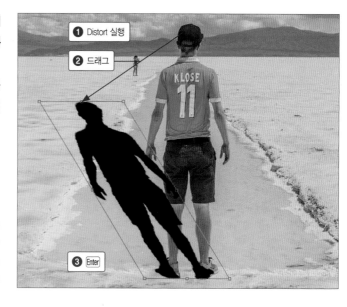

05 그림자 색상을 반투명하게 만들기 위해
❶ Layers 패널에서 Opacity를 '35%'
로 설정합니다. ❷ 검은색 이미지에서 반투명한
회색으로 변경되었습니다.

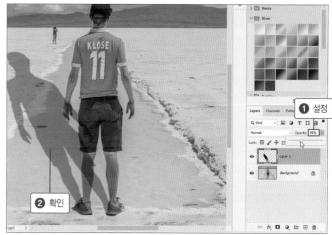

06 그림자가 인물 위에 있어 겹치므로 인물
을 그림자 위에 붙여 넣기 위해 ❶ (Ctrl)
+(V)를 누릅니다. 그림자 위에 복사해 둔 인물
이 붙여 넣어집니다.
❷ 이동 도구(✛)를 선택한 다음 ❸ 원본 이미
지와 겹치도록 위치를 조절하여 완성합니다.

TIP ✂
이미지를 미세하게 이동하기 위해서는 키보드의 방
향키를 이용합니다. 방향키를 누를 때마다 1픽셀씩
이동합니다.

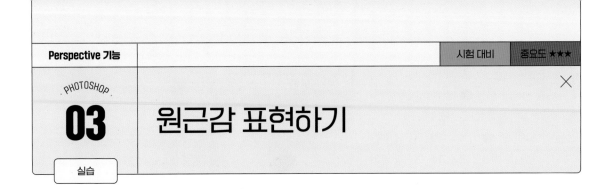

PHOTOSHOP

03 원근감 표현하기

실습

Perspective 기능으로 원근 효과를 적용하면 이미지를 입체적이고, 현실감 있게 표현할 수 있습니다. 예제에서는 자동차에 원근감을 주어 입체감을 표현해 보겠습니다.

Before

After

• 예제파일 : 05\원근.psd

• 완성파일 : 05\원근_완성.psd

---

01 05 폴더에서 '원근.psd' 파일을 불러옵니다.

원근 효과를 적용하기 위해 메뉴에서 (Edit) → Transform → Perspective를 실행합니다.

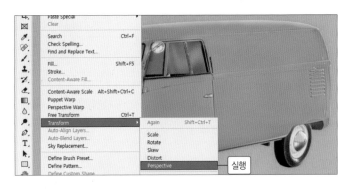

02 조절점이 표시되면 왼쪽 상단 조절점을 위로 드래그합니다. 자동차가 변형되면서 앞쪽이 가깝고, 뒤쪽이 멀게 표현되는 원근 효과가 적용되었습니다.

PHOTOSHOP
04
실습

변형선으로 이미지를 마음대로 변형하기

• 예제파일 : 05\다이어리.jpg   • 완성파일 : 05\다이어리_완성.jpg   • • •

01 05 폴더에서 '다이어리.jpg' 파일을 불러옵니다. ❶ Tools 패널에서 배경색을 '흰색'으로 지정한 다음 ❷ 사각형 선택 도구(□.)를 선택하고 ❸ 그림과 같이 드래그하여 사각의 선택 영역을 지정합니다.

Why? 👈

배경색을 흰색으로 지정하는 이유는 이미지를 변형하면 여백 부분의 색상이 배경색으로 채워지기 때문입니다.

02 이미지의 모서리 부분을 변형하기 위해 메뉴에서 (Edit) → Transform → Warp를 실행합니다.

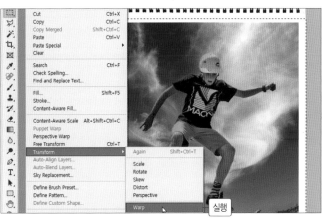

TIP 👈

Warp 기능은 선택 영역 없이 Layers 패널에서 'Background' 레이어가 선택되어 있을 경우에는 비활성화됩니다.

03 ❶ 이미지 오른쪽 하단의 조절점을 클릭한 다음 왼쪽 상단으로 드래그합니다. 그림과 같이 이미지가 마치 둥그렇게 말린듯이 변형되는 것을 확인할 수 있습니다. ❷ Enter를 눌러 이미지를 완성합니다.

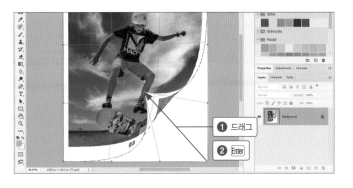

. PHOTOSHOP .

05 자유롭게 이미지 변형하기

실습

×

Free Transform 기능을 이용하면 특정 비율이나 형태에 상관없이 조절점을 드래그하는 방향대로 자유롭게 변형할 수 있습니다. 예제에서는 인물 사진을 종이 액자에 맞게 회전 정도와 크기를 조절해서 합성해 보겠습니다.

Before

After

• 예제파일 : 05\calm.jpg, sking2.jpg

• 완성파일 : 05\calm_완성.psd

---

01 05 폴더에서 'calm.jpg', 'sking2.jpg' 파일을 불러옵니다.
'sking2.jpg' 작업 창을 선택하고 ❶ Ctrl+A를 눌러 이미지를 전체 선택한 다음 ❷ Ctrl+C를 눌러 복사합니다.

---

02 ❶ 'calm.jpg' 작업 창을 선택한 다음 ❷ Ctrl+V를 눌러 인물 사진을 붙여 넣고 반투명하게 만들기 위해 ❸ Layers 패널에서 Opacity를 '50%'로 설정합니다.

Why? 👆
사진 이미지를 반투명하게 만들어야 종이 액자와 비교하면서 인물 사진 크기를 쉽게 조절할 수 있습니다.

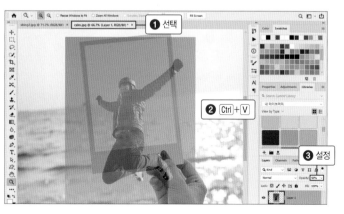

03 액자에 맞게 인물 사진을 회전하기 위해 ❶ 메뉴에서 (Edit) → Free Transform(Ctrl+T)을 실행합니다. ❷ 자유 변형 상태에서 왼쪽 상단 조절점을 종이 액자 각도에 맞게 드래그합니다.

TIP

Free Transform 기능은 Scale과 Rotate 명령을 동시에 실행한 것과 같습니다. 각 조절점을 드래그해 이미지를 회전하고 크기를 변형할 때 사용하면 편리합니다.

04 인물 사진의 비율을 해제하기 위해 ❶ 옵션바에서 'Maintain aspect ratio' 아이콘(⬤)을 클릭합니다. ❷ 크기를 조절하기 위해 인물 사진의 왼쪽 상단 조절점을 종이 액자 왼쪽 상단으로, 오른쪽 하단 조절점을 종이 액자 오른쪽 하단으로 드래그하여 알맞게 배치합니다.

05 인물 사진이 종이 액자에 알맞게 맞춰지면 ❶ Enter를 누릅니다. ❷ Layers 패널에서 Opacity를 '100%'로 설정하여 원본 사진을 나타내어 완성합니다.

TIP

레이어의 불투명도 설정은 218쪽을 참고하세요.

PHOTOSHOP

06

실습

원하는 형태로
자연스럽게 이미지 변형하기

• **예제파일** : 05\요가포즈.psd   • **완성파일** : 05\요가포즈_완성.psd   ●●●

01 05 폴더에서 '요가포즈.psd' 파일을 불러옵니다.

인물 이미지를 변형하기 위해 ❶ Layers 패널에서 '인물' 레이어를 선택한 다음 ❷ 메뉴에서 (Edit) → Puppet Warp를 실행합니다.

02 인물 이미지 위에 그물망 형태로 변형 영역이 표시됩니다. 머리카락부터 머리, 목, 허리, 다리, 발등 등 관절 부분을 클릭하여 고정점을 만듭니다.

TIP ⬅️

사람이 움직일 때 기준이 되는 관절 부분에 고정점을 만들면 자연스러운 자세로 변형할 수 있습니다. 만든 고정점을 삭제하려면 해당 고정점을 선택하고 Delete 를 누릅니다.

03 ❶ 첫 번째 고정점인 머리카락을 좌우로 드래그하면 자연스럽게 위치가 변경되는 것을 확인할 수 있습니다. ❷ 발등에 위치한 고정점을 위로 드래그하면 다리와 연결되어 자연스럽게 다리가 위로 이동되는 것을 확인할 수 있습니다.

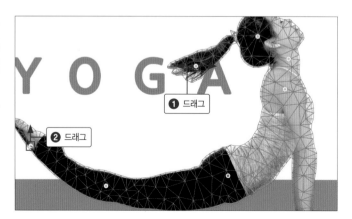

PHOTOSHOP

07

실습

기울어진 이미지 바르게 조절하기

잘못된 구도나 원근감이 적용된 이미지는 Perspective Warp를 이용하면 손쉽게 수정할 수 있습니다. 오른쪽으로 기울어진 건물을 바르게 세워지도록 수정해 보겠습니다.

Before

After

· 예제파일 : 05\피사탑.jpg

· 완성파일 : 05\피사탑_완성.psd

01 05 폴더에서 '피사탑.jpg' 파일을 불러옵니다.

오른쪽으로 기울어진 건물의 형태를 조절하기 위해 메뉴에서 (Edit) → Perspective Warp를 실행합니다.

02 건축물이 격자 안에 들어가도록 ❶ 왼쪽 상단을 클릭한 다음 ❷ 오른쪽 하단으로 드래그합니다. ❸ 조절점을 드래그하여 건물의 기울기에 맞게 배치합니다.

03 원근 영역의 형태가 조절되면 ❶ 옵션 바에서 〈Warp〉 버튼을 클릭한 다음 ❷ 'Auto warp to horizontal and vertical' 아이콘(田)을 클릭합니다. 건축물이 바로 세워지는 것을 확인할 수 있습니다. ❸ Enter를 눌러 적용합니다.

04 ❶ 자르기 도구(口)를 선택하고 ❷ 건축물을 기준으로 드래그하여 알맞게 이미지를 잘라 완성합니다.

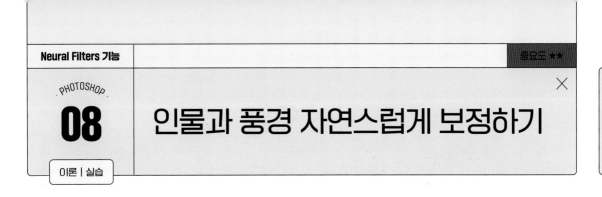

Neural Filters 기능　　　　　　　　　　　　　　　　　　　　　　　중요도 ★★

PHOTOSHOP
08 인물과 풍경 자연스럽게 보정하기

이론 | 실습

Neural Filters는 마치 인물의 신경망을 이용한 것처럼 자연스러운 성형이나 보정이 가능한 필터입니다. Neural Filters 패널에서는 다양한 보정 필터를 제공하고 있으며, 원하는 필터 항목을 선택한 다음 '다운로드' 아이콘(☁)을 클릭하여 필터를 다운로드해서 사용할 수 있습니다.

❶ **영역 추가 도구** : 필터가 적용되는 영역을 추가합니다.

❷ **영역 제거 도구** : 필터가 적용되는 영역을 제거합니다.

❸ **손 도구** : 드래그 방식으로 미리 보기 창의 이미지를 이동합니다.

❹ **돋보기 도구** : 미리 보기 창의 이미지를 확대 또는 축소합니다.

❺ **미리 보기 창** : 이미지의 필터 적용 결과를 미리 보여 줍니다.

❻ **변형 영역** : 인물의 얼굴을 인식한 경우 변형 영역을 표시합니다.

❼ **필터 항목** : 포토샵에서 제공하는 필터 항목을 표시합니다.

❽ **다운로드 아이콘** : 선택한 필터를 다운로드한 다음 설치합니다.

❾ **필터 활성화 아이콘** : 필터를 활성화하여 원하는 옵션의 수치를 조절합니다.

❿ **Output** : 적용된 필터의 저장 방식을 설정합니다.

TIP ✄

포토샵을 설치하고 Neural Filters를 처음 실행하면 원하는 필터를 다운로드 해야 합니다. 원하는 필터 항목을 선택한 다음 〈Download〉 버튼이 표시되면 클릭하여 필터를 다운로드합니다.

뉴럴 필터를 이용하면 인물의 표정을 자연스럽게 보정할 수 있습니다. 예제에서는 치아가 보이도록 미소를 짓거나 화난 표정, 고개를 돌리는 인물 얼굴을 표현해 보겠습니다.

Before

After

After

• 예제파일 : 05\boy.jpg
• 완성파일 : 05\boy_완성.psd

01 05 폴더에서 'boy.jpg' 파일을 불러옵니다.
인물의 표정을 변경하기 위해 메뉴에서 (Filter) → Neural Filters를 실행합니다.

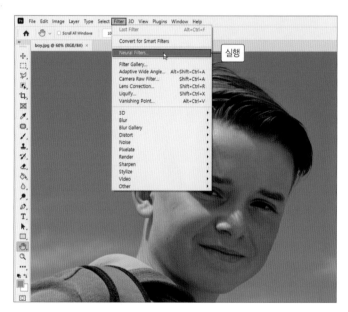

02 'Smart Portrait' 아이콘(◎)을 클릭하여 활성화합니다. 인물의 얼굴 표정을 보정할 수 있는 옵션들이 표시됩니다.

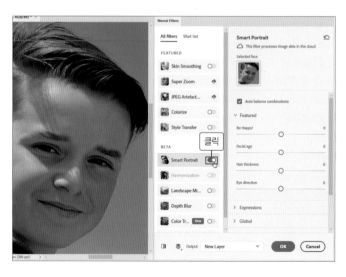

03 인물의 얼굴 표정을 변형해 보겠습니다. 먼저 놀란 표정을 만들기 위해 'Surprise' 슬라이더를 드래그하여 '50'으로 설정합니다. 오므려진 입술과 함께 놀란 표정으로 변경되었습니다.

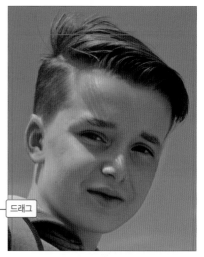

04 ❶ 'Surprise' 슬라이더를 드래그하여 '0'으로 설정한 다음 이번에는 행복한 미소를 만들기 위해 ❷ 'Be Happy!' 슬라이더를 드래그하여 '50'으로 설정합니다. 인공의 치아까지 표현되어 환한 미소가 만들어졌습니다.

05 ❶ 'Be Happy!' 슬라이더를 드래그해 '0'으로 설정하고 ❷ 'Anger' 슬라이더를 드래그하여 '50'으로 설정하면 눈과 입술이 찡그린 듯한 표정이 만들어집니다. ❸ 원하는 표정으로 만들고 〈OK〉 버튼을 클릭합니다.

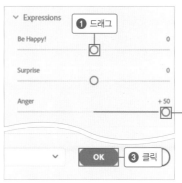

뉴럴 필터를 이용하면 얼굴 사진을 기준으로 나이가 들어 보이게 하거나, 더 어려 보이도록 얼굴 표정을 보정할 수 있습니다. 예제에서는 턱선을 갸름하게 강조하여 어려 보이도록 만들거나, 주름을 만들어 나이가 들어 보이도록 만들어 보겠습니다.

 Before

 After

 After

• 예제파일 : 05\girl.jpg   • 완성파일 : 05\girl_완성.psd

01 05 폴더에서 'girl.jpg' 파일을 불러옵니다.
인물의 얼굴을 변경하기 위해 메뉴에서 (Filter) → Neural Filters를 실행합니다.

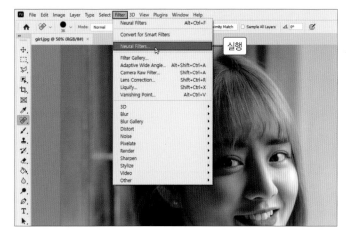

02 ① 'Smart Portrait' 아이콘(■)을 클릭하여 활성화합니다. 머리카락을 줄이기 위해 ② 'Hair thickness' 슬라이더를 드래그하여 '−50'으로 설정합니다. 머리카락 볼륨이 줄어든 것을 확인할 수 있습니다.

03 머리카락을 풍성하게 표현하기 위해 'Hair thickness' 슬라이더를 드래그하여 '50'으로 설정합니다. 머리카락 볼륨이 풍부해진 것을 확인할 수 있습니다.

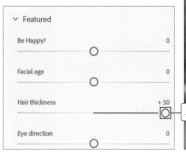

04 'Facial age' 슬라이더를 드래그하여 '−50'으로 설정합니다. 머리카락 색상과 피부의 볼륨이 살아 얼굴이 전반적으로 어리게 표현된 것을 확인할 수 있습니다.

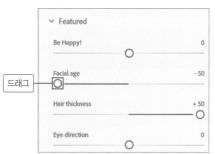

05 ❶ 'Facial age' 슬라이더를 드래그하여 '50' ❷ 'Hair thickness' 슬라이더를 드래그하여 '0'으로 설정합니다. 눈과 입가에 주름이 생기고, 머리카락이 탈색되어 나이 든 얼굴로 표현되었습니다. ❸ 〈OK〉 버튼을 클릭해 설정을 완료합니다.

뉴럴 필터의 Landscape Mixer 기능을 이용하여 풍경 사진을 시간이나 계절에 맞게 연출할 수 있습니다. 섬네일을 선택하면 내 사진에 원하는 계절감을 한 번에 연출할 수 있습니다.

Before

After

• 예제파일 : 05\설경.jpg

• 완성파일 : 05\설경_완성.jpg

01 05 폴더에서 '설경.jpg' 파일을 불러옵니다. 풍경을 보정하기 위해 메뉴에서 (Filter) → Neural Filters를 실행합니다.

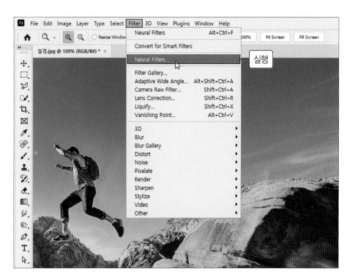

02 'Landscape Mixer' 아이콘(◉)을 클릭하여 활성화합니다.

03 겨울 풍경을 연출하기 위해 Presets에서 그림과 같은 설경 섬네일을 선택합니다. 산과 숲에 설경이 연출된 것을 확인할 수 있습니다.

04 일몰 풍경을 연출하기 위해 Presets에서 그림과 같은 일몰 섬네일을 선택합니다. 저녁의 일몰 장면이 연출된 것을 확인할 수 있습니다.

05 모래가 있는 해변가의 재질을 연출하기 위해 Presets에서 그림과 같은 해변가 섬네일을 선택합니다. 모래 재질의 암벽이 연출된 것을 확인할 수 있습니다.

PHOTOSHOP

09

실습

이미지 왜곡을 방지하면서
가로형 배너 만들기

이미지를 늘려 영역을 확장하거나 가로로 넓은 배너를 만들 때 왜곡이 발생합니다. 이때 특정 부분을 왜곡하지 않으면서 이미지를 늘리는 기능이 바로 Content-Aware Scale입니다. 예제에서는 인물은 왜곡하지 않고, 배경만 늘려 배너 이미지를 확장하여 가로형 배너를 만들어 보겠습니다.

• 예제파일 : 05\요가.psd

• 완성파일 : 05\요가_완성.psd

① 05 폴더에서 '요가.psd' 파일을 불러옵니다.

'Background' 레이어를 일반 레이어로 전환하기 위해 ❶ Layers 패널에서 'Background' 레이어를 더블클릭합니다. New Layer 대화상자가 표시되면 ❷ 〈OK〉 버튼을 클릭합니다.

② 캔버스를 확대하기 위해 메뉴에서 (Image) → Canvas Size(Alt+Ctrl+C)를 실행합니다. Canvas Size 대화상자가 표시되면 ❶ Width를 '1200Pixels'로 설정하고 ❷ Anchor에서 오른쪽의 가운데 아이콘(➡)을 클릭한 다음 ❸ 〈OK〉 버튼을 클릭합니다.

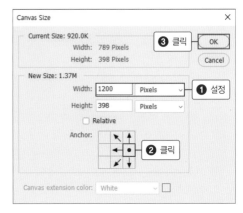

TIP ◁⏷

'Relative'의 체크 표시가 해제되어 있어야 캔버스 크기를 자유롭게 늘릴 수 있습니다.

03 이미지 왼쪽에 투명 영역이 추가됩니다. 캔버스가 확장되면 인물 부분을 보호하기 위해 ❶ 사각형 선택 도구(▢)를 선택하고 ❷ 인물 부분을 드래그하여 선택 영역으로 지정합니다.

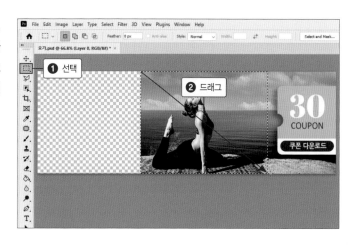

04 선택 영역을 저장하기 위해 메뉴에서 [Select] → Save Selection을 실행합니다. Save Selection 대화상자가 표시되면 ❶ Name에 '보호'를 입력하고 ❷ 〈OK〉 버튼을 클릭합니다.

Ctrl+D를 눌러 선택 영역을 해제합니다. 확장된 캔버스에 맞춰 배경 이미지를 채우기 위해 메뉴에서 [Edit] → Content-Aware Scale(Alt+Shift+Ctrl+C)을 실행합니다.

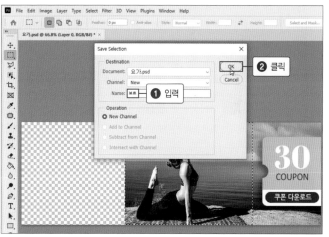

05 인물을 보호하며 배경을 늘리기 위해 옵션바에서 ❶ Protect를 '보호'로 지정한 다음 ❷ 'Protect skin tones' 아이콘(♟)을 클릭합니다.

❸ 그림과 같이 이미지의 조절점을 확장된 영역까지 드래그하면 인물은 변형되지 않고 배경만 확장됩니다. 확장이 완료되었으면 ❹ Enter를 누릅니다.

06 ❶ 문자 도구(T.)로 ❷ 문자를 입력해 배너 이미지를 완성합니다.

TIP
문자 입력 방법은 360쪽을 참고하세요.

PHOTOSHOP

10

실습

여러 장의 사진을 한 장의 파노라마 사진으로 만들기

사진 한 장에 피사체를 모두 담을 수는 없을까요? 포토샵은 자동으로 파노라마 사진을 만드는 기능을 제공합니다. 한 컷으로 담지 못하는 사진이라면 끝부분을 겹치게 촬영한 다음 Photomerge 기능을 이용하여 여러 장의 사진을 한 장의 파노라마 사진으로 만들 수 있습니다.

Before

Before

After

· 예제파일 : 05\와이드1.jpg, 와이드2.jpg   · 완성파일 : 05\와이드_완성.psd

01 파노라마 사진을 만들기 위해 메뉴에서 (File) → Automate → Photomerge를 실행합니다. Photomerge 대화상자가 표시되면 Layout 항목의 'Auto'가 선택된 상태에서 Source Files 항목의 〈Browse〉 버튼을 클릭합니다.

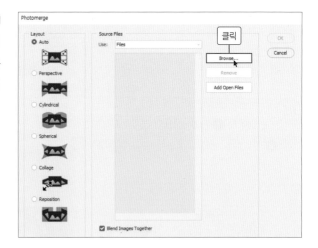

02 ❶ Shift 를 누른 상태로 05 폴더에서 '와이드1.jpg', '와이드2.jpg' 파일을 선택한 다음 〈열기〉 버튼을 클릭하여 파일을 불러옵니다. ❷ Photomerge 대화상자에서 〈OK〉 버튼을 클릭합니다.

TIP

간혹 Photomerge 기능이 작동하지 않는 경우가 발생하는데, 그 이유는 사진이 너무 크기 때문입니다. 만약 실행되지 않으면 사진 크기를 줄여서 실행해 보세요.

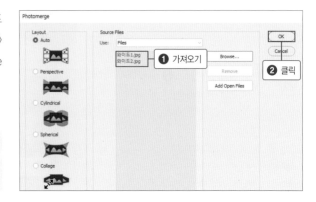

03 연결 부분 탐색에 시간이 걸릴 수 있습니다. 사진이 연결되면 투명 영역과 사진이 서로 연결된 영역으로 나뉩니다.

TIP

이미지가 서로 연결되면서 특정 부분에 투명 영역이 표시됩니다. 촬영할 때 각도 차이로 인해 발생하는 현상이므로, 이러한 영역은 자르거나 채우는 방식으로 없앱니다.

04 격자 모양으로 표시된 투명 영역을 없애기 위해 ❶ 자르기 도구(⬚)를 선택합니다. ❷ 자르기 영역의 상하 조절점을 드래그하여 투명 영역이 포함되지 않도록 지정한 다음 ❸ Enter를 누릅니다.

TIP

연결된 이미지를 병합하고 투명한 부분을 마술봉 도구(✐)를 이용하여 선택 영역으로 지정한 다음 메뉴에서 (**Edit**) → **Fill**(Shift+F5)을 실행합니다. Fill 대화상자의 Use를 'Content-Aware'로 지정하고 〈OK〉 버튼을 클릭하면 투명 영역이 자연스럽게 이미지로 채워집니다.

05 파노라마 사진이 완성되었습니다.

동영상으로 배우는 **포토샵 CC 2023**

이미지 변형을 이용한 디자인 명함 제작하기

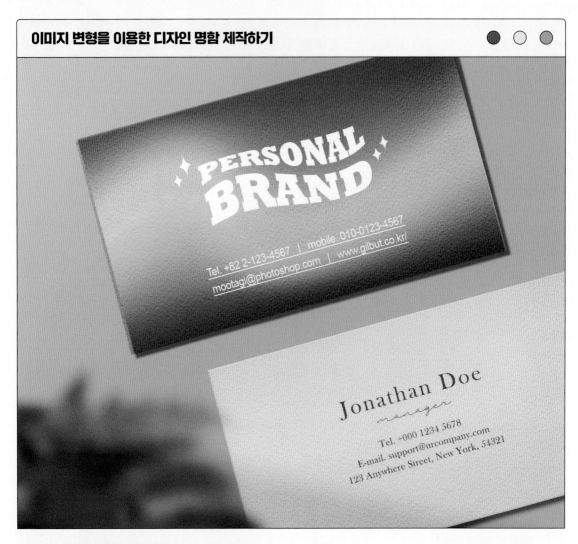

예제 소개 영상

포토샵 이미지 변형(Transform) 도구는 이미지의 크기, 모양 변형부터 각도 조정까지 다방면으로 유용하게 사용하는 도구입니다. 변형 도구를 단순히 이미지 크기 조정에만 사용하지 않고 멋스러운 그래픽 효과를 내는 데 활용해 봅니다.

이미지 크기	90×50mm
해상도	300dpi
완성 파일	05\namecard.psd

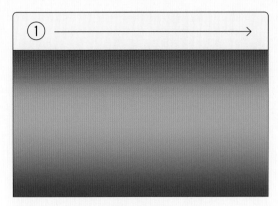

새로운 레이어 추가하여 그러데이션 배경 만들기

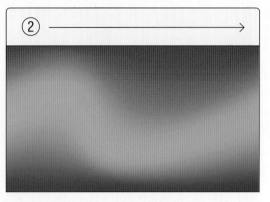

Warp 기능으로 그레이디언트 형태를 왜곡 변형하기

문자 도구로 'PERSONAL BRAND' 문자 입력하기

Create Warped Text 기능으로 문자 변형하기

다각형 도구와 Free Transform 기능으로 별 만들기

문자 도구를 이용하여 명함 하단에 개인 정보 입력하기

PART 6.

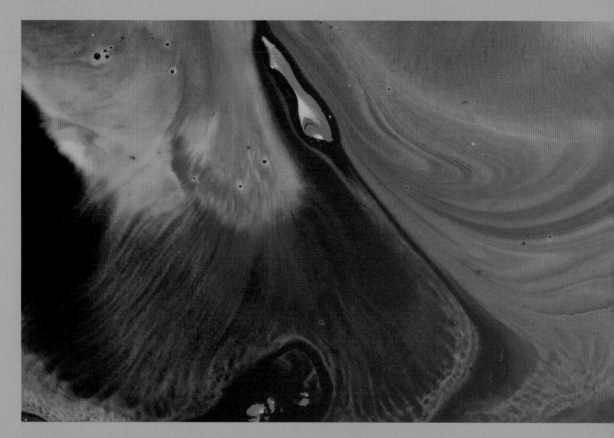

이미지에 색상 &
패턴 사용하기

① 전경색과 배경색 지정하기

② Color Picker로 색상 지정하기

③ 페인트통 도구 사용하기

④ 선택 영역을 색, 이미지, 패턴으로 채우기

⑤ 불필요한 대상 한 번에 지우기

⑥ 세밀하게 잘린 이미지 살리기

⑦ 그러데이션 배경 만들기

⑧ 템플릿을 이용한 그러데이션 만들기

⑨ 패턴 등록하고 적용하기

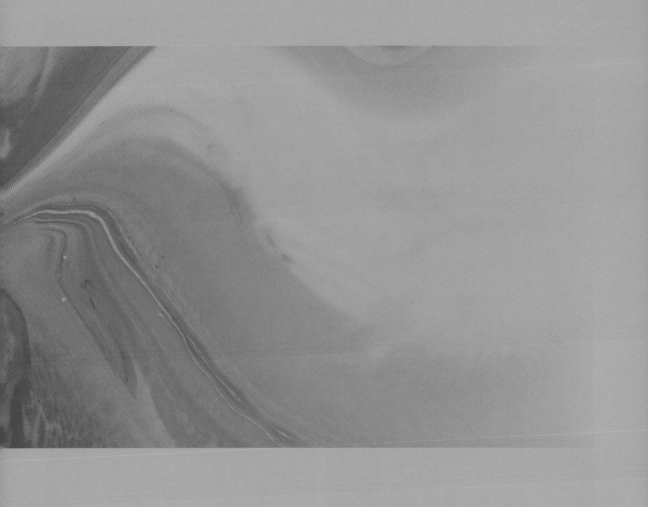

이미지에 색상을 채우거나 그러데이션, 패턴 적용은 완성도 있는 이미지 제작에 필수 기능입니다. 다양한 색상과 패턴 적용 방법에 대해 알아봅니다.

PHOTOSHOP

01 전경색과 배경색 지정하기

이론

Tools 패널 아래에 위치한 색상 상자는 원하는 색상을 선택할 때 사용하며 위쪽의 전경색은 주로 색상을 칠하거나 채울 때, 아래쪽의 배경색은 색상을 지우거나 배경색을 지정할 때 사용합니다.

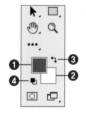

❶ 전경색(Foreground Color) : 색을 채울 때 사용합니다.

❷ 배경색(Background Color) : 배경에 색을 채우거나 지울 때 사용합니다.

❸ 색상 교체(Switch Color) : 전경색과 배경색을 바꿉니다.

❹ 기본 색상(Default Color) : 전경색은 '검은색', 배경색은 '흰색'으로 지정합니다. 포토샵의 기본 색상 설정 값입니다.

브러시 도구(✐)로 색을 칠할 때는 기본적으로 전경색으로 지정된 색상으로 칠해지며, 지우개 도구(◆)로 지울 때는 배경색으로 지정된 색상으로 지워진 영역이 표시됩니다. 필요에 따라 전경색과 배경색을 전환할 수 있으며, Color Picker 대화상자에서 직접 색상 값을 지정하여 색상을 변경합니다.

▲ 브러시 도구로 색상을 칠할 때는 전경색을 기준으로 색이 칠해집니다.

▲ 지우개 도구로 지울 때는 배경색을 기준으로 기존 이미지를 지웁니다.

TIP ⇦

전경색과 배경색을 지정하는 방법은 Tools 패널뿐만 아니라 Color 패널에 위치해 있는 전경색과 배경색을 클릭하여 색상을 바로 지정할 수 있습니다.

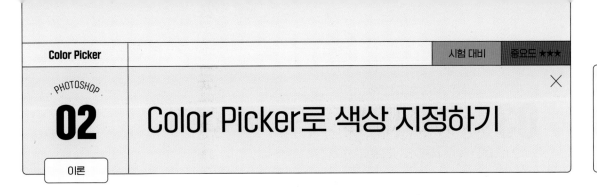

Color Picker로 색상 지정하기

전경색 또는 배경색을 클릭하면 Color Picker 대화상자가 표시됩니다. 직접 색상을 클릭하여 지정하거나, 색상 값을 입력하여 원하는 색상을 지정합니다.

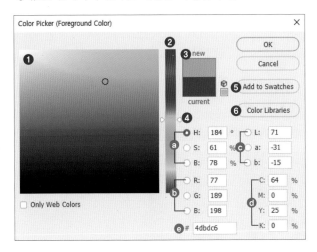

❶ **샘플 컬러** : 클릭하여 원하는 색상을 지정합니다.

❷ **스펙트럼 바** : 색상 슬라이더를 드래그하여 색상을 지정합니다.

❸ **New, Current** : 상단은 새로 지정하는 색상을 표시하고, 하단은 현재 지정된 색상을 표시합니다.

❹ **색상** : 색상 값을 입력하여 색상을 지정합니다.

　ⓐ **HSB** : 색상(Hue)과 채도(Saturation), 명도(Brightness)를 이용하여 색상을 표현합니다.

　ⓑ **RGB** : 빛의 3원색인 빨간색(Red)과 녹색(Green), 파란색(Blue)을 혼합하여 색상을 표현합니다.

　ⓒ **Lab** : 밝기(Lightness)와 더불어 a는 Red와 Green의 색상 정보를, b는 Blue와 Yellow의 색상 정보를 나타냅니다.

　ⓓ **CMYK** : 청록색(Cyan), 자주색(Magenta), 노란색(Yellow), 검은색(Black)의 네 가지 채널로, 인쇄할 때 사용하는 색상 모드입니다.

　ⓔ **Web Color** : RGB 가산 혼합에 의해 16진수 코드로 색상을 지정합니다.

❺ **Add to Swatches** : 지정한 색상을 추가합니다.

❻ **Color Libraries** : 색상 차트별로 원하는 색상을 선택할 수 있습니다.

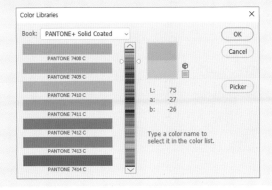

시험 대비　중요도 ★★

PHOTOSHOP

03 페인트통 도구 사용하기

이론 | 실습

페인트통 도구는 빠르게 색을 채우거나 패턴을 적용할 때 많이 사용하는 도구입니다. 페인트통 도구를 이용해 색상을 채울 때 Tools 패널의 전경색을 기준으로 하며, 옵션바의 Fill Source를 'Pattern'으로 지정하여 패턴을 채울 수도 있습니다.

❶ **Fill Source** : 전경색으로 색을 채울지, 패턴으로 색을 채울지 선택합니다.

❷ **Mode** : 혼합 모드를 설정하는 옵션으로 색상이나 패턴 이미지를 채울 때 원본 이미지와의 혼합 형태를 지정합니다.

❸ **Opacity** : 색상이나 패턴의 불투명도를 지정하는 옵션으로 값이 작을수록 투명하게 적용됩니다.

▲ Fill : Foreground

▲ Fill : Foreground, Mode : Difference

▲ Fill : Pattern

▲ Fill : Pattern, Mode : Divide

❹ **Tolerance** : 색상의 적용 범위를 설정하는 옵션으로 값이 클수록 비슷한 색상까지 선택되어 선택 범위가 넓어집니다.

▲ Tolerance : 10

▲ Tolerance : 40

페인트통 도구를 이용하여 특정 영역에 색상을 빠르고 간편하게 채울 수 있습니다. 예제에서는 전경색을 지정한 다음 직접 클릭한 영역에 색상을 채우거나 특정 색상을 추출하여 색상을 채우는 방법을 알아봅니다.

Before

After

• 예제파일 : 06\페인트.jpg

• 완성파일 : 06\페인트_완성.jpg

---

01 06 폴더에서 '페인트.jpg' 파일을 불러옵니다.

❶ 페인트통 도구(🖌)를 선택한 다음 옵션 바에서 ❷ Tolerance를 '50'으로 설정하고 ❸ 'Contiguous'를 체크 표시합니다.

Why? 👈

'Contiguous'를 체크 표시하는 이유는 선택한 색상을 기준으로 화면상에 있는 연결된 색상을 채우기 위해서입니다.

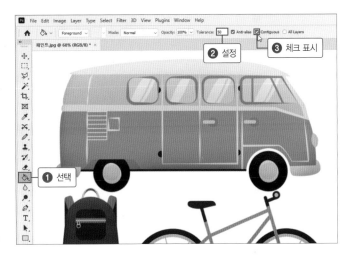

02 ❶ Tools 패널에서 전경색을 클릭합니다. Color Picker 대화상자가 표시되면 ❷ 색상을 'R:254, G:80, B:0'으로 지정한 다음 ❸ 〈OK〉 버튼을 클릭합니다.

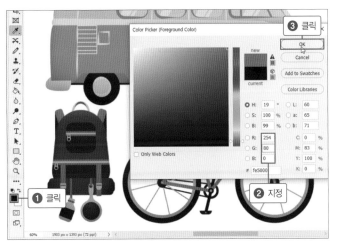

03 전경색이 주황색으로 변경되며, 버스 차
체를 클릭하면 연결된 색상 영역만 주황
색으로 채워집니다.

클릭

04 ❶ 연속으로 버스 차체를 클릭하여 색
상을 하나씩 주황색으로 채색합니다. 이
번에는 ❷ 스포이트 도구(🖊)를 선택한 다음
❸ 갈색 배낭을 클릭하여 색을 추출합니다. 색
상이 추출되어 전경색이 갈색으로 변경된 것을
확인할 수 있습니다.

❷ 선택

❶ 채색

❸ 클릭

05 ❶ 페인트통 도구(🪣)를 선택한 다음
❷ 옵션바에서 'Contiguous'의 체크 표
시를 해제합니다. ❸ 검은색 버스 타이어를 클릭
합니다. 클릭한 영역을 기준으로 모든 검은색은
갈색으로 채워지는 것을 확인할 수 있습니다.

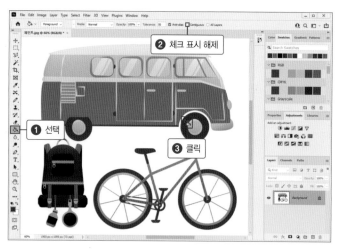

❷ 체크 표시 해제

❶ 선택

❸ 클릭

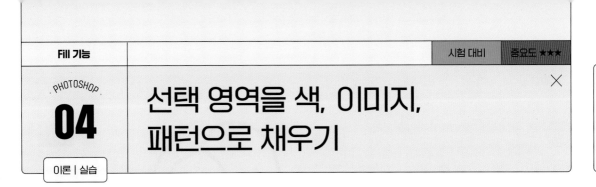

선택 영역을 색, 이미지, 패턴으로 채우기

Fill은 선택 영역을 색, 인접한 이미지, 패턴 등으로 채우는 기능입니다. 메뉴에서 [Edit] → Fill(Shift+F5)을 실행하면 표시되는 Fill 대화상자에서 색 또는 이미지, 블렌딩 모드, 불투명도를 지정하여 설정한 대로 채울 수 있습니다.

❶ **Contents** : 채우려는 색상을 지정하는 옵션입니다. 전경색, 배경색, 색, 패턴, 검은색, 흰색, 회색 등을 직접 선택할 수 있고, Content-Aware 기능도 이용할 수 있습니다. Content-Aware는 주로 넓은 영역에서 불필요한 부분을 없애고 자동으로 배경을 합성할 때 사용합니다.

❷ **Mode** : 지정된 색상과 이미지의 블렌딩 모드를 지정합니다.

❸ **Opacity** : 색상의 불투명도를 지정합니다.

❹ **Preserve Transparency** : 투명 영역을 유지하는 기능으로 투명 영역에는 색상이 채워지지 않습니다.

▲ Content-Aware 옵션으로 인접한 이미지로 채운 모습

▲ Color 옵션으로 색을 채운 모습

▲ Water Pattern 옵션으로 물결 패턴을 채운 모습

▲ 50% Gray 옵션으로 회색을 채운 모습

01 06 폴더에서 '채색.psd' 파일을 불러옵니다.

얼굴 부분을 채색하기 위해 ❶ 마술봉 도구(✎)를 선택하고 ❷ Shift 를 누른 상태에서 얼굴, 목, 귀를 클릭해 피부를 모두 선택합니다.

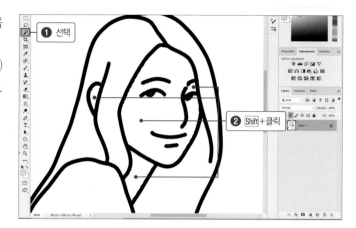

02 메뉴에서 (Edit) → Fill(Shift + F5)을 실행합니다. ❶ Fill 대화상자가 표시되면 Contents를 'Color'로 지정합니다.

Color Picker 대화상자가 표시되면 ❷ 색상을 'R:241, G:219, B:184'로 지정하고 ❸ 〈OK〉 버튼을 클릭합니다. ❹ Fill 대화상자에서도 〈OK〉 버튼을 클릭합니다.

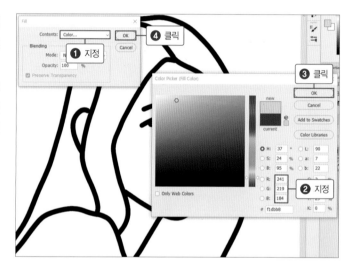

03 선택 영역에 색상이 채워지면 ❶ Ctrl + D 를 눌러 선택 영역을 해제합니다. ❷ 옵션바에서 'Add to selection' 아이콘(◻)을 클릭하고 ❸ 머리카락 부분을 클릭하여 선택 영역으로 지정합니다.

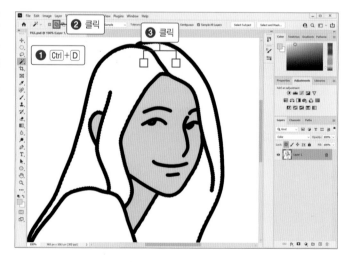

04 메뉴에서 (Edit) → Fill(Shift+F5)을 실행합니다. ❶ Fill 대화상자가 표시되면 Contents를 'Color'로 지정합니다.
Color Picker 대화상자가 표시되면 ❷ 색상을 'R:53, G:86, B:95'로 지정한 다음 ❸ 〈OK〉 버튼을 클릭합니다. ❹ Fill 대화상자에서도 〈OK〉 버튼을 클릭합니다.

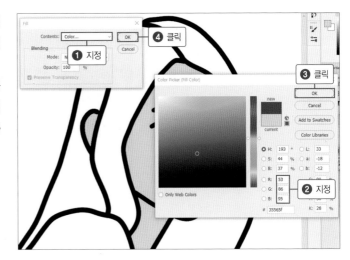

05 선택 영역에 색상이 채워지면 Ctrl+D를 눌러 선택 영역을 해제합니다.

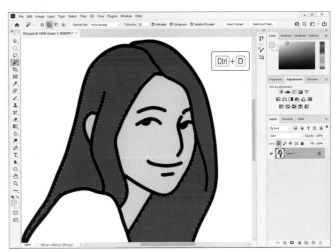

06 ❶ 옷을 선택 영역으로 지정한 다음 ❷ 같은 방법으로 색상을 'R:244, G:240, B:183'으로 지정하고 적용합니다. 인물 채색이 완료되었습니다.

사진에서 불필요한 부분을 지우개 도구로 지우거나 색상을 채우면 더 어색해집니다. 이때 가장 자연스럽게 지우는 방법은 배경 이미지를 이용하여 불필요한 부분을 채우는 것입니다. 예제에서는 Content-Aware 기능을 이용하여 자동으로 배경 이미지를 채워 감쪽같이 전구를 사라지게 만들어 보겠습니다.

 Before
 After

• 예제파일 : 06\스냅01.jpg   • 완성파일 : 06\스냅01_완성.jpg

01 06 폴더에서 '스냅01.jpg' 파일을 불러 옵니다.

지우려는 인물 머리 위의 전구를 선택 영역으로 지정하기 위해 ❶ 오브젝트 선택 도구(□)를 선택한 다음 ❷ 지우려는 전구 부분을 드래그하여 선택 영역으로 지정합니다.

TIP 🖐

불규칙한 형태의 선택 영역을 지정할 때 오브젝트 선택 도구(□)를 이용하면 손쉽게 선택할 수 있습니다. 잘못 선택했을 때는 Ctrl+D를 눌러 작업을 취소한 다음 다시 선택 영역을 지정합니다.

02 선택 영역을 확장하기 위해 메뉴에서 [Select] → Modify → Expand를 실행합니다. Expand Selection 대화상자가 표시되면 ❶ Expand By를 '5pixels'로 설정하고 ❷ 〈OK〉 버튼을 클릭합니다.

Why? 👇

선택 영역이 지우려는 이미지 경계선에 딱 맞게 지정되면 이미지가 사라지면서 흔적이 남을 수 있습니다. 깔끔하게 이미지를 제거하려면 선택 영역을 여유 있게 지정해야 합니다.

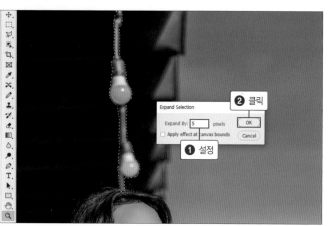

03 선택 영역이 전구의 바깥쪽으로 5픽셀 확장됩니다. 선택 영역으로 지정된 전구를 지우고, 지워진 영역에 배경을 채우기 위해 메뉴에서 (Edit) → Fill((Shift)+(F5))을 실행합니다.

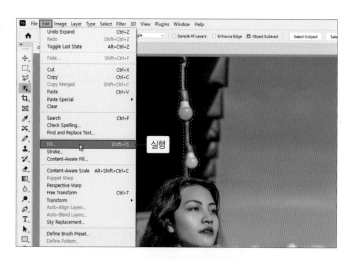

04 Fill 대화상자가 표시되면 ❶ Contents 를 'Content-Aware'로 지정한 다음 ❷ 〈OK〉 버튼을 클릭합니다.

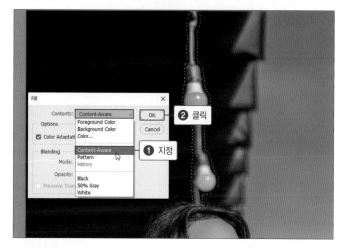

05 선택된 전구가 감쪽같이 지워졌습니다. 전구가 있던 영역에는 자동으로 지붕 배경이 채워졌습니다. (Ctrl)+(D)를 눌러 선택 영역을 해제하고 작업을 마무리합니다.

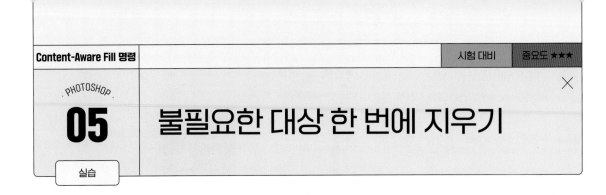

PHOTOSHOP
05 불필요한 대상 한 번에 지우기
실습

Content-Aware Fill 명령을 이용하면 간단하게 원하는 부분을 지우고, 지워진 영역에 배경 이미지를 채울 수 있습니다.

Before

After

• 예제파일 : 06\타투.jpg

• 완성파일 : 06\타투_완성.psd

---

01 06 폴더에서 '타투.jpg' 파일을 불러옵니다.

삭제할 영역을 지정하기 위해 ❶ 올가미 도구(🔲)를 선택합니다. ❷ 타투 부분을 넉넉하게 드래그하여 선택 영역으로 지정합니다.

❶ 선택

❷ 드래그

---

02 지우려는 영역이 선택되면 메뉴에서 (Edit) → Content-Aware Fill을 실행합니다.

Why? 👉

스탬프 도구를 이용하여 배경 이미지를 덧씌워 지울 수 있지만 예제처럼 복제할 영역에 머리카락이 있고, 타투 주변 피부 영역이 넓지 않을 경우에는 스탬프 도구를 사용하기 어렵습니다.

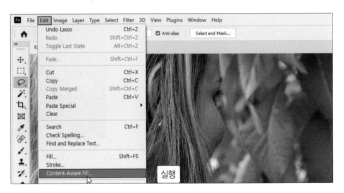

실행

03 그림과 같이 지워질 영역 이외의 부분은
녹색으로 표시되고 오른쪽에는 원본 이
미지가 표시됩니다.

TIP ⟨⇦

공간을 자동 지정할 수 있는 기능으로 Auto 기능뿐
만 아니라 사각 형태로 지정하는 〈Rectangular〉 버
튼과 사용자가 임의로 드래그하는 방식인 〈Custom〉
버튼을 제공하고 있습니다. 예제에서는 〈Auto〉 버튼
을 사용했습니다.

04 자동으로 선택 영역의 타투 이미지가 지
워집니다. ❶ Output To를 'Current
Layer'로 지정해 현재 원본 이미지 레이어에 적
용한 다음 ❷ 〈OK〉 버튼을 클릭합니다.

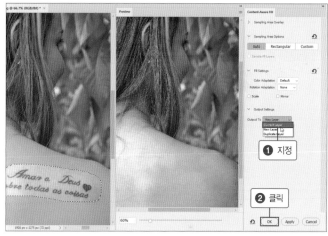

TIP ⟨⇦

오른쪽 미리 보기 화면을 통해 삭제된 결과를 미리 확
인할 수 있습니다. 미리 보기 창 하단의 확대 비율을
높이면 세밀하게 결과 이미지를 확인할 수 있습니다.

05 인물 피부에 표시되었던 타투 이미지
가 그림과 같이 삭제되었습니다. Ctrl
+D를 눌러 선택 영역을 해제합니다.

PHOTOSHOP

06 세밀하게 잘린 이미지 살리기

실습

이미지의 특정 부분이 잘린 경우 복원하기 쉽지 않습니다. 잘려진 부분과 남겨진 부분이 잘 어울려야 하고, 자연스럽게 경계 부분이 연결되어야 하기 때문입니다. Content-Aware Fill 기능은 주변 이미지를 이용하여 패턴을 만든 다음 빈 여백을 자연스럽게 채워 줍니다. 예제에서는 찢어진 나비 날개 부분을 나비 문양을 채워 이미지를 복원해 보겠습니다.

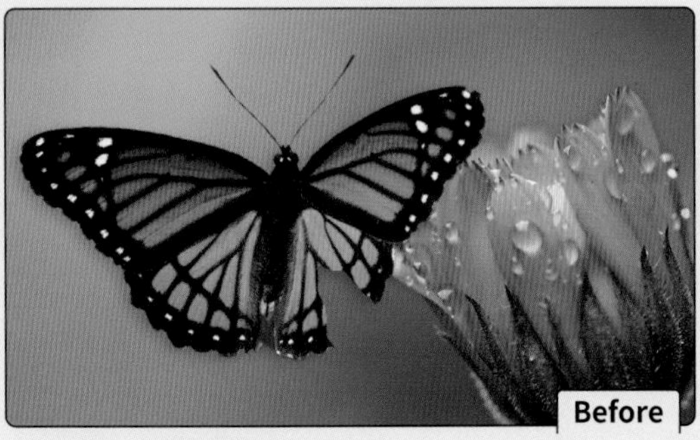

• **예제파일** : 06\butterfly.jpg

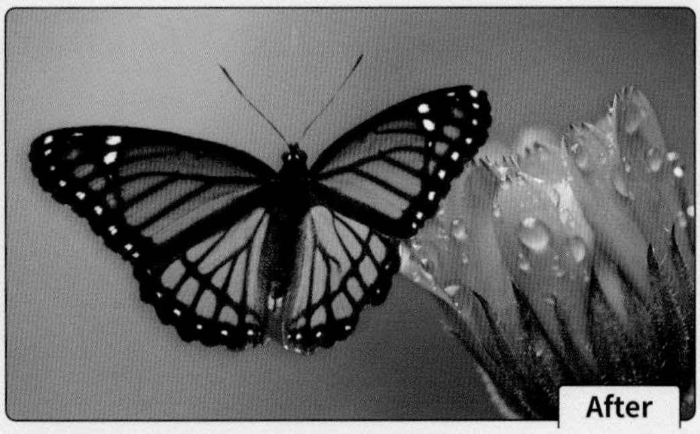

• **완성파일** : 06\butterfly_완성.psd

01 06 폴더에서 'butterfly.jpg' 파일을 불러옵니다.

나비의 오른쪽 날개 부분이 잘려진 것을 확인할 수 있습니다.

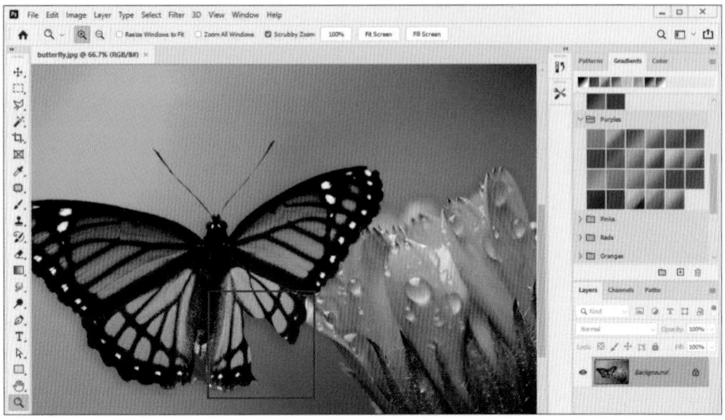

02 나비의 불규칙하게 잘린 날개 부분을 살리기 위해 먼저 올가미 도구( )를 선택합니다.

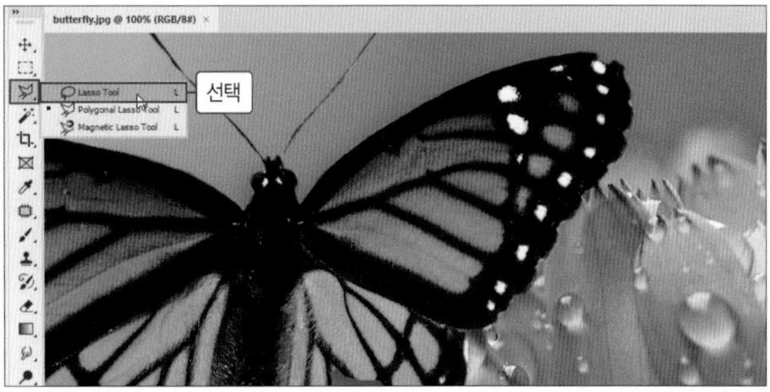

03 잘린 부분보다 넓게 드래그하여 복원할 부분을 선택 영역으로 지정합니다.

Why? 👈

선택 영역이 좁으면 복원된 결과물에 빈 영역이 생길 수 있으므로 여유를 두고 드래그하여 넉넉하게 지정하는 것이 좋습니다.

04 복원될 선택 영역이 지정되면 메뉴에서 (Edit) → Content-Aware Fill을 실행합니다.

TIP 👈

Content-Aware Fill 기능을 메뉴에서 실행하지 않아도 마우스 오른쪽 버튼을 클릭하여 표시되는 팝업 메뉴에서 실행할 수 있습니다.

05 그림과 같이 복원될 영역이 왼쪽 화면에 표시되며 오른쪽에는 원본 이미지가 표시됩니다.

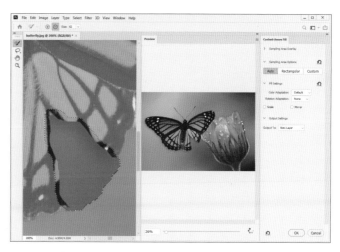

06 Preview 패널에는 자동으로 잘린 나비의 날개가 감쪽같이 복원됩니다.

07 날개 아래쪽 흰색 점무늬까지 복원하기 위해 먼저 ❶ 샘플링 브러시 도구(✏️)를 선택한 다음 ❷ 'Add to overlay area' 아이콘(⊕)을 클릭하고 ❸ 옵션바에서 Size를 '64'로 설정합니다. Content-Aware Fill 패널에서 ❹ Opacity를 '77%'로 설정한 다음 ❺ 복원의 기준이 되는 왼쪽 날개 부분을 칠합니다. ❻ 'Mirror'를 체크 표시한 다음 ❼ 〈OK〉 버튼을 클릭합니다.

Why? 👈
Mirror 옵션을 체크 표시하면 이미지를 대칭하여 복원하므로 이미지가 대칭일 때 유용합니다.

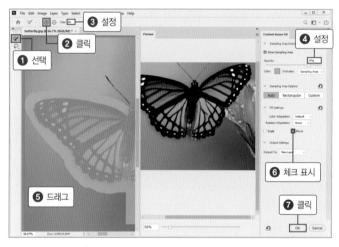

08 ❶ Layers 패널에 복원된 날개 이미지가 별도의 레이어로 만들어집니다.
❷ Ctrl + D를 눌러 선택을 해제하여 완성합니다.

시험 대비　　중요도 ★★★

PHOTOSHOP

07 그러데이션 배경 만들기

이론 | 실습

그레이디언트 도구(■)를 이용하면 색이 점진적으로 변하는 형태로 채울 수 있습니다. 그레이디언트 도구 옵션바에서는 다음과 같은 기능을 설정할 수 있습니다.

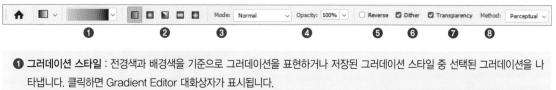

❶ 그러데이션 스타일 : 전경색과 배경색을 기준으로 그러데이션을 표현하거나 저장된 그러데이션 스타일 중 선택된 그러데이션을 나타냅니다. 클릭하면 Gradient Editor 대화상자가 표시됩니다.

ⓐ **Presets** : 기본으로 제공하는 스타일을 섬네일 형식으로 표현합니다.

ⓑ **Name** : 선택한 그러데이션 이름을 표시하거나 새로운 그러데이션 이름을 입력합니다.

ⓒ **New** : 새로운 그러데이션을 만듭니다.

ⓓ **Gradient Type** : 단색 형태의 Solid와 다양한 색상 띠 형태의 Noise 중에서 그러데이션 형태를 지정합니다.

ⓔ **그러데이션 바** : 현재 선택된 그러데이션을 표시하며 색상이나 범위를 변경할 수 있습니다.

ⓕ **Opacity** : 그러데이션에 적용된 색상의 불투명도를 조절합니다.

ⓖ **Color** : 그러데이션에 적용된 색상이나 색상 범위를 조절합니다.

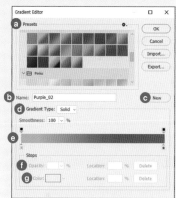

❷ 그러데이션 형태 : 선형(Linear)과 원형(Radial), 앵글(Angle), 리플렉트(Reflected), 다이아몬드(Diamond) 형태의 그레이디언트 도구가 아이콘으로 만들어져 있습니다.

▲ Linear

▲ Radial

▲ Reflected

❸ Mode : 바탕색과 그러데이션 색상의 블렌딩 모드를 지정합니다.

❹ Opacity : 전체 그러데이션의 불투명도를 조절합니다.

❺ Reverse : 그러데이션 색상 단계를 반전합니다.

❻ Dither : 그러데이션 색상 단계를 부드럽게 표현합니다.

❼ Transparency : 그러데이션의 투명도를 설정합니다.

❽ Method : 그러데이션 표현 방식을 선택합니다.

ⓐ **Perceptual** : 빛을 인식해 혼합하는 방식과 가장 근접하게 그러데이션을 표현합니다.

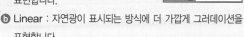

ⓑ **Linear** : 자연광이 표시되는 방식에 더 가깝게 그러데이션을 표현합니다.

ⓒ **Classic** : 기존 그레이디언트를 표시했던 것과 같은 방식으로 그러데이션을 표현합니다.

01 06 폴더에서 '플라밍고.jpg' 파일을 불러옵니다. 그러데이션이 적용될 영역을 지정하기 위해 ❶ 마술봉 도구(🪄)를 선택합니다. ❷ 흰색 배경을 클릭해 선택 영역으로 지정합니다.

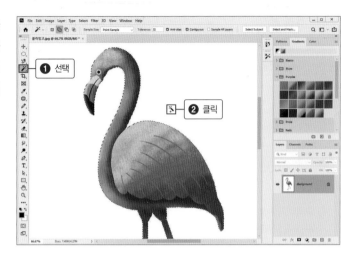

02 ❶ 그레이디언트 도구(🔲)를 선택한 다음 옵션바에서 그러데이션 형태를 ❷ 'Linear'로 지정하고 ❸ 그러데이션 상자를 클릭합니다.

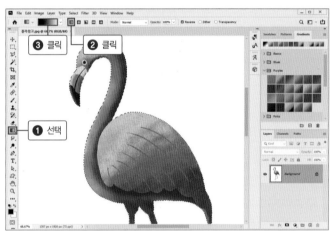

03 Gradient Editor 대화상자가 표시되면 그러데이션 바에서 ❶ 가장 왼쪽 아래의 'Color Stop' 아이콘(🔼)을 더블클릭합니다. Color Picker 대화상자가 표시되면 ❷ RGB 색상을 'R:114, G:173, B:217'로 지정한 다음 ❸ 〈OK〉 버튼을 클릭합니다.

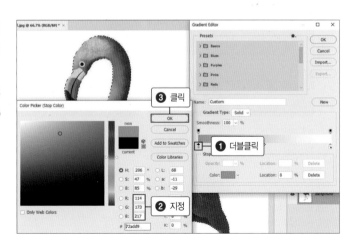

04 색상 탭을 추가하기 위해 ❶ 그러데이션 바 가운데 아랫부분을 더블클릭합니다. ❷ 색상을 'R:137, G:246, B:243'으로 지정한 다음 ❸ 〈OK〉 버튼을 클릭합니다.
❹ 가장 오른쪽의 색상도 '흰색'으로 지정하고 ❺ Gradient Editor 대화상자의 〈OK〉 버튼도 클릭합니다.

TIP ◁⧏

색상 탭(Color Stop)을 새롭게 만들 때마다 다양한 색상 띠 형태의 그러데이션 효과를 만들 수 있습니다.

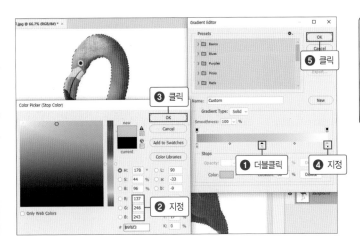

05 완성된 그러데이션을 선택 영역에 채우기 위해 ❶ 시작점을 클릭하고 ❷ 끝점까지 드래그합니다.

Why? ☞

그러데이션은 드래그하는 방향에 따라 달라집니다. 그러데이션이 적용된 영역에 반복해서 드래그하여 원하는 형태의 그러데이션을 표현해 보세요.

06 플라밍고 배경에 그러데이션 효과가 적용되었습니다.

TIP ◁⧏

포토샵 CC 2022부터는 Gradients 패널에서 다양한 색감의 그러데이션 템플릿을 제공합니다.

PHOTOSHOP
08
실습

템플릿을 이용한
그러데이션 만들기

사용자의 편의를 위해 다양한 색감의 그러
데이션 템플릿을 Gradients 패널에서 제
공하고 있습니다. 그러데이션 색상과 형태
를 변경해 보겠습니다.

Before

After

• 예제파일 : 06\Earth.psd   • 완성파일 : 06\Earth_완성.psd

---

01 06 폴더에서 'Earth.psd' 파일을 불러
옵니다.

그러데이션이 적용될 영역을 지정하기 위해 ❶
마술봉 도구(⟋)를 선택한 다음 ❷ 옵션바에서
'Contiguous'의 체크 표시를 해제합니다. ❸
연두색 부분을 클릭하여 선택 영역으로 지정합
니다.

Why? 👉

'Contiguous'의 체크 표시를 해제하여 선택 도구로
특정 색상을 클릭하면, 같은 색상 영역이 연결되지
않아도 선택 영역으로 지정됩니다.

---

02 Gradients 패널을 활성화하기 위해 메
뉴에서 (Window) → Gradients를 실
행합니다.

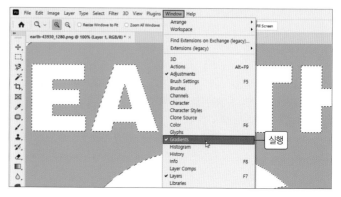

03 Gradients 패널에서 ❶ 'Purples'의 '폴더 열기' 아이콘(›)을 클릭한 다음 ❷ 'Purple_21' 그러데이션을 선택합니다.

TIP ⟨-

폴더별로 다양한 그러데이션을 제공하고 있습니다. 자신이 원하는 그러데이션을 선택하거나 수정하여 손쉽게 그러데이션을 사용해 보세요.

04 Layers 패널에서 ❶ 'Gradient Fill 1' 레이어의 그러데이션 섬네일을 더블클 릭합니다. Gradient Fill 대화상자가 표시되면 그러데이션 형태를 수정하기 위해 ❷ Style을 'Radial'로 지정합니다.

05 그림과 같이 원형의 그러데이션이 적용 되었습니다. 〈OK〉 버튼을 클릭합니다.

PHOTOSHOP

09 패턴 등록하고 적용하기

이론 | 실습

이미지를 패턴으로 등록한 다음 단조로운 패턴의 단점을 보완해 원하는 형태로 이미지 패턴을 사용하는 방법에 대해서 알아봅니다.

❶ 패턴 등록하기   • • •

이미지를 패턴으로 등록하기 위해서는 패턴으로 등록하려는 이미지를 불러오고 메뉴에서 (Edit) → Define Pattern을 실행하여 이미지를 등록합니다. 등록된 패턴은 Fill 명령으로 언제든지 불러와 사용할 수 있습니다.

◀ Pattern Name 대화상자에서 패턴 이름을
입력하여 패턴을 등록합니다.

패턴은 패턴 스탬프 도구(⬚)를 선택하고 옵션바에서 만든 패턴을 선택한 다음 드래그하면 부분적으로 적용할 수 있으며, (Edit) → Fill(Shift + F5)을 실행하고 Contents를 'Pattern'으로 지정하면 사용할 수 있습니다.

▲ 등록한 패턴에 흰색 배경이 있으면 패턴의 배경색이 그대로 적용되어 이미지가 배열됩니다.

▲ 등록된 패턴의 배경이 투명하면 이미지를 합성할 때 다른 배경 이미지와 쉽게 합성할 수 있습니다.

❷ Fill 대화상자의 Script 옵션 살펴보기 ● ● ●

Fill 명령으로 이미지 패턴을 지정하면 일반적으로 동일한
간격으로 패턴이 채워집니다. 이러한 단점을 보완하기 위해
Script 옵션이 제공됩니다. 패턴의 단조로움을 피하기 위해
Fill 대화상자의 Script 옵션을 이용하면 패턴 크기, 간격, 각
도, 색상 등을 조절할 수 있습니다.

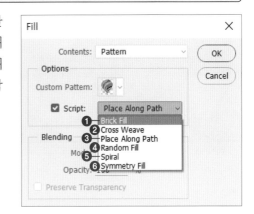

❶ **Brick Fill** : 벽돌을 쌓듯이 한 줄씩 층층이 이미지 패턴을 만듭니다.

❷ **Cross Weave** : 직물이 겹친 것처럼 이미지 패턴을 만듭니다.

❸ **Place Along Path** : 패스선을 따라 이미지 패턴을 배열합니다.

❹ **Random Fill** : 임의의 형태로 불규칙한 이미지 패턴을 배열합니다.

❺ **Spiral** : 나선형 구조로 이미지 패턴을 배열합니다.

❻ **Symmetry Fill** : 대칭 형태로 이미지 패턴을 배열합니다.

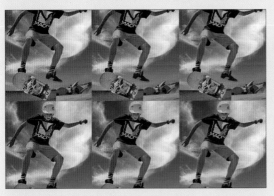

▲ 일반 패턴 이미지

▲ Brick Fill

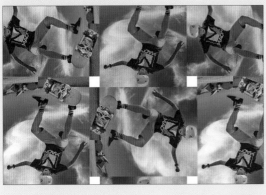

▲ Cross Weave

▲ Place Along Path

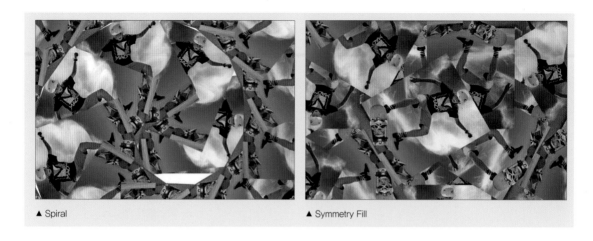

▲ Spiral   ▲ Symmetry Fill

Fill 대화상자에서 'Script'를 체크 표시한 다음 표시되는 메뉴를 선택하면 패턴 형태를 조절할 수 있는 대화상자가 표시됩니다.

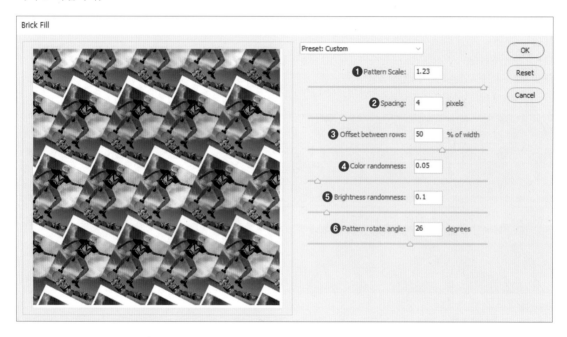

❶ **Pattern Scale** : 패턴 크기를 설정합니다.

❷ **Spacing** : 패턴 이미지 간격을 설정합니다.

❸ **Offset between rows** : 가로 줄 패턴을 복사하여 정렬합니다.

❹ **Color randomness** : 패턴 이미지의 색상을 임의로 변화시킵니다.

❺ **Brightness randomness** : 패턴 이미지의 밝기를 임의로 변화시킵니다.

❻ **Pattern rotate angle** : 각도를 설정하여 패턴 이미지를 회전합니다.

패턴 이미지를 만들 경우 경계 영역의 간격을 맞추기는 쉽지 않습니다. 패턴 미리 보기 기능을 이용하면 경계 영역 밖의 패턴을 미리 보면서 연속되는 패턴 이미지를 구성할 수 있습니다. 여러 개의 패턴 이미지를 연속해서 출력하여 붙일 경우 자연스럽게 배열될 수 있도록 패턴 이미지를 만들어 보겠습니다.

Before

After

・ 예제파일 : 06\스티커.psd

・ 완성파일 : 06\스티커_완성.psd

01 06 폴더에서 '스티커.psd' 파일을 불러 옵니다.
메뉴에서 (View) → Pattern Preview를 실행 합니다.

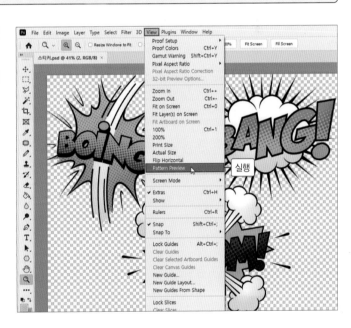

02 스마트 오브젝트일 때 가장 좋은 결과가 나온다는 메시지가 표시되면 〈OK〉 버튼을 클릭합니다.

03 [Ctrl]+[−]를 눌러 화면을 축소합니다. 패턴 이미지 경계선과 경계 영역 밖에도 패턴이 표시됩니다.

TIP

경계선에 여백 부분이 있어서 규칙적인 패턴 이미지로 사용하기에는 부적합합니다.

04 ❶ 이동 도구([✛])를 선택하고 패턴 요소를 드래그하여 위치를 변경합니다. ❷ 예제에서는 초록색 말풍선 스티커를 경계선의 모서리 부분으로 이동합니다.

TIP

패턴 이미지 경계선에 겹치도록 패턴 이미지를 이동하면 영역 밖의 패턴도 같이 이동되는 것을 확인할 수 있습니다.

05 이번에는 노란색 말풍선 스티커를 왼쪽으로 드래그하여 사각 영역의 중간으로 이동합니다.

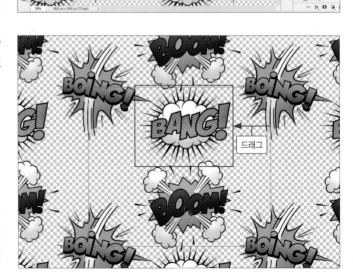

TIP

빨간색 말풍선 스티커와 노란색 말풍선 스티커는 세로로 정렬되었으며, 초록색 말풍선 스티커는 사각 영역 모서리에 정렬된 것을 확인할 수 있습니다.

06 Ctrl+□를 눌러 패턴을 확인하면 자연 스럽게 패턴이 배열된 것을 확인할 수 있습니다.

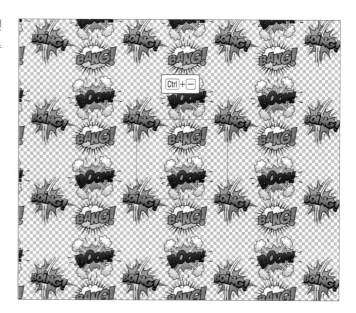

07 메뉴에서 (View) → Pattern Preview를 실행하여 패턴 미리 보기를 종료합니다.

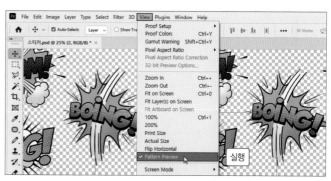

08 패턴 구성에 맞게 배열된 패턴 이미지를 확인할 수 있습니다.

패턴을 이용하면 비교적 넓은 영역을 자연스럽게 반복된 이미지로 채울 수 있습니다. 예제에서는 파리의 하늘에 불꽃놀이 패턴을 적용해 보겠습니다.

Before

After

• **예제파일** : 06\파리.jpg, 불꽃.jpg

• **완성파일** : 06\파리_완성.jpg

01 06 폴더에서 배경 이미지로 사용할 '파리.jpg' 파일과 패턴으로 만들 '불꽃.jpg' 파일을 불러옵니다.
불꽃을 패턴 이미지로 등록하기 위해 메뉴에서 (Edit) → Define Pattern을 실행합니다.

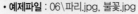

02 Pattern Name 대화상자에서 ❶ Name에 패턴 이름을 입력하고 ❷ 〈OK〉 버튼을 클릭합니다.

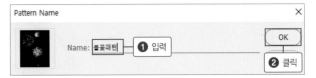

03 ❶ '파리.jpg' 작업 창을 선택한 다음 ❷ 마술봉 도구(🪄)를 선택합니다. 옵션바에서 ❸ 'Add to selection' 아이콘(🔳)을 클릭한 다음 ❹ Tolerance를 '50'으로 설정합니다. ❺ 에펠탑 이미지에서 양쪽 하늘을 클릭해 선택 영역으로 지정합니다.

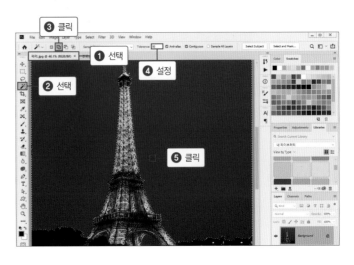

04 선택 영역에 불꽃 패턴을 채우기 위해 메뉴에서 (Edit) → Fill(Shift +F5)을 실행합니다.

Fill 대화상자가 표시되면 ❶ Contents를 'Pattern', ❷ Custom Pattern을 등록한 불꽃 패턴으로 지정합니다. ❸ 'Script'를 체크 표시한 다음 ❹ 'Brick Fill'로 지정하고 ❺ 〈OK〉 버튼을 클릭합니다.

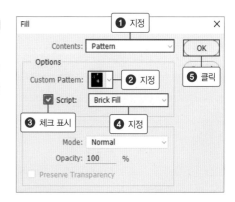

05 Brick Fill 대화상자가 표시되면 패턴 크 기와 간격을 설정하기 위해 ❶ Pattern Scale을 '1.22', Spacing을 '–113pixels'로 설 정합니다. 불꽃 색상을 임의로 변경하기 위해 Color randomness를 '0.35', 패턴을 회전하기 위해 Pattern rotate angle을 '10degrees'로 설정한 다음 ❷ 〈OK〉 버튼을 클릭합니다.

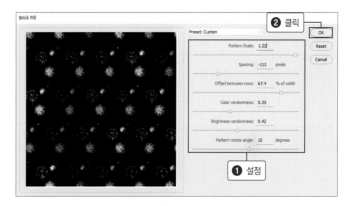

TIP

Pattern Scale은 패턴 크기를 지정하므로 값이 클수록 패턴 크기도 커집니다. Color randomness는 패턴 색상을 임의로 변경합니다. Pattern rotate angle은 설정한 각도에 따라 패턴이 회전됩니다.

06 불꽃 패턴이 적용됩니다.

PART 7.

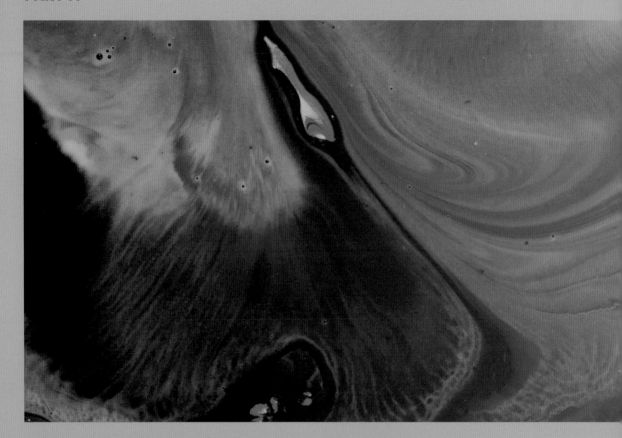

컬러 스타일을 위한
이미지 색상 보정하기

① 색상 자동 보정하기

② 어두운 사진 밝게 보정하기

③ 특정 톤의 명도와 대비 조절하기

④ 명도와 대비를 조절하여 사진에 강약주기

⑤ 채도를 조절하여 생동감 있는 사진 만들기

⑥ 이미지 합성한 후 어색한 색상 톤 맞추기

⑦ 색상과 채도를 마음대로 보정하기

⑧ 색상 균형 조절하기

⑨ 흑백 이미지로 전환하기

⑩ 특정 색상 대체하기

⑪ 채도와 노출 상태 조절하기

⑫ 피부 보정과 아트 스타일 사진 만들기

⑬ 여행지 분위기에 맞는 색상 매치하기

⑭ Gradient Map으로 그러데이션 입히기

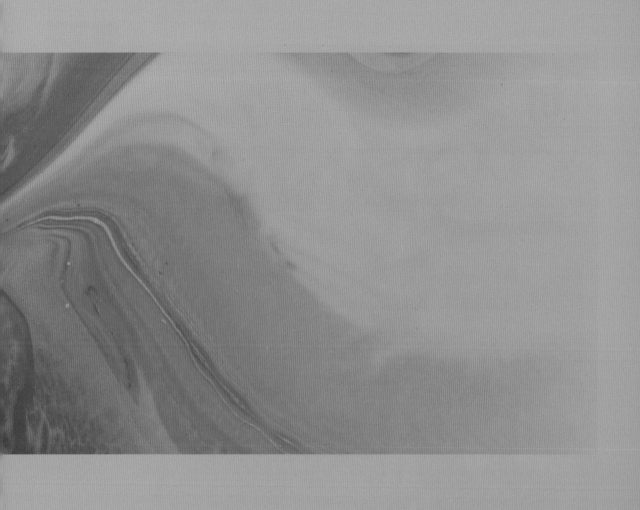

자연스러운 이미지 합성의 기본은 색상 톤을 맞추는 것부터 시작합니다. 원하는 컬러 스타일을 위한 다양한 색상 보정 방법에 대해 알아봅니다.

PHOTOSHOP

01

실습

색상 자동 보정하기

포토샵의 자동 보정 기능을 이용하면 별도의 기능을 이용하지 않아도 간단하게 색상을 보정할 수 있습니다. 예제에서는 왜곡된 이미지 색상을 Auto Color 명령으로 보정해 보겠습니다.

Before

After

• 예제파일 : 07\Cat.jpg

• 완성파일 : 07\Cat_완성.jpg

01 07 폴더에서 'Cat.jpg' 파일을 불러옵니다. 빛바랜 듯한 색상으로 사진을 보정하기 위해 메뉴에서 (Image) → Auto Color(Shift+Ctrl+B)를 실행합니다.

Why?

Auto Color는 많은 양의 사진을 빠르게 보정할 때 사용합니다. 빨리 보정할 수 있는 만큼 완벽하게 색상을 보정하기는 어렵습니다.

02 이미지가 자동으로 보정되어 최적의 색상이 적용되었습니다.

TIP

Auto Color는 Adjust Lighting 기능과 비슷합니다. 메뉴에서 (Help) → Photoshop Help를 실행하여 'Adjust Lighting'을 선택하면 Camera Raw를 이용하여 자동 보정됩니다.

| Brightness/Contrast 기능 | | 시험 대비 | 중요도 ★★★ |

PHOTOSHOP

02 어두운 사진 밝게 보정하기

실습

×

• **예제파일** : 07\Dog.jpg　　• **완성파일** : 07\Dog_완성.jpg　　　　　　　　　• • •

---

01 07 폴더에서 'Dog.jpg' 파일을 불러옵니다. 밝기
와 대비를 조절하기 위해 메뉴에서 (Image) →
Adjustments → Brightness/Contrast를 실행합니다.

Why? 🖑

Contrast를 설정하면 이미지를 선명하게 만들지만 중간 톤을 사라
지게 하여 세밀한 부분이 표현되지 않을 수도 있습니다.

02 Brightness/Contrast 대화상자에서 'Brightness'
슬라이더를 오른쪽으로 드래그하여 '150'으로 설정합
니다. 이미지가 밝게 표현됩니다.

03 이번에는 ❶ 'Contrast' 슬라이더를 왼쪽으로 드래
그하여 '-40'으로 설정합니다. 대비 값이 줄어들면서
전반적으로 이미지가 세밀하게 표현되었습니다. ❷ Enter 를
눌러 마무리합니다.

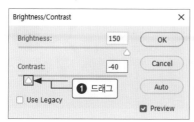

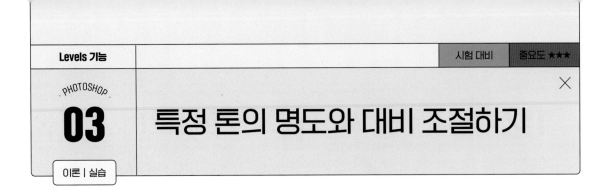

Levels 기능은 이미지의 명도와 대비를 조절하며 주로 색상을 풍부하게 보정할 때 이용합니다. 밝은 부분과 중간 부분, 어두운 부분을 나눠 보정할 수 있는 장점이 있습니다.

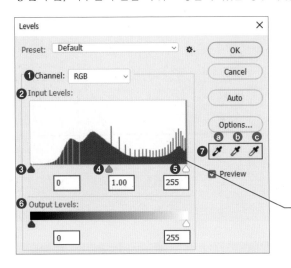

그래프 형태만 봐도 어떤 명도를 가진 사진인지 알 수 있습니다. 그래프가 왼쪽으로 치우치면 어두운 이미지이고, 오른쪽으로 치우치면 밝은 사진입니다. 그래프가 전반적으로 균형을 이루면 가장 적정한 명도를 가진 사진입니다.

❶ Channel : 작업할 채널을 선택합니다.

❷ Input Levels : Shadows, Midtones, Highlights 값을 설정하여 색상 대비를 조절합니다.

❸ 그림자 톤 영역 : 가장 어두운 그림자 색조 영역을 조절합니다.

❹ 중간 톤 영역 : 중간 톤 밝기의 색조 영역을 조절합니다.

❺ 하이라이트 톤 영역 : 가장 밝은 색조 영역을 조절합니다.

❻ Output Levels : 이미지의 전체 명도를 조절합니다.

❼ 스포이트 : 이미지에서 톤을 선택하여 보정합니다.

    ⓐ Set Black Point : 클릭한 지점보다 어두운 픽셀은 모두 어두워집니다.

    ⓑ Set Gray Point : 클릭한 지점의 명도를 이미지 전체의 중간 명도로 설정하여 중간 톤을 만듭니다.

    ⓒ Set White Point : 클릭한 지점보다 밝은 픽셀은 모두 밝아집니다.

▲ Shadows : 0, Midtones : 1

▲ Shadows : 60, Midtones : 0.80

이미지의 가장 밝은 영역과 어두운 영역, 중간 영역을 조절하여 풍부한 색조를 만듭니다. Levels 대화
상자의 히스토그램을 조절해서 색조 영역을 조정해 보겠습니다.

Before

After

• 예제파일 : 07\생기.jpg

• 완성파일 : 07\생기_완성.jpg

01 07 폴더에서 '생기.jpg' 파일을 불러옵니다.
이미지의 밝은 부분과 중간 부분, 어두
운 부분의 색조가 전반적으로 약해 다소 밋밋한
이미지가 표시됩니다.

02 이미지 색조를 보정하기 위해 메뉴
에서 (Image) → Adjustments →
Levels(Ctrl+L)를 실행합니다.

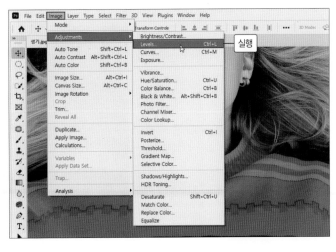

TIP

Levels는 이미지의 중간 톤 보정이 가능하여 자연스
러운 색조를 보정할 때 이용합니다.

03 Levels 대화상자가 표시되면 오른쪽 하이라이트 탭을 왼쪽으로 드래그합니다. 예제에서는 '225'로 설정했습니다. 이미지의 밝은 부분이 더 밝게 표시됩니다.

TIP

히스토그램의 양쪽 끝부분을 보면 그래프가 표시되지 않은 부분을 확인할 수 있습니다. 슬라이더 탭을 히스토그램이 표시된 부분으로 드래그만 해도 균형 잡힌 사진으로 보정할 수 있습니다.

04 왼쪽 섀도 탭을 오른쪽으로 살짝 드래그하여 어두운 부분을 좀 더 어둡게 조절합니다. 예제에서는 '20'으로 설정하였습니다.

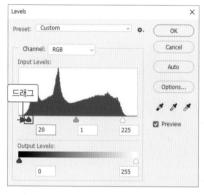

05 ❶ 미드 톤 탭을 오른쪽으로 드래그합니다. 예제에서는 '0.70'으로 설정했습니다. 이미지 중간 색상의 색조가 어둡게 표시됩니다. 색상 톤이 수정되면 ❷ Enter를 눌러 작업을 마무리합니다.

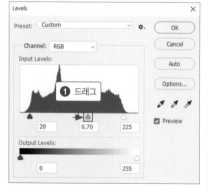

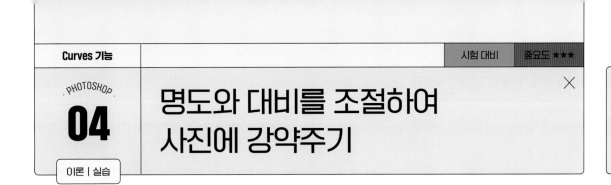

PHOTOSHOP
04

이론 | 실습

명도와 대비를 조절하여 사진에 강약주기

색상 보정

Curves는 이미지의 명도와 대비를 조절하는 기능으로 Curves 대화상자의 곡선을 드래그해 조절할 수 있습니다. 곡선 위치에 따라 이미지의 Highlights, Midtones, Shadows 영역이 구분되면서 보정됩니다.

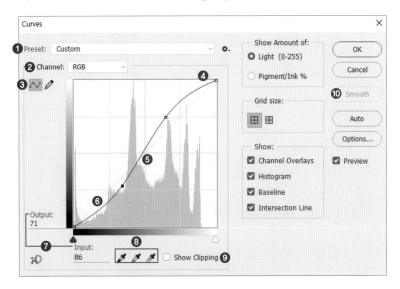

❶ **Preset** : 미리 설정한 값으로 이미지를 보정할 수 있습니다.

❷ **Channel** : 작업할 채널을 선택할 수 있습니다. 기본 값은 'RGB'입니다.

❸ **곡선/직선 아이콘** : 곡선 또는 직선을 이용하여 보정합니다.　❹ **Highlights 포인트** : 밝은 영역을 대상으로 조절합니다.

❺ **Midtones 포인트** : 중간 명도 영역을 대상으로 조절합니다.　❻ **Shadows 포인트** : 어두운 영역을 대상으로 조절합니다.

❼ **Output, Input** : 값이 표시되며 기준점을 만든 다음에는 직접 보정 값을 설정할 수 있습니다.

❽ **스포이트** : 이미지에서 톤을 선택하여 보정합니다.

❾ **Show Clipping** : Curves 대화상자에 표시될 요소를 선택할 수 있습니다.

❿ **Smooth** : 직선으로 보정할 때 이용하는 버튼으로 직선 보정 작업을 부드럽게 처리하는 기능입니다.

▲ 커브선을 아래로 내려 어둡게 보정

▲ 커브선을 위로 올려 밝게 보정

01 07 폴더에서 '하우스.jpg' 파일을 불러옵니다.
곡선을 이용하여 이미지를 보정하기 위해 메뉴에서 (Image) → Adjustments → Curves (Ctrl+M)를 실행합니다.

02 Curves 대화상자가 표시되면 선의 오른쪽 상단을 위로 약간 드래그합니다. 건물의 밝은 부분(하이트라이트)이 더 밝게 표현됩니다.

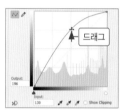

03 ❶ 곡선의 왼쪽 하단을 아래로 드래그하여 S자를 만듭니다. 건물의 어두운 부분(섀도)이 더욱 어둡게 표현되어 색상 대비가 강해집니다. 사진의 밝고 어두운 부분이 보정되면 ❷ 〈OK〉 버튼을 클릭하여 보정 작업을 마칩니다.

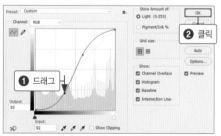

Why? 👈
곡선을 S자 모양으로 만드는 이유는 밝은 부분은 더 밝게, 어두운 부분은 더 어둡게 만들어 색 대비를 강하게 해 이미지를 또렷하게 만들기 위해서입니다.

Vibrance 기능

시험 대비 　중요도 ★★

PHOTOSHOP
05

실습

채도를 조절하여 생동감 있는 사진 만들기

Vibrance 기능을 이용하면 채도가 낮은 이미지 색상을 생생하게 표현할 수 있습니다. 예제에서는 인물 사진을 생동감 있는 색상으로 연출해 보겠습니다.

Before

• 예제파일 : 07\바이브.jpg

After

• 완성파일 : 07\바이브_완성.jpg

01 07 폴더에서 '바이브.jpg' 파일을 불러옵니다. 활기 넘치는 색상을 연출하기 위해 메뉴에서 (Image) → Adjustments → Vibrance를 실행합니다. Vibrance 대화상자가 표시되면 채도를 높이기 위해 Saturation을 '60' 으로 설정합니다. 이미지의 채도가 높아지면서 생기 있는 색상으로 보정됩니다.

02 ❶ Vibrance를 '60'으로 설정하여 좀 더 생기 있는 색상으로 보정한 다음 ❷ 〈OK〉 버튼을 클릭합니다.

TIP

Vibrance 값을 지나치게 높이면 인위적인 색상으로 보일 수 있으므로 과하게 적용하지 않도록 주의합니다.

PHOTOSHOP

06

실습

이미지 합성한 후
어색한 색상 톤 맞추기

이미지를 합성한 다음 자연스러운 색상 톤을 매치시키는 작업은 필수 과정입니다. 예제에서는 조명을
사용한 밝은 인물 사진을 석양 배경에 합성한 다음 색상 톤을 맞춰 보겠습니다.

Before

After

· 예제파일 : 07\석양.jpg, 수영.jpg

· 완성파일 : 07\석양_완성.psd

01 07 폴더에서 '석양.jpg', '수영.jpg' 파일
을 불러옵니다.

❶ 오브젝트 선택 도구(📷)로 ❷ 인물을 클릭
하여 선택 영역으로 지정한 다음 ❸ 이동 도구
(✛)를 선택하여 ❹ 석양 이미지로 드래그하여
합성합니다.

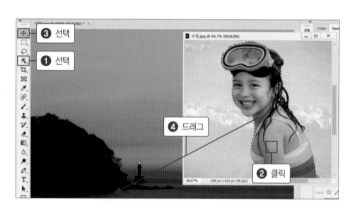

02 밝은 톤의 인물 이미지와 석양 이미지가 서로 다른 색상
톤으로 인해 어색하게 합성된 것을 확인할 수 있습니다.

03 자연스러운 합성을 위해 메뉴에서 (Filter)
→ Neural Filters를 실행합니다.
❶ 'Harmonization' 아이콘(◉)을 클릭하여
활성화합니다. 배경 이미지 레이어를 선택하기
위해 ❷ 'Select a layer'를 클릭합니다.

04 그림과 같이 색상 톤의 기준이 될 배경 레이어인 'Background' 레
이어로 지정하면 인물의 색상 톤이 배경 레이어인 석양 이미지의 색
상 톤과 비슷하게 보정됩니다.

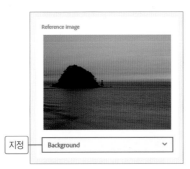

05 컬러별로 색상 톤을 조절할 수 있습니다. Harmonization 필터의 강
도를 조절하기 위해 ❶ 'Strength' 슬라이더를 드래그하여 '75'로 설
정합니다. 보정이 완료되었으면 ❷ 〈OK〉 버튼을 클릭하여 수정한 색상 톤을
인물에 적용합니다.

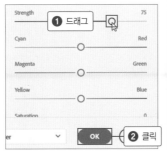

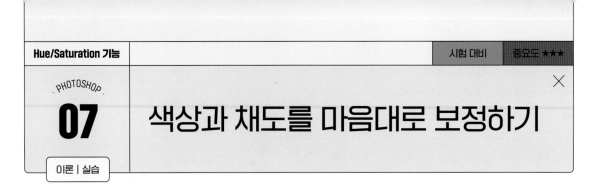

색상과 채도를 마음대로 보정하기

Hue/Saturation은 색의 3요소인 색상, 채도, 명도를 일괄적으로 조절할 때 사용하는 기능으로 색상을 교체할 때 이용하면 편리합니다.

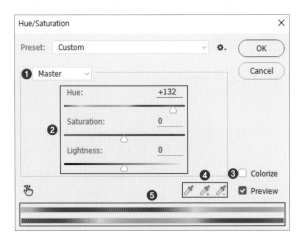

❶ **Edit 옵션** : 색상 교체 작업이 진행될 영역을 지정합니다.
❷ **색상 슬라이더** : 색상, 채도, 명도를 조절합니다.
❸ **Colorize** : 컬러 이미지를 모노톤 이미지로 바꿉니다.
❹ **스포이트** : 색상 교체 작업이 진행될 영역을 추가하거나 제거할 때 사용합니다.
❺ **한계치 슬라이더** : 원래 색상과 바뀔 색상을 눈으로 확인하면서 작업합니다.

· **예제파일** : 07\비숑.jpg   · **완성파일** : 07\비숑_완성.jpg   ● ● ●

---

01 07 폴더에서 '비숑.jpg' 파일을 불러옵니다. 배경 색상을 변경하기 위해 메뉴에서 (Image) → Adjustments → Hue/Saturation(Ctrl+U)을 실행합니다.

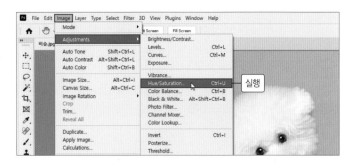

02 Hue/Saturation 대화상자가 표시되면 'Hue' 슬라이더를 드래그하여 색상을 변경할 수 있습니다.

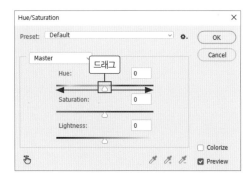

03 Hue를 '167'로 설정하면 색상이 파란색으로 변경됩니다.

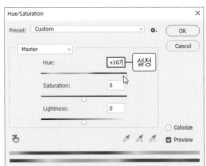

04 Hue를 '−16'으로 설정하면 색상이 주황색으로 변경됩니다.

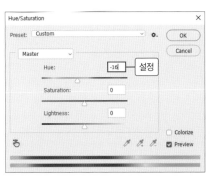

05 ① Saturation을 '−100'으로 설정하면 흑백 사진으로 변경됩니다. 원하는 색상과 채도로 변경하였다면 ② 〈OK〉 버튼을 클릭합니다.

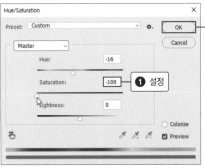

PHOTOSHOP
08
이론

색상 균형 조절하기

Color Balance는 주로 사진에 색감을 추가하거나 색다르게 변화시킬 때 색감을 더하고 강조할 수 있습니다.

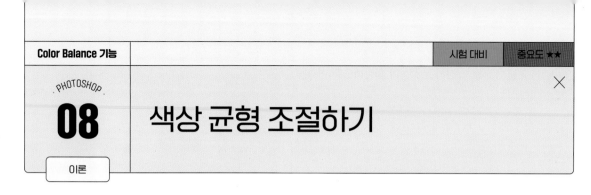

❶ **Color Balance** : 슬라이더를 이용하여 색상을 더하거나 뺍니다.

❷ **Tone Balance** : 작업이 적용될 영역을 지정합니다.

   ⓐ **Shadows** : 어두운 부분에 색상을 추가합니다.

   ⓑ **Midtones** : 중간 톤 부분에 색상을 추가합니다.

   ⓒ **Highlights** : 밝은 부분에 색상을 추가합니다.

❸ **Preserve Luminosity** : 원본 이미지의 명도를 유지한 상태로 색감을 더하거나 뺄 수 있습니다.

▲ 원본

▲ Green, Yellow 톤을 추가한 이미지

▲ Red, Magenta 톤을 추가한 이미지

Black & White 기능		시험 대비	중요도 ★★★

PHOTOSHOP

09

흑백 이미지로 전환하기

이론

Black & White는 이미지를 흑백으로 전환할 때 사용하며 임의로 검은색과 흰색 부분을 지정할 수 있습니다. 세피아 톤을 만들거나 빨간색 채널을 흰색으로 표시할 수도 있어 독특한 색감의 흑백 사진을 만들 때 사용하면 좋습니다.

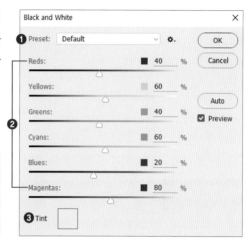

❶ Preset : 포토샵에서 제공하는 프리셋을 이용합니다.

❷ 색상 채널별 슬라이더 : 채널별로 필터링할 수 있습니다.

❸ Tint : 흑백 이미지에 색상을 추가하여 세피아 톤 이미지를 만들 수 있습니다.

또한 흑백으로 변경하면서 원하는 톤을 제거하여 독특한 형태의 흑백 이미지로 전환할 수 있습니다. 강렬한 흑백 이미지를 만들 때 효과적으로 사용할 수 있습니다.

▲ 원본 이미지

▲ Grayscale 흑백 이미지

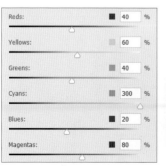

▲ Cyans를 300%로 설정하여 하늘 배경이 흰색으로 변경된 이미지

• **예제파일** : 07\나팔.jpg   • **완성파일** : 07\나팔_완성.jpg   • • •

01 07 폴더에서 '나팔.jpg' 파일을 불러옵니다. 예제에서는 배경색을 변경하기 위해 메뉴에서 (Image) → Adjustments → Replace Color를 실행합니다.

Replace Color 대화상자가 표시되면 ❶ 빨간색 배경을 클릭해 색을 추출한 다음 ❷ 'Fuzziness' 슬라이더를 오른쪽으로 드래그합니다. 예제에서는 Fuzziness를 '200'으로 설정했습니다.

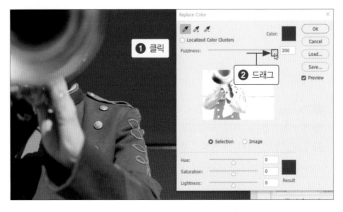

02 변경할 색상을 지정하기 위해 'Hue' 슬라이더를 드래그합니다. 이번에는 배경을 노란색으로 변경하기 위해 Hue를 '70'으로 설정했습니다.

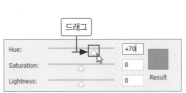

03 ❶ 다시 'Hue' 슬라이더를 드래그하여 '120'으로 설정한 다음 채도를 높이기 위해 ❷ 'Saturation' 슬라이더를 드래그하여 '40'으로 설정합니다. 높은 채도의 녹색으로 변경되었습니다.

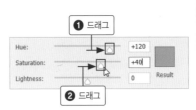

PHOTOSHOP
11
이론

채도와 노출 상태 조절하기

Desaturate는 원본 이미지에서 색상을 감소시켜 흑백으로 전환하는 기능입니다. 채도만 제거하기 때문에 색상 속성은 남아 있어 색을 더할 수 있습니다.

▲ 원본 이미지

▲ 채도가 제거되어 변경된 흑백 이미지

Shadows/Highlights는 노출이 부족한 부분은 밝게 보정하고, 과도한 부분은 어둡게 보정할 수 있습니다.

❶ Shadows : 어두운 영역의 세부 묘사를 개선합니다.
  ⓐ Amount : 해당 영역의 수정할 양을 제어합니다.
  ⓑ Tone : 해당 영역의 색조 범위를 조절합니다.
  ⓒ Radius : 각 픽셀 주위의 픽셀 크기를 제어합니다. 값이 작을수록 작은 영역이 지정되고, 값이 클수록 큰 영역이 지정됩니다.
❷ Highlights : 밝은 영역의 세부 묘사를 개선합니다.
❸ Color : 회색 음영 이미지의 명도를 조절합니다.
❹ Midtone : 중간 색조 대비를 조절합니다.
❺ Black Clip, White Clip : 최대 어두운 영역과 최대 밝은 영역을 얼마만큼 클리핑할지 지정합니다. 값이 크면 이미지 대비도 커집니다.

▲ 원본 이미지

▲ Shadows – Amount : 100

▲ Adjustments – Midtone : 100

. PHOTOSHOP .

12

실습

피부 보정과
아트 스타일 사진 만들기

×

Skin Smoothing 기능은 보정 도구를 사용하지 않아도 전체적인 피부 트러블 부분을 자연스럽게 없애 주거나 부드럽게 보정할 수 있습니다. Style Transfer 기능을 추가로 사용해 아트 스타일로 이미지를 변신시킬 수 있습니다.

Before

After

After

• 예제파일 : 07\아트.jpg   • 완성파일 : 07\아트_완성.psd

01 07 폴더에서 '아트.jpg' 파일을 불러옵니다. 인물의 피부를 보정하기 위해 메뉴에서 (Filter) → Neural Filters를 실행합니다. 'Skin Smoothing' 아이콘(◎)을 클릭하여 활성화합니다.

02 얼굴의 피부 부분을 인식하면 부드럽게 보정하기 위해 ❶ 'Blur' 슬라이더를 드래그하여 '90'으로 설정하고 ❷ 'Smoothness' 슬라이더를 드래그하여 '40'으로 설정합니다.

03 보정된 인물 사진을 아트 스타일로 변경하기 위해 'Style Transfer' 아이콘(⬜)을 클릭해서 활성화합니다.

04 ❶ 원하는 스타일을 선택해 사진을 변경합니다. ❷ 'Strength' 슬라이더를 드래그해서 '10'으로 설정해 스타일 적용 정도를 조절합니다.

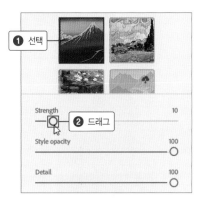

05 다양한 아트 스타일 중 ❶ 원하는 스타일을 선택하고 ❷ 〈OK〉 버튼을 클릭하여 스타일을 적용합니다.

PHOTOSHOP
13

실습

여행지 분위기에 맞는
색상 매치하기

×

포토샵 CC 2023에서는 사진을 원하는 분위기에
맞게 자동으로 조정할 수 있습니다. 풍경 이미지
를 선택하여 마치 선택한 풍경에서 촬영한 것처
럼 사진 색상 톤을 변경해 보겠습니다.

Before

After

• 예제파일 : 07\손.jpg, 하와이.jpg　　• 완성파일 : 07\손_완성.psd

---

01 07 폴더에서 '손.jpg' 파일을 불러옵
니다. 사진 색상 톤을 변경하기 위해 메
뉴에서 (Filter) → Neural Filters를 실행합니
다. 'Color Transfer' 아이콘(◯)을 클릭하여
활성화합니다.

02 그림과 같은 섬네일을 선택하면 늦은 오후 풍경에 맞게 이미지 색상 톤이 변경된 것을
확인할 수 있습니다.

Gradient Map 기능 | 중요도 ★★

PHOTOSHOP
14

이론 | 실습

Gradient Map으로 그러데이션 입히기

작업 중인 이미지 색에 그러데이션을 입힐 수 있습니다.

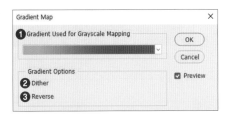

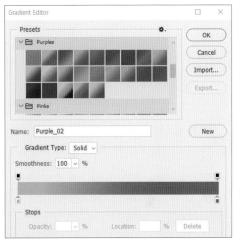

❶ Gradient Used for Grayscale Mapping : 적용된 색상을 표시하며 그러데이션 색상을 지정할 수 있습니다.

❷ Dither : 디더링을 적용하여 색상을 부드럽게 표현합니다.

❸ Reverse : 그러데이션을 반대로 적용합니다.

▲ 원본 이미지

▲ Orange_08

▲ Pastels_06

▲ Green_27

흑백 사진 또는 다양한 색감의 감성 사진을 만들기 위해서는 사진에 특정 컬러를 입히는 방법을 사용합니다. 독특한 색감의 그러데이션을 사진에 입혀 감성 사진을 만들어 보겠습니다.

Before

After

• 예제파일 : 07\벌룬.jpg   • 완성파일 : 07\벌룬_완성.jpg

01 07 폴더에서 '벌룬.jpg' 파일을 불러옵니다. 흑백 사진을 만들기 위해 ❶ 전경색이 '검은색', 배경색이 '흰색'인 기본색을 지정합니다. ❷ 메뉴에서 (Image) → Adjustments → Gradient Map을 실행합니다.

02 Gradient Map 대화상자가 표시되면 전경색과 배경색을 기준으로 그러데이션이 적용됩니다. 색상 슬라이더를 클릭합니다.

TIP

다양한 그러데이션 템플릿을 제공하고 있어서, Gradient Map에서 원하는 템플릿을 선택할 수 있습니다.

03 Gradient Editor 대화상자가 표시되면 이미지에 적용하려는 그러데이션을 선택합니다. 예제에서는 ❶ 'Pinks'의 '폴더 열기' 아이콘(〉)을 클릭한 다음 ❷ 'Pink_16' 그러데이션을 선택합니다. 핑크색 그러데이션이 이미지에 적용된 것을 확인할 수 있습니다.

TIP ◁
상단이 어둡고, 하단이 밝은 그러데이션을 선택하면 원본 이미지를 잘 표현할 수 있으며, 그 반대일 경우에는 반전된 느낌의 이미지를 얻을 수 있습니다.

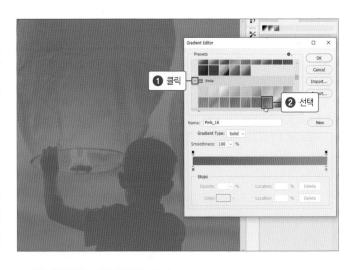

04 ❶ 'Blues'의 '폴더 열기' 아이콘(〉)을 클릭한 다음 ❷ 'Blues_27' 그러데이션을 선택합니다. 파란색 그러데이션이 이미지에 적용된 것을 확인할 수 있습니다. ❸ 〈OK〉 버튼을 클릭합니다.

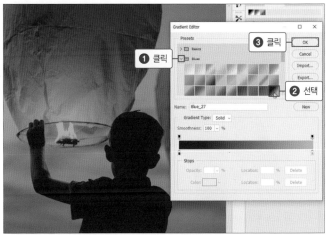

05 Gradient Map 대화상자에서 〈OK〉 버튼을 클릭하여 이미지에 최종 선택한 그러데이션을 적용합니다.

TIP ◁
Gradient Map 기능을 적용할 때 다소 색 대비가 약할 경우에는 메뉴에서 (Image) → Adjustments → Curves를 실행하여 색 대비를 높여 줍니다.

동영상으로 배우는 **포토샵 CC 2023**

채도와 색상을 이용한 음원 레이블 만들기

예제 소개 영상

포토샵에는 색상, 명도, 채도 등을 조정할 수 있는 다양한 기능과 도구들이 있습니다. 포토샵 이미지 색상 조절 기능에 대해 익혔다면 이를 활용하여 개성 있는 그래픽 디자인에 도전해 봅니다.

이미지 크기	120×120mm
해상도	300dpi
소스 파일	07\image01.jpg, image02.jpg
완성 파일	07\album cover.psd

① ①
사각형 도구로 레이블의 기본 레이아웃 구성하기

② ②
Place Embedded 기능으로 이미지 불러와 중앙에 배치하기

③ ③
Gradient Map 기능을 실행하여 색상 변형하기

④ ④
빈티지 꽃 이미지를 불러와 배치하기

⑤ ⑤
Hue/Saturation 기능을 이용해 청록색 계열로 색상 조정하기

⑥ ⑥
문자 도구를 이용하여 타이틀 문자 입력하기

PART 8.

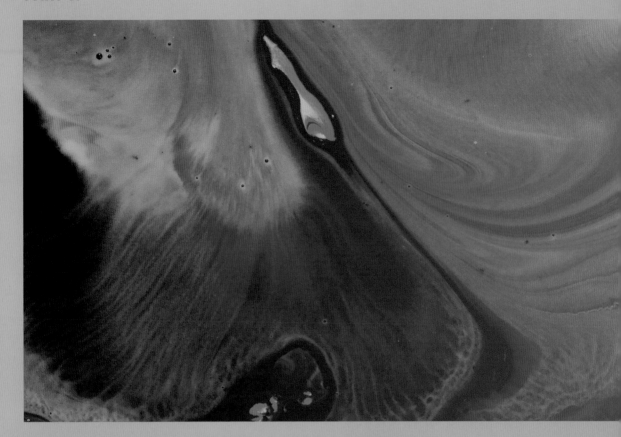

레이어를 이용하여
이미지 합성하기

① 레이어 알아보기

② 레이어로 이미지 배치하기

③ 그룹 레이어로 이미지 구성하기

④ 레이어를 파일로 저장하기

⑤ 겹친 레이어 합성하기

⑥ 그러데이션과 패턴 레이어 스타일 적용하기

⑦ 레이어 마스크로 이미지 합성하기

⑧ 문자에 패턴 이미지 합성하기

⑨ 원하는 형태의 구름 이미지로 합성하기

⑩ 이미지 원본 손상 없이 보정하기

⑪ 이미지 원본 손상 없이 크기 조절하기

⑫ 스마트 필터 레이어로 노이즈 제거하기

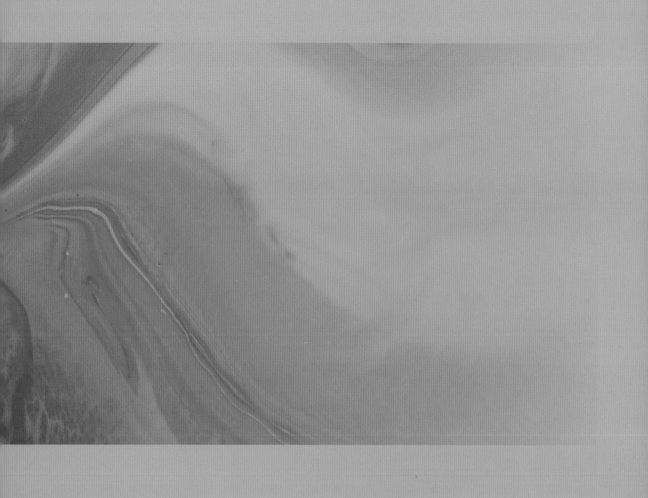

이미지 합성의 필수 기능인 레이어를 알아보고, 레이어 합성 방법을 알아봅니다. 또한 그래픽 효과 적용을 위한 레이어 스타일과 레이어 마스크 사용 방법을 소개합니다.

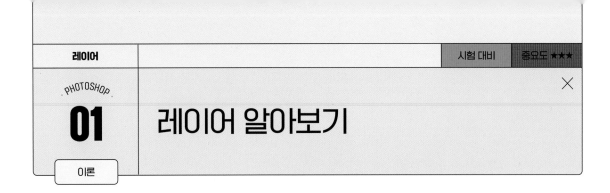

❶ 레이어 구조 이해하기 • • •

레이어(Layer)는 미술 시간에 사용하는 셀로판지와 비슷한 개념입니다. 투명한 비닐에 그림을 그린 다음 겹치는 것과 같은 기법으로 작업이 이루어지며 이때 겹친 이미지 층이 레이어가 됩니다.

▲ 화면에 보이는 이미지 (예제파일 : 08\레이어구조.psd)

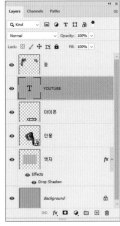

▲ Layers 패널에 구성된 이미지

❷ 레이어 종류 알아보기 • • •

❶ 문자 레이어 : 문자를 입력하면 만들어지고 섬네일 부분에 'T'자가 표시되어 일반 레이어와 구분할 수 있습니다.

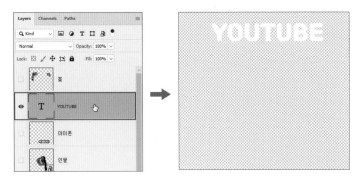

❷ **일반 레이어** : 이미지 속성을 가지며 투명 영역을 만들 수 있고 자유롭게 수정하거나 배치할 수 있습니다.

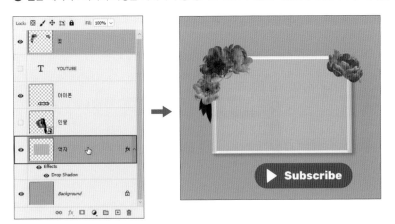

❸ **스마트 오브젝트 레이어** : 포토샵 이외의 프로그램에서 만든 이미지나 영상을 포토샵에 불러올 때 고유의 속성을 유지할 경우 만들어지는 레이어입니다. 스마트 오브젝트 레이어 섬네일의 오른쪽 하단에는 작은 사각형의 문서 표시가 있어 일반 레이어와 구분할 수 있습니다.

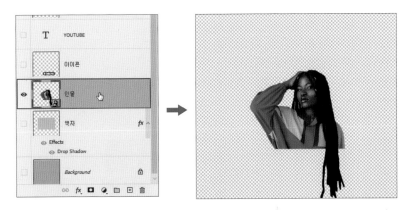

❹ **배경 레이어** : 포토샵에서 새로운 작업 창을 만들면 기본으로 나타나는 레이어입니다. 흰색, 현재 지정된 배경색, 투명 중 하나를 지정할 수 있습니다.

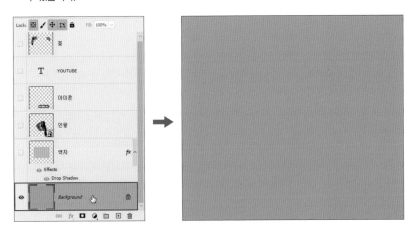

TIP ◁⊱

배경 레이어는 일반 레이어와 달리 편집이 자유롭지 않으므로 수정이나 이동이 필요한 경우 일반 레이어로 속성을 전환한 다음 작업해야 합니다.

❸ Layers 패널 살펴보기 • • •

Layers 패널의 요소와 기능을 알아보겠습니다.

❶ Pick a filter type : 레이어를 검색할 때 필터를 이용하여 레이어를 찾아 줍니다.

  ⓐ Kind : 레이어 종류를 기준으로 검색합니다.

  ⓑ Name : 레이어 이름을 기준으로 검색합니다.

  ⓒ Effect : 이펙트 효과가 적용된 레이어를 기준으로 검색합니다.

  ⓓ Mode : 모드가 적용된 레이어를 기준으로 검색합니다.

  ⓔ Attribute : 레이어 속성을 기준으로 검색합니다.

  ⓕ Color : 레이어 색상을 기준으로 검색합니다.

❷ Filter for pixel layers : 픽셀로 구성된 레이어를 검색합니다.

❸ Filter for adjustments layer : 색상을 보정한 레이어를 검색합니다.

❹ Filter for type layers : 문자 레이어를 검색합니다.

❺ Filter for shape layers : 셰이프 레이어를 검색합니다.

❻ Filter for smart objects : 스마트 오브젝트 레이어를 검색합니다.

❼ Turn layer filtering on/off : 레이어를 검색하는 기능을 켜거나 끕니다.

❽ 블렌딩 모드 : 선택한 레이어와 아래에 위치한 레이어의 합성 방식을 지정합니다.

❾ Opacity(불투명도) : 선택된 레이어의 불투명도를 설정할 수 있으며 기본 값은 100%입니다. 0~100%의 값을 설정합니다.

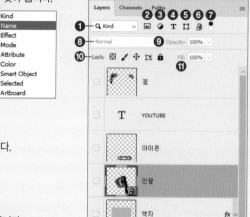

▲ Opacity : 100%

▲ Opacity : 50%

❿ Lock(잠그기) : 선택된 레이어에 작업이 적용되지 않도록 기능별로 잠글 수 있습니다.

  ⓐ 투명 영역 잠그기 : 투명 영역에 작업할 수 없습니다.　　ⓑ 브러시 잠그기 : 브러시 도구를 이용하여 작업할 수 없습니다.

  ⓒ 위치 잠그기 : 이동할 수 없습니다.　　ⓓ 모두 잠그기 : 어떤 작업도 할 수 없습니다.

  ⓔ 아트보드와 프레임 이미지 이동 잠그기 : 아트보드와 프레임 제작 시 이미지 이동을 제한합니다.

⓫ Fill : Opacity와 마찬가지로 불투명도를 조절하는 옵션이지만, 선택된 레이어의 전체 불투명도를 조절하는 Opacity와는 다르게 색상 영역의 불투명도만 조절합니다.

⓬ 눈 아이콘 : 해당 레이어를 화면에 표시하거나 감출 때 사용하는 것으로 눈 아이콘을 한 번 클릭하면 아이콘이 비활성화되면서 해당 레이어 이미지가 화면에 보이지 않습니다.

⓭ Link layers : Ctrl이나 Shift를 이용하여 두 개 이상의 레이어를 선택한 다음, 선택한 레이어를 연결하여 함께 이동할 수 있습니다.

⓮ Add a layer style : 메뉴에서 [Layer] → Layer Style과 같은 기능으로 레이어에 다양한 스타일을 적용할 수 있습니다.

⓯ Add a mask : 메뉴에서 [Layer] → Layer Mask와 같은 기능으로 해당 레이어에 마스크 효과를 적용할 수 있습니다.

⓰ Create new fill or adjustment layer : 메뉴에서 [Layer] → New Adjustment Layer와 같은 기능으로 아래쪽 레이어의 색상, 밝기, 채도 등을 설정할 수 있는 보정 레이어가 만들어집니다.

⓱ Create a new group : 레이어들을 하나의 묶음으로 관리할 수 있는 그룹을 만듭니다.

⓲ Create a new layer : 새로운 레이어를 만드는 기능으로 투명한 배경의 레이어를 만들 수 있습니다.

⓳ Delete layer : 선택한 레이어를 삭제합니다.

PHOTOSHOP

02 레이어로 이미지 배치하기

이론 | 실습

레이어 × 합성

❶ 레이어 선택하기 ● ● ● ●

❶ 원하는 레이어를 선택합니다. ❷ 선택한 레이어가 진하게 표시됩니다.

TIP

Alt 를 누른 상태에서 레이어를 선택하면 화면에 선택된 레이어를 크게 표시해 줍니다. 선택한 레이어가 어떤 레이어 이미지인지 쉽게 확인할 수 있는 기능입니다.

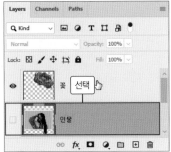

❷ 레이어 이동하기 ● ● ● ●

❶ 이동하려는 레이어를 선택합니다.
❷ 원하는 위치로 드래그합니다.

❸ 레이어 숨기기 ● ● ● ●

❶ 숨기려는 레이어의 '눈' 아이콘(👁)을 클릭합니다. ❷ 눈 아이콘이 비활성화되면서 해당 이미지가 화면에서 사라집니다.

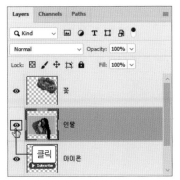

❹ 레이어 복제하기　• • •

❶ 복사하려는 레이어를 'Create a new layer' 아이콘(⊞)으로 드래그합니다. ❷ 레이어가 복제됩니다.

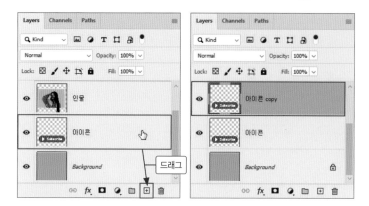

❺ 레이어 삭제하기　• • •

❶ 삭제하려는 레이어를 'Delete layer' 아이콘(🗑)으로 드래그합니다. ❷ 레이어가 삭제됩니다.

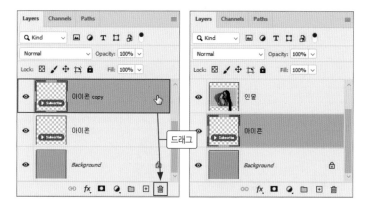

❻ 레이어 이름 바꾸기　• • •

❶ 변경하려는 레이어의 이름 부분을 더블클릭합니다. ❷ 이름을 입력합니다.

❼ 레이어 묶기 • • •

❶ Ctrl을 누른 상태에서 묶으려는 레이어를 선택합니다. ❷ 'Link layers' 아이콘(⊖⊙)을 클릭합니다.

❽ 레이어 합치기 • • •

❶ 합치려는 레이어를 선택한 다음 패널 메뉴에서 Merge Layers(Ctrl+E)를 실행합니다. ❷ 위쪽 레이어를 기준으로 하나로 합쳐집니다.

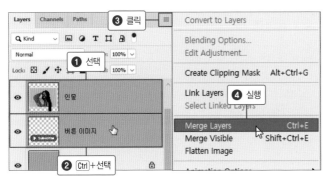 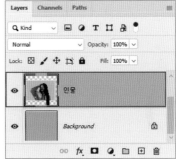

❾ 보이는 레이어만 합치기 • • •

❶ 눈 아이콘(⊙)이 표시된 레이어를 확인하고 패널 메뉴에서 Merge Visible(Shift+Ctrl+E)을 실행합니다.
❷ 보이는 레이어가 하나의 레이어로 합쳐집니다.

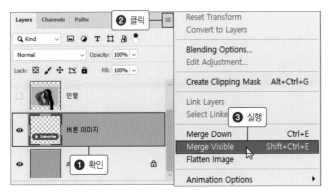 

⑩ 레이어 그룹 만들기 • • •

❶ 그룹으로 지정하려는 레이어를 선택한 다음 패널 메뉴에서 New Group from Layers를 실행합니다.
❷ 그룹 이름을 입력하면 그룹 안에 해당 레이어가 포함됩니다.

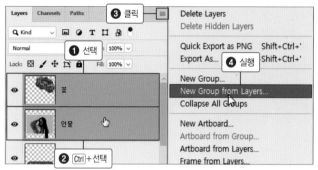 

⑪ 레이어 잠그기 • • •

❶ 잠금 기능을 적용하려는 레이어를 선택합니다. ❷ 'Lock all' 아이콘(🔒)을 클릭하여 이미지 편집이나 수정을 할 수 없게 잠급니다.

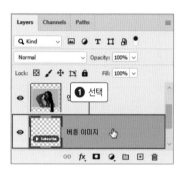 

⑫ 레이어 색상 지정하기 • • •

❶ 레이어 구분을 위해 색상을 지정할 레이어를 선택합니다. ❷ 마우스 오른쪽 버튼을 클릭한 다음 메뉴에서 원하는 색상을 선택하여 지정합니다.

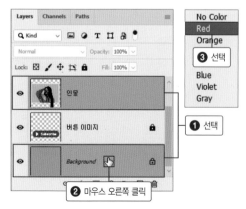 

포토샵 작업 시 이미지를 각각의 레이어로 저장해 두면 이미지의 위치 수정이나 합성 작업이 훨씬 수월해집니다. 합성 이미지를 이용하여 레이어 사용 방법을 학습해 봅니다.

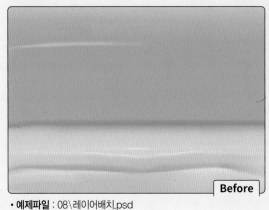

Before

After

• 예제파일 : 08\레이어배치.psd

• 완성파일 : 08\레이어배치_완성.psd

01 08 폴더에서 '레이어배치.psd' 파일을 불러옵니다.

Layers 패널을 확인하면 이미지별로 레이어가 저장된 것을 확인할 수 있습니다.

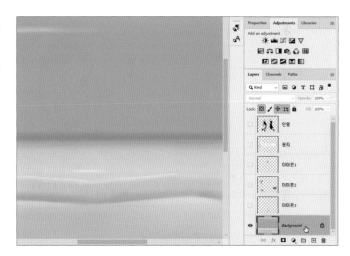

02 먼저 아이콘 이미지를 화면에 나타내기 위해 Layers 패널에서 '아이콘1' 레이어부터 '아이콘3' 레이어까지 '눈' 아이콘(👁)을 클릭하여 활성화합니다. 과일 형태의 아이콘이 표시됩니다.

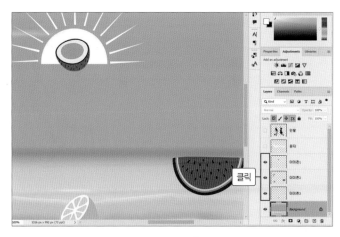

03 이번에는 문자 이미지를 화면에 나타내기 위해 Layers 패널에서 '문자' 레이어의 '눈' 아이콘(◉)을 클릭하여 활성화합니다. Summer 문자 이미지가 표시됩니다.

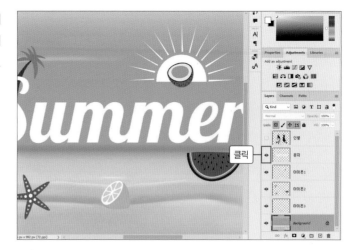

04 ❶ '인물' 레이어의 '눈' 아이콘(◉)을 클릭하면 문자 위로 인물이 표시되어 문자가 가려진 것을 확인할 수 있습니다. ❷ '인물' 레이어를 선택한 다음 '문자' 레이어 아래로 드래그합니다.

05 인물 이미지가 문자 이미지 뒤로 이동되면서 문자가 인물 앞으로 정확하게 표시된 것을 확인할 수 있습니다.

06 ❶ 이동 도구(⊕)를 선택하고 코코넛 아이콘 이미지인 ❷ '아이콘1' 레이어를 선택한 다음 ❸ 인물 사이로 드래그하여 이동합니다.

07 레몬 아이콘 이미지를 삭제하기 위해 Layers 패널에서 '아이콘3' 레이어를 선택한 다음 'Delete layer' 아이콘(🗑)으로 드래그합니다.

08 그림과 같이 레몬 아이콘 이미지가 화면에서 사라진 것을 확인할 수 있습니다.

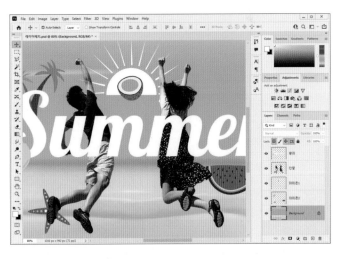

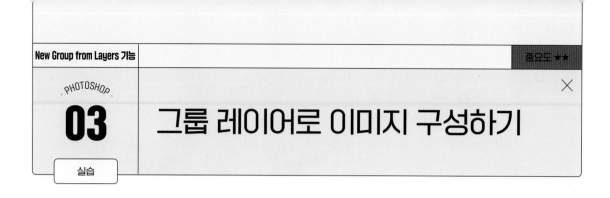

New Group from Layers 기능		중요도 ★★

PHOTOSHOP

03 그룹 레이어로 이미지 구성하기

실습

• **예제파일** : 08\섬네일.psd   • **완성파일** : 08\섬네일_완성.psd   • • •

01 08 폴더에서 '섬네일.psd' 파일을 불러옵니다.
Layers 패널을 확인하면 이미지가 각각의 레이어로 저장된 것을 확인할 수 있습니다.

TIP ◁▷

구성별로 레이어를 그룹으로 지정하면 손쉽게 이미지를 찾을 수 있고, 수정 작업 및 관리가 편리합니다.

02 여러 개의 이미지를 하나의 그룹으로 지정하기 위해 ❶ '마크' 레이어를 선택한 다음 ❷ Shift 를 누른 상태에서 '문자' 레이어를 선택합니다. 2개의 레이어가 선택됩니다.

03 선택된 2개의 레이어를 하나의 그룹으로 지정하기 위해 Layers 패널에서 ❶ '패널 메뉴' 아이콘(☰)을 클릭한 다음 ❷ New Group from Layers를 실행합니다.

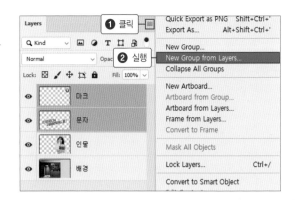

04 New Group from Layers 대화상자가 표시되면 ❶ Name에 '타이틀'을 입력한 다음 ❷ 〈OK〉 버튼을 클릭합니다.

05 Layers 패널을 확인해 보면 '타이틀' 그룹 안에 '마크' 레이어와 '문자' 레이어가 포함된 것을 확인할 수 있습니다.

06 '타이틀' 그룹의 '눈' 아이콘(👁)을 클릭하여 비활성화하면 '타이틀' 그룹에 포함된 레이어가 모두 화면에서 사라지는 것을 확인할 수 있습니다.

07 ❶ 다시 '눈' 아이콘(◉)을 클릭하여 활성화한 다음 ❷ Layers 패널에서 '타이틀' 그룹을 선택한 채 'Lock all' 아이콘(🔒)을 클릭합니다. '타이틀' 그룹에 포함된 레이어가 모두 잠기는 것을 확인할 수 있습니다.

08 '배경' 레이어의 '눈' 아이콘(◉)을 클릭하여 비활성화하면 투명 영역이 표시됩니다. '타이틀' 그룹에 포함된 '문자' 레이어를 선택한 상태에서 브러시 도구(✏)나 이동 도구(✛)를 선택해 클릭합니다. 그림과 같이 레이어가 잠겨 이미지가 보호되는 것을 확인할 수 있습니다.

TIP ◁
레이어 잠금 설정을 해제하기 위해서는 Layers 패널에서 '타이틀' 그룹을 선택한 상태에서 'Lock all' 아이콘(🔒)을 다시 클릭합니다.

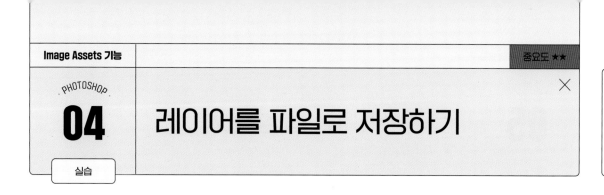

PHOTOSHOP
04 레이어를 파일로 저장하기

실습

• **예제파일** : 08\작품.psd   • **완성파일** : 08\작품-assets 폴더

• • •

01 08 폴더에서 '작품.psd' 파일을 불러옵니다. 이미지가 각각의 레이어로 나뉘어 있습니다.

02 레이어를 각각의 파일로 저장하기 위해 메뉴에서 (File) → Genarate → Image Assets를 실행합니다. Layers 패널에서 ❶ 파일 이름을 더블클릭한 다음 파일 이름 뒤에 마침표(.)를 입력하고 확장자를 입력합니다. 예제에서는 네 개의 레이어에 그림과 같이 확장자를 입력했습니다. ❷ PSD 파일이 저장된 폴더를 확인하면 '-assets'가 붙은 폴더에 ❸ 레이어 이름으로 별도의 이미지 파일이 저장되어 있습니다.

TIP ◁

PNG 파일을 만들 때 확장자 뒤에 비트 수를 입력하면 해당 비트의 파일을 만들 수 있고, JPG 파일을 만들 때 확장자 뒤에 %를 붙이면 이미지 품질을 설정할 수 있습니다.

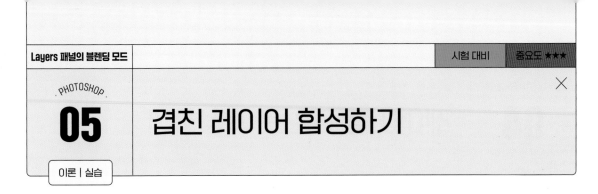

PHOTOSHOP

05 겹친 레이어 합성하기

이론 | 실습

블렌딩 모드는 두 개 이상의 레이어가 겹쳐져 있는 경우 위에 있는 레이어와 밑에 있는 레이어를 어떻게 합성해서 표시할지 지정하는 기능입니다. 블렌딩 모드를 변경하려면 ❶ 변경할 레이어를 선택한 다음 ❷ Layers 패널 위에 있는 목록에서 원하는 블렌딩 모드를 선택합니다.

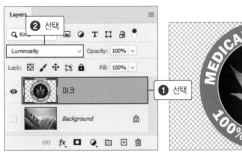

▲ Layers 패널 (예제파일 : 08\블렌딩.psd)   ▲ 위쪽 레이어 이미지   ▲ 아래쪽 레이어 이미지

TIP

Layers 패널의 블렌딩 모드 메뉴를 펼친 상태에서 마우스 커서를 위치시키면 이미지에 각각 적용시키지 않아도 미리 결과물을 볼 수 있습니다.

❶ Multiply

어두운 색상이 겹쳐 표시되고 밝은 색은 투명해져서 흰색 이미지를 투명하게 처리합니다.

❷ Darker Color

채널 값이 낮은 색상을 표현합니다.

❸ Lighten

색상이 밝으면 섞이고 어두우면 투명해지므로 밝은색만 더 밝아집니다. 밝은 느낌을 줄 때 이용합니다.

❹ Screen

색상의 반전 색을 곱해 전체 이미지가 밝아집니다. 검은색 이미지는 투명하게 처리합니다.

❺ Overlay

밝은 색은 더 밝아지고 어두운 색은 더 어두워집니다. 회색 이미지는 투명하게 처리합니다.

❻ Linear Light

50% 회색보다 밝으면 명도가 증가하고, 50% 회색보다 어두우면 명도가 감소합니다.

Multiply 모드는 흰색 이미지를 투명하게 처리합니다. 예제에서는 문자가 있는 로고 이미지와 사진 배경을 Multiply 모드로 자연스럽게 합성해 보겠습니다.

Before

After

• **예제파일** : 08\블렌딩.png, 마크.jpg

• **완성파일** : 08\블렌딩_완성.psd

01 08 폴더에서 '블렌딩.png' 파일을 불러 옵니다.

02 08 폴더에서 '마크.jpg' 파일을 불러옵 니다. ❶ Ctrl+A를 눌러 이미지를 전 체 선택하고 ❷ Ctrl+C를 눌러 복사합니다.

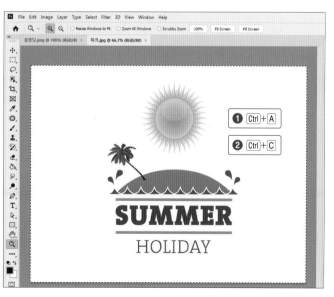

❶ Ctrl+A
❷ Ctrl+C

TIP

블렌딩 모드를 잘 사용하면 별도로 선택 영역을 지정 하여 합성하는 방법보다 더 자연스러운 합성 결과물 을 얻을 수 있습니다. 블렌딩 효과는 어떻게 나올지 정확하게 예측하긴 힘들기 때문에 다양한 블렌딩 효 과를 미리 확인한 다음 적용합니다.

03 '블렌딩.png' 작업 창에서 Ctrl+V를 눌러 '마크.jpg' 이미지를 붙여 넣습니다.

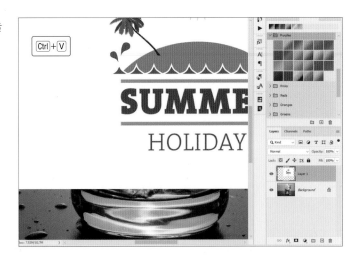

04 Layers 패널의 블렌딩 모드를 'Multiply'로 지정합니다. 마크 이미지의 흰색 부분이 투명해져 이미지와 합성됩니다.

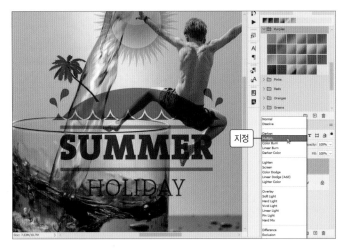

05 ❶ 이동 도구(⊕)를 선택하고 ❷ 마크 이미지를 물컵의 위치에 알맞게 드래그하여 합성 이미지를 완성합니다.

이미지를 합성할 때 블렌딩 모드만 잘 사용해도 자연스러운 합성 효과를 얻을 수 있습니다. 다양한 합성 효과를 적용하여 유리병에 라벨을 합성해 보겠습니다.

Before

After

• **예제파일** : 08\유리병.jpg, 라벨.jpg

• **완성파일** : 08\유리병_완성.psd

01 08 폴더에서 '유리병.jpg', '라벨.jpg' 파일을 불러옵니다.

❶ 이동 도구(⊕)로 ❷ 라벨 이미지를 첫 번째 유리병으로 드래그합니다.

02 첫 번째 유리병에 라벨을 위치시켰다면 Alt 를 누른 상태에서 ❶ 두 번째와 ❷ 세 번째 유리병에도 드래그하여 라벨을 복사해 둡니다.

TIP ⬩

클릭하면 자동으로 해당 이미지의 레이어가 선택되기 위해서는 옵션바에서 'Auto-Select'를 체크 표시해야 합니다.

03 ❶ 첫 번째 라벨을 클릭한 다음 Layers 패널에서 ❷ 블렌딩 모드를 'Darken'으로 지정합니다. 어두운 부분만 표현되는 블렌딩 모드이므로, 그림과 같이 투명한 비닐 라벨처럼 합성되었습니다.

04 ❶ 두 번째 라벨을 클릭한 다음 Layers 패널에서 ❷ 블렌딩 모드를 'Hard Light'로 지정합니다. 강한 조명을 비춘 것처럼 반사광이 표현되면서 자연스럽게 합성되었습니다.

05 ❶ 세 번째 라벨을 클릭한 다음 Layers 패널에서 ❷ 블렌딩 모드를 'Linear Light'로 지정합니다. 밝은 부분은 더욱 밝게 조정하고, 어두운 부분은 더욱 어둡게 감소시켜 강한 반사 합성 효과가 적용되었습니다.

Overlay 모드는 대비를 높여 밝은 색은 더 밝게, 어두운 색은 더 어둡게 만들어 줍니다. 예제에서는 선택 영역을 별도로 지정하지 않고, 인물 사진의 벽면에 낙서 이미지를 합성해 보겠습니다.

Before

• 예제파일 : 08\그래피티.jpg, 벽면.jpg

After

• 완성파일 : 08\벽면_완성.psd

---

01 08 폴더에서 '그래피티.jpg', '벽면.jpg' 파일을 불러옵니다.

❶ 낙서 이미지로 사용할 '그래피티.jpg' 작업 창에서 ❷ Ctrl+A를 눌러 전체 이미지를 선택한 다음 ❸ Ctrl+C를 눌러 복사합니다.

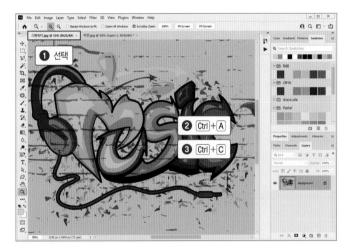

❶ 선택

❷ Ctrl+A

❸ Ctrl+C

---

02 ❶ 합성할 인물이 있는 '벽면.jpg' 작업 창에서 ❷ Ctrl+V를 눌러 낙서 이미지를 붙여 넣습니다.

TIP

전체 이미지를 합성할 경우 블렌딩 모드를 이용할 때는 미리 합성하려는 이미지의 크기를 동일하게 맞춰 준비하는 것이 좋습니다. 블렌딩 모드가 적용되면 미묘하게 색감의 차이가 발생할 수 있기 때문입니다. 나중에 불필요한 부분은 지우개 도구로 지우는 방식으로 합성 작업을 완성합니다.

❶ 선택

❷ Ctrl+V

---

03 낙서 이미지가 붙여 넣어지면 Layers 패널에서 블렌딩 모드를 'Overlay'로 지정합니다. 낙서 이미지와 인물 이미지에 합성된 효과가 표현됩니다.

04 인물 부분에 합성된 효과를 지우기 위해 ❶ 지우개 도구(⬚)를 선택합니다. ❷ 옵션바에서 브러시 팝업 버튼을 클릭한 다음 ❸ 브러시를 'Soft Round'로 지정하고 ❹ Size를 '86px'로 설정합니다.

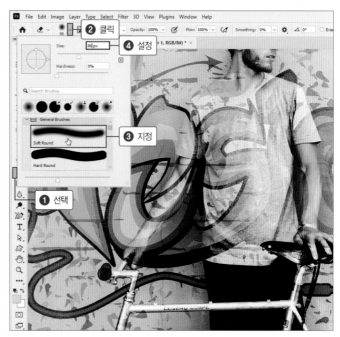

05 인물의 형태에 맞게 드래그하여 인물에 합성된 낙서 이미지를 지워 벽면 합성 효과를 완성합니다.

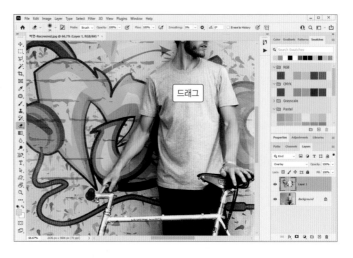

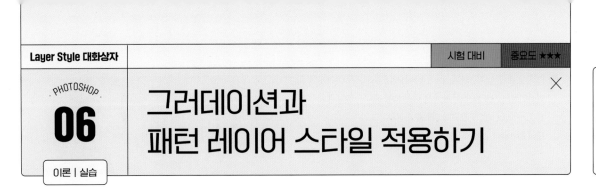

PHOTOSHOP
06

그러데이션과
패턴 레이어 스타일 적용하기

이론 | 실습

Layers 패널에서 'Add a layer style' 아이콘(*fx*)을 클릭하면 레이어 스타일을 적용할 수 있습니다. Layer Style 대화상자 왼쪽에는 레이어 스타일 항목이 표시되며, 오른쪽에는 옵션을 설정할 수 있는 각종 입력 창과 그래프, 슬라이더로 구성되어 있습니다.

▲ Layer Style 대화상자

▲ 문자에 레이어 스타일이 적용된 모습

▲ 레이어 스타일이 적용된 Layers 패널

① **입체 효과 만들기 – Bevel & Emboss** : 레이어 이미지에 하이라이트와 셰도를 적용하여 입체 느낌을 줄 수 있습니다.

  ⓐ Contour : 입체 효과의 정도를 조절합니다.

  ⓑ Texture : 입체 효과와 함께 질감을 입힙니다.

② **외곽선 만들기 – Stroke** : 해당 레이어의 테두리를 만드는 기능으로, Outside와 Inside, Center 등 테두리 선의 기준을 지정하고 선 색상과 두께를 설정할 수 있습니다.

③ **레이어 안쪽에 그림자 표현하기 – Inner Shadow** : 레이어 안쪽에 그림자 스타일을 적용하는 기능으로, 옵션 값을 조절해 그림자 위치, 방향, 길이 등을 설정할 수 있습니다.

④ **색상 덧씌우기 – Color Overlay와 Gradient Overlay** : 해당 레이어에 색상이나 그러데이션을 덧씌우는 기능으로, 투명도를 설정할 수 있습니다. 주로 특정 이미지의 색상을 변경할 때 이용합니다.

⑤ **레이어 바깥쪽에 발광 효과 만들기 – Outer Glow** : 레이어 테두리에 발광 효과를 만드는 기능으로, 색상, 발광 효과 정도, 블렌딩 모드를 지정할 수 있습니다.

⑥ **레이어 바깥쪽에 그림자 표현하기 – Drop Shadow** : 레이어 바깥쪽에 그림자 스타일을 적용하는 기능으로, 위에 떠 있는 듯한 입체감을 표현할 수 있습니다.

레이어 스타일 기능을 이용해 이미지 합성 효과를 적용할 수 있습니다. 예제에서는 문자 이미지에 그러데이션 효과를 적용하고, 배경 이미지에 패턴 이미지를 적용하여 합성하는 방법을 알아봅니다.

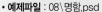

Before · 예제파일 : 08\명함.psd   After · 완성파일 : 08\명함_완성.psd

01 08 폴더에서 '명함.psd' 파일을 불러옵니다.
문자에 그러데이션 혼합 효과를 적용하기 위해 ❶ Layers 패널에서 'PHOTO STUDIO' 레이어를 선택하고 ❷ 'Add a layer style' 아이콘(fx)을 클릭한 다음 ❸ Gradient Overlay를 실행합니다.

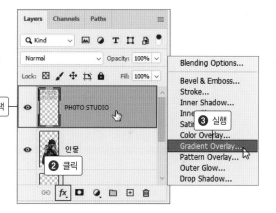

02 Layer Style 대화상자가 표시되면 ❶ Gradient 팝업 버튼을 클릭한 다음 ❷ 'Oranges'에서 ❸ 'Orange_10' 그러데이션을 선택합니다. ❹ Angle을 '-40°'로 설정한 다음 ❺ 〈OK〉 버튼을 클릭합니다.

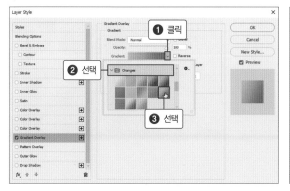

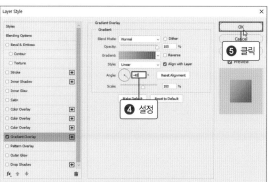

03 문자 이미지에 왼쪽 상단에서 오른쪽 하
단 방향으로 그러데이션이 적용된 것을
확인할 수 있습니다.

04 배경 이미지에 패턴을 합성하기 위해 Layers 패널에서
1 '배경' 레이어를 선택하고 **2** 'Add a layer style' 아
이콘(fx)을 클릭한 다음 **3** Pattern Overlay를 실행합니다.

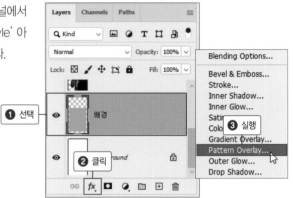

05 Layer Style 대화상자가 표시되면 **1** Pattern 팝업 버튼을 클릭하고 **2** 'Water'에서 **3** 'Water-Pool' 패턴을 선
택한 다음 **4** 〈OK〉 버튼을 클릭합니다. 그림과 같이 배경에 풀장 패턴 이미지가 적용된 것을 확인할 수 있습니다.

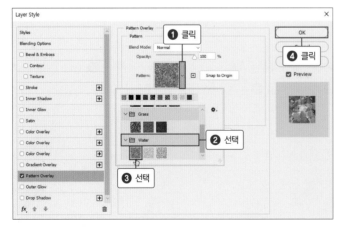

레이어 스타일 기능을 이용하면 독특한 그래픽 효과를 만들 수 있습니다. 특히 문자에 다양한 레이어 스타일을 추가하여 문자에 입체 효과 적용이 가능합니다. 예제에서는 투명한 입체 문자를 만들어 보겠습니다.

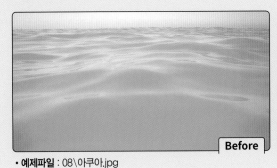

Before

After

• 예제파일 : 08\아쿠아.jpg

• 완성파일 : 08\아쿠아_완성.psd

01 08 폴더에서 '아쿠아.jpg' 파일을 불러옵니다.

문자를 입력하기 위해 문자 도구(T.)를 선택합니다.

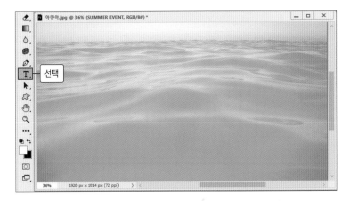

선택

02 Character 패널에서 ❶ 글꼴을 'BM JUA_TTF', 글자 크기를 '396pt', 색상을 '흰색'으로 지정한 다음 ❷ 'SUMMER EVENT'를 입력합니다.

❶ 지정

❷ 입력

03 입력한 문자를 화면에서 안 보이도록 ❶ Layers 패널의 Fill을 '0%'로 설정합니다. 그림자 효과를 적용하기 위해 ❷ 'Add a layer style' 아이콘(fx)을 클릭한 다음 ❸ Drop Shadow를 실행합니다.

04 Layer Style 대화상자가 표시되면 Blend Mode를 'Multiply', Opacity(투명도)를 '49%', Angle(각도)을 '90°', Distance(거리)를 '20px', Spread(흩어짐)를 '16%', Size(크기)를 '12px'로 설정합니다.

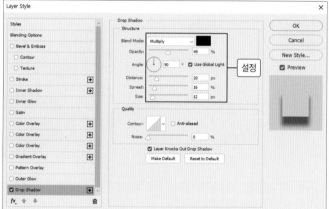

05 그림과 같이 문자 주변에 그림자 효과가 적용된 것을 확인할 수 있습니다.

TIP ⟨⋔⟩

Drop Shadow는 입체 효과뿐만 아니라 문자와 배경을 구분시키는 역할을 합니다. 특히 예제처럼 Multiply 블렌딩 모드를 사용하는 이유는 밝은색의 흰색 문자는 투명하게 처리되고, 어두운색의 그림자만 화면에 표시되도록 하기 위함입니다.

06 문자 안쪽에 그림자 효과를 적용하기 위해 ❶ 'Inner Shadow' 항목을 체크 표시한 다음 ❷ Opacity를 '100%', Angle을 '90°', Distance를 '20px', Size를 '10px'로 설정합니다. ❸ 색상 상자를 클릭하여 Color Picker 대화상자가 표시되면 ❹ 색상을 민트색인 'R:61, G:235, B:221'로 지정한 다음 ❺ 〈OK〉 버튼을 클릭합니다.

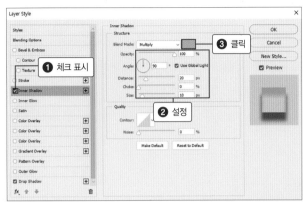
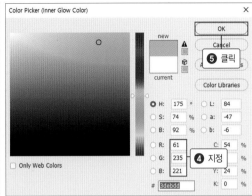

07 문자 안쪽에 민트색 그림자가 적용되었습니다.

08 이번에는 입체 반사광을 표현하기 위해 ❶ 'Bevel & Emboss' 항목을 체크 표시한 다음 ❷ Style을 'Inner Bevel', Depth를 '43%', Size를 '35px', Soften을 '0px', Angle을 '90°'로 설정합니다. ❸ Highlight Mode를 'Linear Dodge (Add)', Opacity를 '100%', Shadow Mode를 'Color Dodge'로 설정합니다.

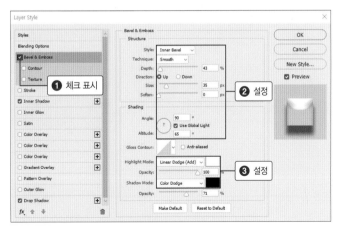

09 문자에 입체 반사광이 적용되었습니다.

10 ❶ 'Contour' 항목을 체크 표시하여 문자의 윤곽선이 돋보이게 적용한 다음 ❷ 〈OK〉 버튼을 클릭합니다.

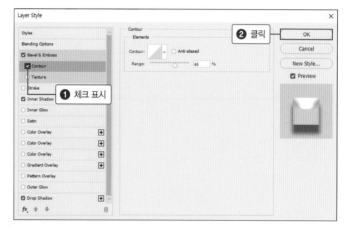

11 다양한 레이어 스타일 기능을 이용하여 투명한 입체 문자가 완성되었습니다.

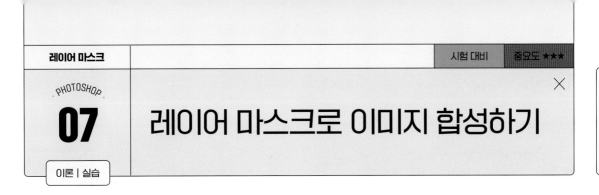

레이어 마스크로 이미지 합성하기

레이어 마스크는 이미지를 구성하는 픽셀을 손상하지 않으면서 화면에 숨기거나 드러내어 이미지를 보정하거나 합성할 때 이용합니다. 마스크 영역을 만드는 작업은 흰색 종이에 검은색 영역을 가위로 오려 구멍을 뚫는 개념입니다. 구멍이 뚫린 영역에는 바로 밑에 위치한 레이어의 이미지가 보입니다.

다음의 'Layer 0' 레이어는 커피잔 이미지이며, 'Layer 1' 레이어는 파도 이미지입니다. 레이어 마스크를 이용하면 커피잔에 파도 이미지를 간단하게 합성할 수 있습니다.

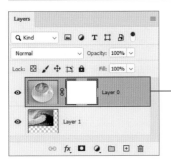

Layers 패널에서 레이어 마스크를 이용하여 투명하게 만들 이미지의 레이어 순서는 합성시킬 이미지 위에 위치시킵니다.

• 예제파일 : 08\커피잔.psd

↓

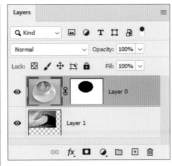

▲ Layers 패널에서 'Add layer mask' 아이콘(▣)을 클릭해 레이어 마스크를 만들고 커피잔 안쪽만 검은색을 채워 파도 이미지와 합성한 모습

• 예제파일 : 08\인스타그램.jpg, 아이스크림.jpg   • 완성파일 : 08\인스타그램_완성.psd

① 08 폴더에서 '인스타그램.jpg', '아이스크림.jpg' 파일을 불러옵니다.
❶ '아이스크림.jpg' 작업 창에서 Ctrl+A를 눌러 아이스크림 이미지 전체를 선택 영역으로 지정한 다음 ❷ Ctrl+C를 눌러 복사합니다.

② ❶ '인스타그램.jpg' 작업 창에 Ctrl+V를 눌러 아이스크림 이미지를 붙여 넣은 다음 ❷ Layers 패널에서 'Background' 레이어를 더블클릭합니다. ❸ New Layer 대화상자가 표시되면 〈OK〉 버튼을 클릭합니다.

Why? 👈

'Background' 레이어를 더블클릭하여 'Layer 0' 레이어로 만드는 이유는 'Background' 레이어는 이동할 수 없지만, 일반 레이어로 변경하면 이동할 수 있기 때문입니다.

③ Layers 패널에서 아이스크림 이미지 레이어인 'Layer 1' 레이어를 'Layer 0' 레이어 아래로 드래그하여 이동합니다.

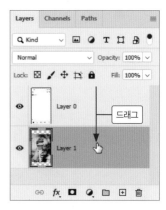

04 ❶ Layers 패널에서 'Layer 0' 레이어를 선택한 다음 ❷ 'Add layer mask' 아이콘(▣)을 클릭하여 레이어 마스크를 만듭니다.

인스타그램 이미지 안쪽을 선택 영역으로 지정하기 위해 ❸ 사각형 선택 도구(▥)를 선택하고 ❹ 그림과 같이 드래그하여 선택 영역으로 지정합니다.

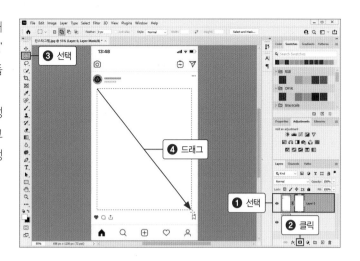

05 메뉴에서 (Edit) → Fill(Shift+F5)을 실행합니다. Fill 대화상자가 표시되면 ❶ Contents를 'Black'으로 지정한 다음 ❷ ⟨OK⟩ 버튼을 클릭합니다. Layers 패널을 살펴보면 레이어 마스크에 검은색 사각형 영역이 만들어지고 영역에 이미지가 표시됩니다. ❸ Ctrl+D를 눌러 선택 영역을 해제합니다.

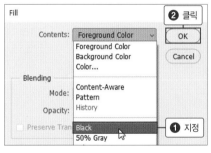

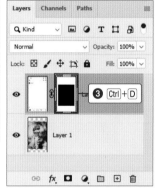

TIP
마치 흰색 종이에 검은색 부분을 가위로 오려 배경 이미지가 보이는 효과를 표현합니다.

06 ❶ 'Layer 1' 레이어를 선택한 다음 메뉴에서 (Edit) → Transform → Scale을 실행합니다. ❷ 조절점을 드래그하여 아이스크림 이미지 크기를 인스타그램 프레임에 맞게 조절합니다.

Layers 패널에서 'Layer 1' 레이어가 선택된 상태에서 '팝업 메뉴' 아이콘(☰)을 클릭한 다음 ❸ Convert to Smart Object를 실행합니다.

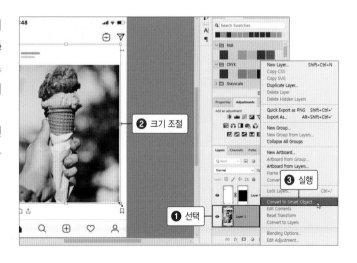

07 'Layer 1' 레이어가 스마트 오브젝트 레이어로 변경되었습니다.
'Layer 1' 레이어의 섬네일을 더블클릭하면 원본 'Layer 1.psb' 도큐먼트가 표시됩니다.

Why? 👈

스마트 오브젝트 레이어로 변경하는 이유는 합성된 이미지와 원본 이미지가 서로 연결되어 원본 이미지를 변경하면 바로 합성된 이미지도 동일하게 변경하기 위해서입니다.

08 'Layer 1.psb' 작업 창에서 원본 아이스크림 이미지 색상을 변경하기 위해 메뉴에서 (Image) → Adjustments → Color Balance를 실행합니다.
Color Balance 대화상자가 표시되면 ❶ 'Cyan' 방향으로 슬라이더를 드래그한 다음 ❷ 〈OK〉 버튼을 클릭합니다. 원본 아이스크림 이미지에 파란색이 추가되었습니다.

09 'Layer 1.psb' 작업 창에서 Ctrl+S를 눌러 저장하면 바로 '인스타그램
.jpg' 작업 창의 합성된 아이스크림 이미지도 자동으로 색상이 동일하게 변경된 것을 확인할 수 있습니다.

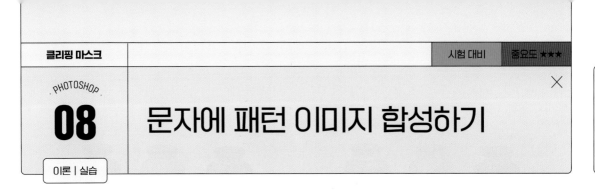

클리핑 마스크는 특정 부분에 이미지를 합성할 때 주로 사용하는 방법으로, 특정 부분만 화면에서 보이지 않게 만듭니다. 다음 그림을 보면 나뭇잎 배경과 문자, 천 형태의 패턴 이미지로 구성되어 있습니다.

▲ 원본 나뭇잎 배경 이미지 (예제파일 : 08\오가닉.psd)

▲ 문자 패턴에 사용할 천 형태의 패턴 이미지

▲ 문자 입력

▲ 클리핑 마스크 기능이 적용된 패턴 이미지가 문자 안에 들어간 모습

클리핑 마스크 기능을 적용할 패턴 이미지를 불러와 Layers 패널에서 '패널 메뉴' 아이콘(☰)을 클릭한 다음 Create Clipping Mask(Alt + Ctrl + G)를 실행하면 문자 형태 이외의 이미지 부분은 감춰지고, 문자 안에 패턴 이미지가 적용된 것을 확인할 수 있습니다.

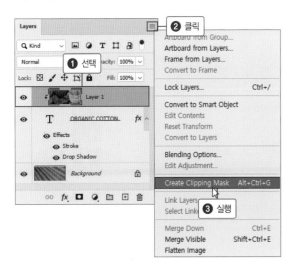

Mask All Objects 기능을 이용하면 이미지 각각의 피사체를 레이어 마스크로 만들 수 있습니다. 만들어진 레이어 마스크를 이용해 특정 강아지의 색상을 조정 레이어로 보정해 보겠습니다.

Before

After

• 예제파일 : 08\pet.jpg

• 완성파일 : 08\pet_완성.psd

01 08 폴더에서 'pet.jpg' 파일을 불러옵니다.

메뉴에서 (Layer) → Mask All Objects를 실행합니다.

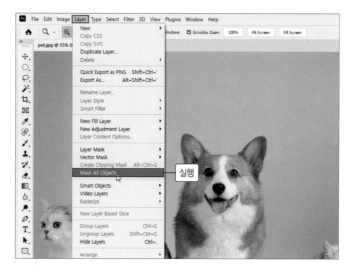

02 Layers 패널을 확인하면 자동으로 동물들을 인식하여 4개의 오브젝트 마스크 레이어가 만들어진 것을 확인할 수 있습니다.

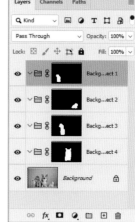

TIP

포토샵 CC 2022부터 자동으로 객체들을 인식하는 기능이 향상되어 사용자가 일일이 영역을 지정하지 않아도 각각 개체들을 분리하여 오브젝트 마스크 레이어를 생성할 수 있습니다.

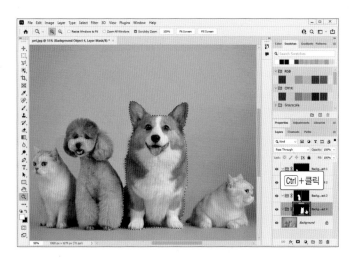

03 웰시코기 강아지 색상을 보정하기 위해 Layers 패널에서 Ctrl을 누른 상태에서 'Background Object 4' 레이어의 섬네일을 클릭하면 웰시코기 강아지만 선택 영역으로 지정됩니다.

04 채도를 높이기 위해 ❶ Layers 패널에서 'Create new fill or adjustment layer' 아이콘(◒)을 클릭한 다음 ❷ Vibrance를 실행합니다.

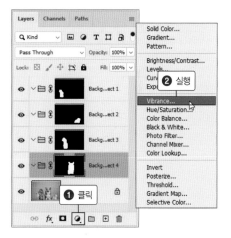

05 Vibrance를 '85', Saturation을 '55'로 설정합니다. 그림과 같이 선택 영역으로 지정한 웰시코기 강아지만 채도가 높게 보정됩니다.

TIP

각각 분리되어 마스크가 만들어졌기 때문에 원하는 오브젝트 레이어 마스크만 선택하여 특정 강아지와 고양이만 보정할 수 있습니다.

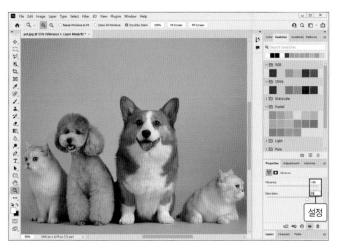

레이어 × 합성

문자 안에 특정 이미지를 넣기 위한 방법으로 클리핑 마스크를 이용하면 손쉽게 이미지와 문자를 합성할 수 있습니다. 예제에서는 문자를 입력하고 클리핑 마스크로 문자 안에 패턴 이미지를 넣어 표현해 보겠습니다.

Before

After

• 예제파일 : 08\배너.psd, 패턴.jpg

• 완성파일 : 08\배너_완성.psd

01 08 폴더에서 '배너.psd' 파일을 불러옵니다. ❶ 문자 도구(T.)를 선택하고 ❷ 옵션바에서 원하는 글꼴과 글꼴 크기를 지정합니다.

예제에서는 글꼴을 'BM EULJIRO TTF', 글꼴 스타일을 'Regular', 글꼴 크기를 '180pt'로 지정했습니다.

02 그림과 같은 위치에 '홈캉스 기획전'을 입력합니다. Layers 패널에 '홈캉스 기획전' 문자 레이어가 만들어집니다.

03 문자 안에 넣을 패턴 이미지를 추가하기 위해 08 폴더에서 '패턴.jpg' 파일을 불러옵니다.

❶ Ctrl+A를 눌러 패턴 이미지를 전체 선택한 다음 ❷ Ctrl+C를 눌러 복사합니다.

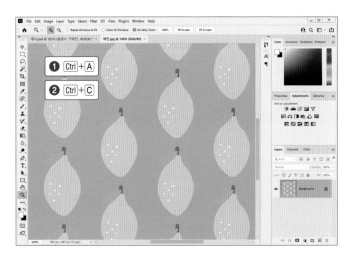

04 '배너.psd' 작업 창에서 ❶ Ctrl+V를 눌러 복사한 패턴 이미지를 붙여 넣습니다. 클리핑 마스크 레이어를 만들기 위해 ❷ Layers 패널에서 '패널 메뉴' 아이콘(▤)을 클릭한 다음 ❸ Create Clipping Mask(Alt +Ctrl+G)를 실행합니다.

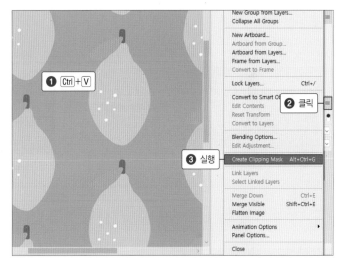

05 클리핑 마스크 레이어가 만들어지면서 패턴 이미지가 문자 형태대로 나타납니다. ❶ 이동 도구(✛)를 선택하고 ❷ 문자 안에 패턴 이미지 위치를 적절하게 조절합니다.

PHOTOSHOP

09

실습

원하는 형태의 구름 이미지로 합성하기

포토샵 2022부터는 주변 이미지와 자연스럽게 다양한 구름 이미지를 선택하여 합성할 수 있습니다. 구름의 종류를 선택하고, 구름의 색상과 크기, 형태를 변경해서 원하는 구름을 사진에 합성해 보세요.

Before

After

• 예제파일 : 08\하늘.jpg

• 완성파일 : 08\하늘_완성.psd

---

01 08 폴더에서 '하늘.jpg' 파일을 불러옵니다.

메뉴에서 (Edit) → Sky Replacement를 실행합니다.

TIP

하늘 영역을 선택 도구를 이용해 선택 영역으로 지정하지 않아도 자연스럽게 하늘의 구름을 대체하기 위해 Sky Replacement 기능을 사용했습니다.

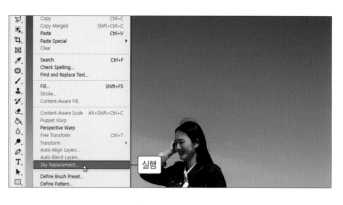

02 Sky Replacement 대화상자가 표시되면 Sky 미리 보기 화면의 ❶ 팝업 버튼을 클릭한 다음 ❷ Blue Skies의 'Blue Sky008' 구름을 선택하여 적용합니다.

(03) 구름을 크게 적용하기 위해 Scale을 '130'으로 설정합니다. 구름 이미지가 확대된 것을 확인할 수 있습니다.

(04) Sky 미리 보기 화면의 ❶ 팝업 버튼을 클릭한 다음 ❷ Spectacular의 'Spectacular003' 구름을 선택하면 노을 구름 형태가 새롭게 적용됩니다.

(05) 이번에는 인물에만 노을 색감을 적용하기 위해 ❶ Color Adjustment를 '75'로 설정하여 인물의 색상 톤을 구름의 색상 톤과 맞추고 ❷ 〈OK〉 버튼을 클릭합니다.

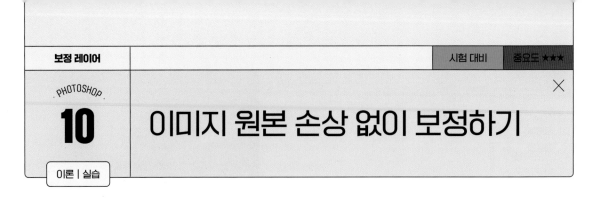

보정 레이어는 Adjustments 패널을 이용하거나 Layers 패널에서 'Create new fill or adjustment layer' 아이콘(◉)을 클릭하면 표시되는 메뉴를 실행하여 만들 수 있으며, 일반 레이어와는 다르게 섬네일 부분에 그래프가 표시되어 있습니다.

보정 레이어에서는 Adjustments 메뉴의 기능을 그대로 이용할 수 있으며, 메뉴에서 실행하는 것과는 다르게 원본 레이어를 보존할 수 있도록 별도의 레이어를 제공합니다.

● 레이어 섬네일을 더블클릭하면 해당 보정 기능의 옵션을 지정할 수 있는 Properties 패널이 표시됩니다.

● 레이어 마스크 섬네일로 보정 기능이 적용될 영역을 지정합니다.

● 보정 레이어의 눈 아이콘을 활성화 또는 비활성화해 보정 기능을 적용하거나 해제할 수 있습니다.

● Create new fill or adjustment layer 아이콘

▲ 보정 레이어와 메뉴

▲ Adjustments 패널　　▲ Properties 패널

TIP ◁⫯

Layers 패널에서 'Create new fill or adjustment layer' 아이콘(◉)이나 Adjustments 패널을 이용해 보정 기능을 실행하면 Properties 패널에서 슬라이더나 수치를 입력하여 옵션을 조절합니다.

보정 레이어를 이용하여 원본 이미지를 유지한 상태에서 특정 부분의 색상만 변경할 수 있습니다. 보정 레이어의 장점을 살려 원본으로 복원하는 방법과 부분 복원으로 특정 색상만 살리는 방법에 대해 알아 봅니다.

Before

After

· 예제파일 : 08\보트1.jpg

· 완성파일 : 08\보트1_완성.psd

01 08 폴더에서 '보트1.jpg' 파일을 불러옵니다.

보정 레이어를 만들기 위해 ❶ Layers 패널에서 'Create new fill or adjustment layer' 아이콘(◉)을 클릭한 다음 이미지의 노란색을 주황색으로 변경하기 위해 ❷ Hue/Saturation을 실행합니다.

02 ❶ Layers 패널에 'Hue/Saturation' 보정 레이어가 만들어집니다.

❷ Properties 패널에서 'Hue' 슬라이더를 왼쪽으로 드래그하여 색상을 변경합니다. 예제에서는 Hue를 '-34'로 설정했습니다.

03 Layers 패널에서 보정 레이어의 '눈' 아이콘()을 클릭하여 비활성화합니다.

클릭

보정 레이어의 '눈' 아이콘을 비활성화하면 색 보정 작업
과는 관계없이 바로 원본 이미지가 표시됩니다.

04 부분적으로 색상을 변경하기 위해 보정
레이어의 '눈' 아이콘()을 클릭하여
활성화합니다.

클릭

05 ❶ 지우개 도구()를 선택하고 ❷ 가
운데 인물을 드래그합니다. 드래그하는
방향에 따라 그림과 같이 원본의 노란색 상의와
피부색이 나타납니다. 인물의 색상만 원래대로
볼 수 있습니다.

TIP ⟨⇩
이때 배경색을 '검은색'으로 지정하고 지우개 도구를
사용해야 합니다.

❶ 선택

❷ 드래그

PHOTOSHOP
11

이론 | 실습

이미지 원본 손상 없이
크기 조절하기

스마트 오브젝트 레이어란 말 그대로 '똑똑한 오브젝트가 있는 레이어'입니다. 즉, 스마트 오브젝트는 기존 개체와는 다르게 포토샵 효과를 적용해도 언제든지 복원할 수 있도록 원본을 보관하며, 이미지를 줄였다가 다시 키워도 해상도에 상관없이 언제나 깨끗한 품질을 보여 줍니다.

스마트 오브젝트를 사용하는 방법에는 두 가지가 있습니다. 첫 번째는 새로운 문서를 만든 후 메뉴에서 〔File〕 → Place Embedded(또는 Place)를 실행하여 스마트 오브젝트로 만들 개체를 가져오는 방법입니다. 이때 일러스트레이터 파일도 가능합니다.

두 번째는 대상 이미지를 레이어에서 선택하고 메뉴에서 〔Layer〕 → Smart Objects → Convert to Smart Object를 실행하는 방법입니다. 스마트 오브젝트가 적용된 이미지 레이어 섬네일에 문서 표시가 있는 것을 확인할 수 있습니다.

일반 레이어가 아닌 스마트 오브젝트 레이어라는 것
을 의미하는 표시입니다. 더블클릭하면 원본 이미지
가 표시됩니다.

스마트 오브젝트의 가장 큰 특징은 이 기능을 적용한 시점의 파일을 보존하고 있어서 크기를 조절하거나 필터
를 적용해도 다시 원래대로 복구가 가능하다는 것입니다. 반면 일반 레이어는 크기를 줄인 다음 다시 원래대로
키우면 처음과 다르게 해상도가 깨져서 표시됩니다.

❶ 스마트 오브젝트 레이어에 필터를 적용하면 레이어 하단에 적용한 필터 목록
이 표시됩니다. 마스크를 선택하여 필터를 부분 적용할 수 있고, 필터 목록을 선
택하여 값을 설정할 수도 있습니다.

❷ 스마트 오브젝트 레이어를 일반 레이어로 전환하려
면 마우스 오른쪽 버튼을 클릭하여 표시되는 메뉴에서
Rasterize Layer를 실행합니다.

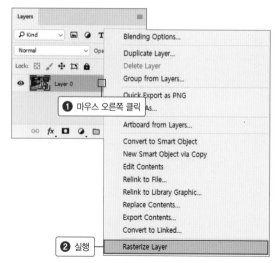

260

이미지를 작게 줄인 상태에서 다시 확대하면 원본 이미지 품질이 손상되기 마련입니다. 스마트 오브젝트 레이어를 이용하면 이미지 크기 조절에 상관없이 깨끗하게 이미지 품질을 관리할 수 있습니다. 예제에서는 일반 레이어를 작게 줄인 다음 다시 크기를 조절하고, 스마트 오브젝트 레이어를 작게 줄인 다음 다시 크기를 조절해서 비교해 보겠습니다.

Before

• 예제파일 : 08\쿠폰.png

After

• 완성파일 : 08\쿠폰_완성.png

---

01 08 폴더에서 '쿠폰.png' 파일을 불러옵니다.
이미지 크기를 줄이기 위해 메뉴에서 (Image) → Image Size(Alt+Ctrl+I)를 실행합니다.
❶ Image Size 대화상자가 표시되면 Width를 '200Pixels'로 설정하고 ❷ 〈OK〉 버튼을 클릭합니다.

---

02 이미지가 작게 줄어듭니다. 다시 이미지 크기를 키우기 위해 메뉴에서 (Image) → Image Size(Alt+Ctrl+I)를 실행합니다.
❶ Image Size 대화상자가 표시되면 Width를 '1200Pixels'로 설정하고 ❷ 〈OK〉 버튼을 클릭합니다.

Why? 👉

큰 이미지를 작게 줄여 이미지 품질이 저하되는 것보다 작게 줄인 이미지를 큰 이미지로 키우는 것이 이미지 품질을 더 저하시키는 원인이 됩니다. 예제에서는 품질 저하 정도를 비교하기 위해 이미지 크기를 작게 줄인 다음 키웠습니다.

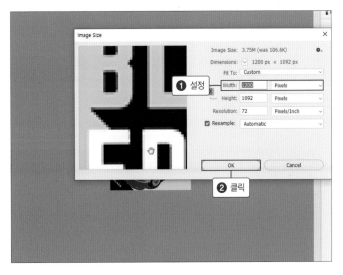

03 이미지가 다시 크게 조절되었지만 원본 이미지는 깨지는 것처럼 픽셀이 뭉개지고 경계선도 흐릿하게 표현되었습니다. 파일을 저장하지 않고 닫습니다.

04 이번에는 스마트 오브젝트 레이어로 만들어 이전 과정처럼 이미지를 줄였다가 다시 키웠을 때 일반 레이어와의 차이를 살펴보겠습니다. 다시 08 폴더에서 '쿠폰.png' 파일을 불러옵니다.

05 스마트 오브젝트로 전환하기 위해 메뉴에서 (Layer) → Smart Objects → Convert to Smart Object를 실행합니다.

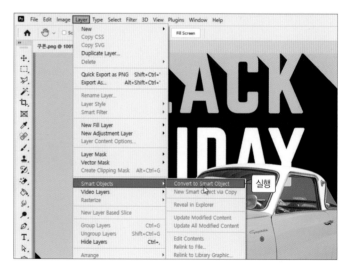

06 ❶ Layers 패널을 확인하면 그림과 같이 일반 레이어에서 스마트 오브젝트 레이어로 변환된 것을 확인할 수 있습니다. 이미지를 줄이기 위해 메뉴에서 (Image) → Image Size(Alt+Ctrl+I)를 실행하여 ❷ Image Size 대화상자가 표시되면 Width를 '200Pixels'로 설정한 다음 ❸ 〈OK〉 버튼을 클릭합니다.

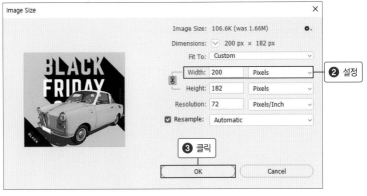

07 이미지가 작게 줄어듭니다. 다시 이미지를 크게 키우기 위해 메뉴에서 (Image) → Image Size(Alt+Ctrl+I)를 실행합니다. ❶ Image Size 대화상자가 표시되면 Width를 '1200 Pixels'로 설정하고 ❷ 〈OK〉 버튼을 클릭합니다.

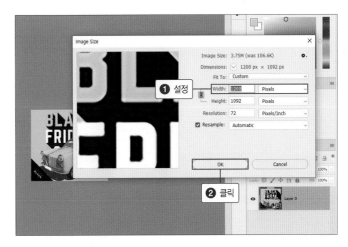

08 이미지 크기를 줄이거나 키워도 그림과 같이 깨끗하게 품질과 해상도가 유지된 것을 확인할 수 있습니다.

TIP ◁⟂
03번 과정과 비교하면 이미지의 품질 정도를 확인할 수 있습니다.

PHOTOSHOP
12

실습

스마트 필터 레이어로
노이즈 제거하기

스마트 오브젝트에 필터를 적용하면 자동으로 스마트 필터 레이어가 만들어집니다. 스마트 필터는 원본 이미지를 그대로 유지하면서 필터를 적용할 수 있습니다. 예제에서는 스마트 필터 레이어로 노이즈를 제거해 보겠습니다.

 **Before**

 **After**

· 예제파일 : 08\여행.jpg

· 완성파일 : 08\여행_완성.psd

---

01 08 폴더에서 '여행.jpg' 파일을 불러옵니다.

Ctrl+J를 눌러 'Background' 레이어를 복제합니다. Layers 패널을 확인하면 'Layer 1' 레이어로 복제된 것을 확인할 수 있습니다.

Why? 🖐
이미지에 필터를 적용하기 전에 원본 이미지를 보호하기 위해 이미지를 복제하여 사용합니다.

---

02 이미지를 확대하면 노이즈가 많이 있는 것을 확인할 수 있습니다. 스마트 오브젝트 레이어로 전환하기 위해 ❶ '패널 메뉴' 아이콘(▤)을 클릭한 다음 ❷ Convert to Smart Object를 실행합니다.

03 노이즈를 제거하기 위해 메뉴에서 (Filter) → Blur → Smart Blur를 실행합니다. Smart Blur 대화상자가 표시되면 ❶ Radius를 '1.0'으로 설정한 다음 ❷ 〈OK〉 버튼을 클릭하여 노이즈를 제거합니다.

04 보정 정보가 저장된 스마트 필터를 수정하기 위해 ❶ Layers 패널에서 'Smart Blur' 레이어를 더블클릭합니다. Smart Blur 대화상자가 표시되면 ❷ Radius를 '1.7'로 설정한 다음 ❸ 〈OK〉 버튼을 클릭합니다.

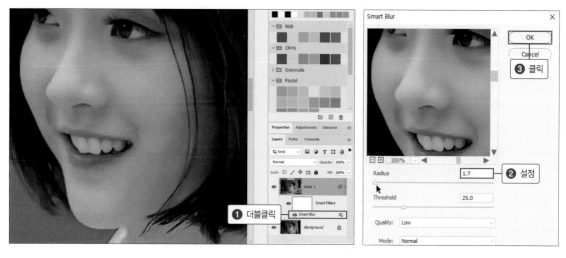

TIP ⇦

Radius 값이 클수록 이미지가 더 깨끗해지지만, 일정 값이 넘어가면 이미지가 깨지는 경우가 발생합니다.

05 'Smart Filters' 레이어의 '눈' 아이콘 (◉)을 클릭하여 비활성화하면 지금까지 적용한 필터가 적용 해제되며 원본 이미지가 표시됩니다.

동영상으로 배우는 **포토샵 CC 2023**

레이어 합성 기능으로 포스터 제작하기

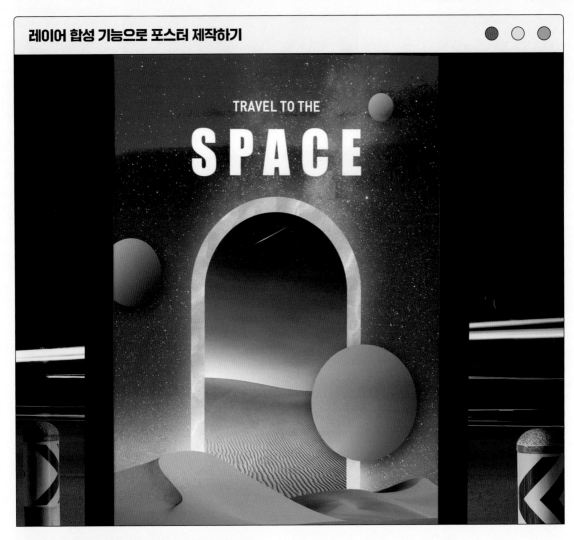

예제 소개 영상

포토샵의 강력한 기능 중 하나는 레이어 스타일(Layer Style)입니다, 레이어 스타일 기능을 활용하면 그림자 효과부터 독특한 질감 표현까지 많은 그래픽 효과를 매우 간단한 방법으로 구현할 수 있습니다.

이미지 크기	1080×1500pixels
해상도	300dpi
소스 파일	08\image-sky.jpg
완성 파일	08\space-poster.psd

① 도형 도구와 레이어를 이용하여 둥근 사각형 그리기

② 하늘 배경 이미지에 클리핑 마스크 적용하기

③ 둥근 사각형에 레이어 스타일의 Outer Glow 적용하기

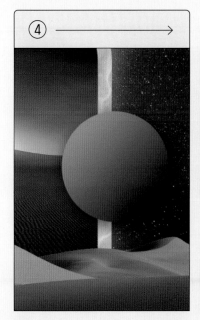

④ 원에 Gradient Overlay, Drop Shadow 적용하고 배치하기

⑤ 하단에 투명 그러데이션과 레이어 블렌딩 모드 적용하기

⑥ 문자 도구를 이용하여 타이틀 문자 레이어 만들기

PART 9.

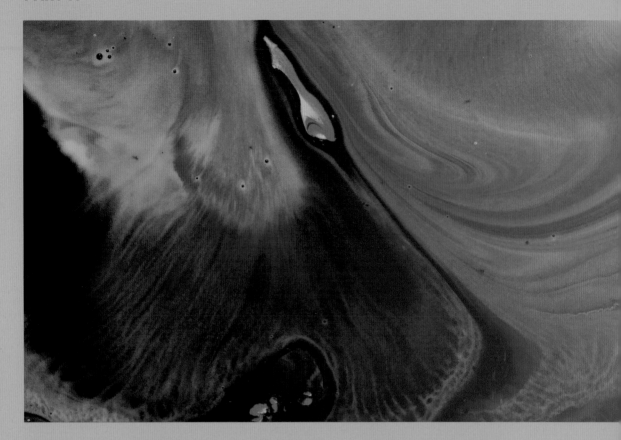

색상 정보와 마스크를 위한
채널 사용하기

①① 색상 모드 알아보기

②② 채널 알아보기

③③ 채널 만들어 선택 영역 저장하기

④④ 복잡한 영역 누끼 따기

⑤⑤ 채널 마스크 알아보기

⑥⑥ 마스크로 특정 이미지 추출하기

⑦⑦ 가느다란 털 선택하고 합성하기

⑧⑧ 머리카락 선택하고 합성하기

⑨⑨ 얼굴을 자동 인식하여 성형하기

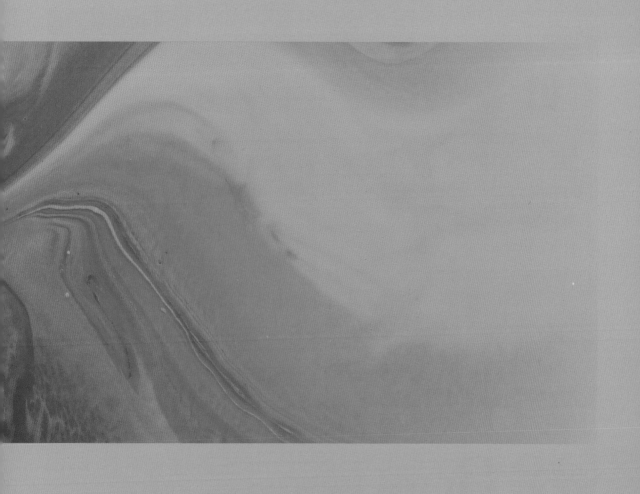

채널은 이미지의 색상 정보를 담고 있습니다. 이러한 채널을 이용한 선택 영역 저장 방법부터 컬러 채널을 이용한 복잡한 영역 지정 방법을 알아봅니다.

Color Mode

시험 대비 　중요도 ★★★

PHOTOSHOP
01 색상 모드 알아보기

이론

❶ Bitmap 모드　•••

이미지를 흰색과 검은색으로만 표현하는 모드로, Grayscale 모드로 전환한 다음에 변환할 수 있습니다. 용량이 작지만 표현력이 떨어져 많이 이용하지 않습니다. (예제 파일 : 09\갈매기.jpg)

▲ 원본 이미지

▲ Bitmap 모드 이미지

▲ Bitmap 모드 색상 채널

❷ Grayscale 모드　•••

Grayscale 모드는 8bit 컬러인 256색의 'Black' 채널만으로 구성됩니다. 웹 이미지나 인쇄물을 흑백으로 출력할 때 이용합니다.

▲ Grayscale 모드 색상 채널

▲ Grayscale 모드 이미지

❸ Duotone 모드　•••

흑백 이미지에 한 개 이상의 특수 잉크를 추가하여 한정된 컬러 이미지를 인쇄하는 기법입니다. Duotone 모드로의 전환은 Grayscale 모드일 때만 가능합니다.

▲ Duotone 모드 색상 채널

▲ Duotone 모드 이미지

❹ Indexed Color 모드　•••

256 이하 색상으로 이미지를 표현하는 모드입니다. 파일 용량이 작고 RGB Color 모드에서 사용된 색상만을 추려 재구성하므로 이미지를 크게 손상시키지 않습니다. 웹 페이지에 올릴 때 파일 용량을 최소화하기 위해 이용합니다.

❺ RGB Color 모드　•••

R(Red), G(Green), B(Blue)를 혼합해서 색을 만드는 모드이며 각각의 색상 채널과 이를 합친 'RGB' 채널을 포함하여 총 네 개로 구성됩니다. 주로 웹 이미지를 작업할 때 이용합니다.

▲ Indexed Color 모드 색상 채널

▲ Indexed Color 모드 이미지

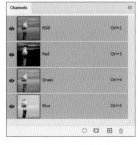

▲ RGB Color 모드 색상 채널

▲ RGB Color 모드 이미지

❻ CMYK Color 모드　•••

청록색, 자주색, 노란색, 검은색을 원색으로 하여 'Cyan' 채널, 'Magenta' 채널, 'Yellow' 채널, 'Black' 채널, 'CMYK' 채널로 구성되는 모드입니다.

CMYK Color 모드의 색을 섞으면 명도가 낮아져 흰색을 제외한 모든 색을 표현할 수 있으며, 필름을 현상하여 인쇄하는 오프셋 인쇄에 사용합니다.

RGB Color 모드보다 표현할 수 있는 색이 적지만, 작업물과 실제 인쇄물의 색차이가 있는 RGB Color 모드와 다르게 CMYK Color 모드의 색상은 작업물과 출력물의 색이 같습니다. 인쇄나 출력을 목적으로 편집이나 디자인을 한다면 CMYK Color 모드를 이용하는 것이 좋습니다. (예제 파일 : 09\독서.psd)

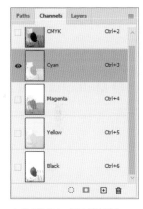

▲ CMYK Color 모드 색상 채널

▲ CMYK Color 모드 이미지

▲ 'Cyan' 채널

▲ 'Magenta' 채널

▲ 'Yellow' 채널

▲'Black' 채널

❼ Lab Color 모드

Lab Color 모드는 'Lab' 채널, 색상의 명도를 나타내는 'Lightness' 채널, Green과 Magenta의 두 가지 보색으로 나타나는 'a' 채널, Blue와 Yellow의 두 가지 보색으로 나타나는 'b' 채널로 구성됩니다. RGB Color 모드나 CMYK Color 모드보다 색상의 표현 범위가 넓어 모드를 전환할 때 거쳐서 이용하면 급격한 색상 변화를 막을 수 있습니다. (예제 파일 : 09\바이크.psd)

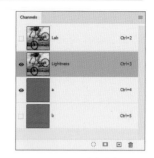

▲ Lab Color 모드 색상 채널

▲ 'Lightness' 채널

▲ 'a' 채널

▲ 'b' 채널

❽ Multichannel 모드

Multichannel 모드는 하나의 이미지를 여러 채널로 구성하여 작업하는 모드로, 특수한 색상을 출력하거나 독특한 느낌의 이미지를 만들기 위해서 이용합니다.

▲ Multichannel 모드 이미지

▲ Multichannel 모드 색상 채널

❾ Duotone Options

Duotone 모드의 전환은 Grayscale 모드일 때만 가능합니다. 메뉴에서 (Image) → Mode → Duotone 을 실행하면 표시되는 Duotone Options 대화상자 에 대해 알아보겠습니다.

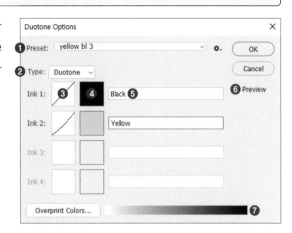

❶ **Preset** : 포토샵에서 기본으로 제공하는 듀오톤입니다. 듀오톤 색상을 지정하기 힘들면 Preset에서 제공하는 듀오톤을 선택합니다.

❷ **Type** : 듀오톤 색상 수를 지정하는 항목으로 'Monotone', 'Duotone', 'Tritone', 'Quadtone'이 있습니다. 'Monotone'으로 지 정하면 Ink 1이 활성화되어 한 가지 색상을 지정할 수 있고, 'Duotone'은 Ink 1~2, 'Tritone'은 Ink 1~3, 'Quadtone'은 Ink 1~4 가 활성화되어 차례대로 두 가지, 세 가지, 네 가지 색상으로 이미지를 표현할 수 있습니다.

▲ 원본 이미지 　　　　▲ Monotone 　　　　▲ Duotone 　　　　▲ Tritone

❸ **Duotone Curve** : 곡선 상자를 클릭하면 다음과 같이 이미지의 색상 톤을 조절할 수 있는 Duotone Curve 대 화상자가 표시됩니다.

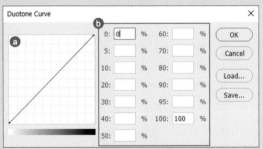

ⓐ 왼쪽부터 이미지의 밝은 부분, 중간 부분, 어두운 부분의 명도를 조절할 수 있는 곡선이 표시됩니다. 곡선을 직접 클릭한 다음 드래그해 변형합니다.

ⓑ 값을 설정하여 이미지의 명도를 조절할 수 있는 수치 입력 창이 표시됩니다.

❹ **듀오톤 색상** : 적용할 색상을 선택하는 옵션으로 색상 상자를 클릭하여 Color Picker 대화상자에서 색상을 지정합니다.

❺ **Name** : 적용한 색상의 이름을 표시합니다.

❻ **Preview** : 적용되는 이미지를 미리 볼 수 있습니다.

❼ **명도** : 색상 명도를 그러데이션 형태로 표시합니다.

컴퓨터를 이용한 이미지 작업은 RGB Color 모드이거나 CMYK Color 모드인 경우가 많습니다. 이 색상 모드와 관계 깊은 것이 바로 채널입니다. RGB Color 모드는 Red, Green, Blue 채널로 구성되고, CMYK Color 모드는 Cyan, Magenta, Yellow, Black 채널로 구성됩니다.

포토샵에서 컬러 이미지를 불러온 다음 Channels 패널을 확인하면 Red 채널, Green 채널, Blue 채널로 구성된 것을 볼 수 있습니다. 모니터 화면에서 보는 컬러 이미지는 RGB 색상 모드로 구성되어 있기 때문에 세 가지 채널을 확인할 수 있습니다. Channels 패널에서는 모든 채널이 선택되어 활성화된 것을 볼 수 있으며, 모든 색상 채널이 혼합되어 완전한 컬러 이미지를 보여 줍니다.

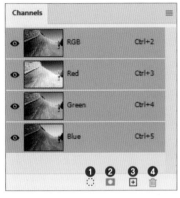

▲ RGB 모드의 Channels 패널

❶ Load channel as selection : 채널을 선택 영역으로 만듭니다.

❷ Save selection as channel : 선택 영역을 채널로 만듭니다.

❸ Create new channel : 새로운 알파 채널을 만듭니다.

❹ Delete current channel : 선택한 채널을 삭제합니다.

TIP ⟨⊦

메뉴에서 (Edit) → Preferences → Interface를 실행하여 표시되는 Preferences 대화상자의 Options에서 'Show Channels in Color'를 체크 표시하면 Channels 패널의 채널 색상이 원래의 색상(Red, Green, Blue)으로 변경됩니다.

Channels 패널에서 채널을 선택하면 선택된 채널만 회색으로 표시됩니다. 화면에서 회색으로 표시되는 것은
실제 색상을 표시하는 것이 아니라 사용자 인터페이스에서 회색으로 지정되어 있기 때문입니다.

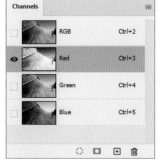

◀ 'Red' 채널을 선택한 모습

◀ 'Green' 채널을 선택한 모습

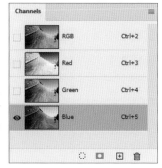

◀ 'Blue' 채널을 선택한 모습

TIP ⟨⇇

채널의 종류 알아보기

❶ **색상 채널** : 이미지 색상 모드를 기준으로 만들어지는 기본 채널로, 이미지를 구성하는 색상 정보를 저장
합니다.

❷ **스팟 채널** : 출력할 때 직접 별도의 색상을 만들어 이미지에 적용하는 채널로 특수한 목적을 위해 별색
인쇄를 할 때 만듭니다. 잘 이용하면 독특한 색감을 연출할 수 있어 이미지에 활력을 줄 수 있습니다.

❸ **알파 채널** : 직접 관리하기 위해 선택 범위를 지정해서 추가한 채널을 말하며 보통 합성 작업을 할 때 임
의로 추가하여 이용할 수 있습니다.

PHOTOSHOP

03 채널 만들어 선택 영역 저장하기

실습

선택 도구로 선택 영역을 지정해서 알파 채널로 설정하면, 필요에 따라 언제든지 지정한 선택 영역을 불러올 수 있습니다. 예제에서는 특정 인물을 선택 영역으로 지정한 다음 알파 채널로 설정하여 부분적인 흑백 이미지를 만들어 보겠습니다.

Before

After

• 예제파일 : 09\근위병.jpg

• 완성파일 : 09\근위병_완성.psd

01 09 폴더에서 '근위병.jpg' 파일을 불러옵니다. ❶ 오브젝트 선택 도구(⬚)를 선택한 다음 ❷ 근위병을 드래그하여 선택 영역으로 지정합니다.

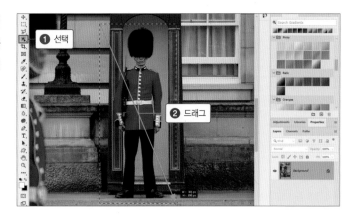

02 선택 영역을 저장하기 위해 ❶ 메뉴에서 (Select) → Save Selection을 실행합니다. Save Selection 대화상자가 표시되면 ❷ Name에 '근위병'을 입력한 다음 ❸ 〈OK〉 버튼을 클릭합니다.

03 Channels 패널에 알파 채널이 만들어
졌습니다. ❶ Ctrl+D를 눌러 선택 영
역을 해제합니다. ❷ '근위병' 알파 채널의 '눈'
아이콘(👁)을 클릭하여 활성화하면 그림과 같
이 선택 영역으로 지정된 근위병은 컬러로 보이
고, 나머지는 빨간색으로 표시됩니다.

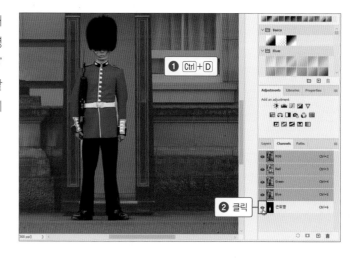

04 ❶ '근위병' 알파 채널의 '눈' 아이콘(👁)
을 클릭하여 비활성한 다음 ❷ Ctrl을 누
른 상태에서 '근위병' 알파 채널을 클릭하면 다시
선택 영역으로 지정됩니다.

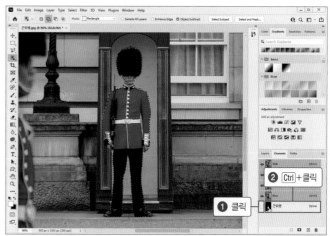

05 메뉴에서 (Select) → Inverse(Shift+
Ctrl+I)를 실행하여 선택 영역을 반전
합니다. 메뉴에서 (Image) → Adjustments →
Desaturate(Shift+Ctrl+U)를 실행합니다. 근
위병을 제외한 나머지 이미지가 그림과 같이 흑
백으로 변경됩니다.

PHOTOSHOP
04 복잡한 영역 누끼 따기

실습

컬러 채널을 이용하면 선택하기 어려운 영역을 손쉽게 지정할 수 있습니다. 가장 효과적인 컬러 채널을 선택하고 해당 채널을 복제하여 흑백 대비가 명확한 채널로 만든 다음 복잡한 영역을 선택 영역으로 지정하여 배경 부분을 투명하게 만들어 보겠습니다.

Before

• 예제파일 : 09\기구.jpg

After

• 완성파일 : 09\기구_완성.psd

01 09 폴더에서 '기구.jpg' 파일을 불러옵니다.
Channels 패널을 선택하여 컬러 채널을 표시합니다.

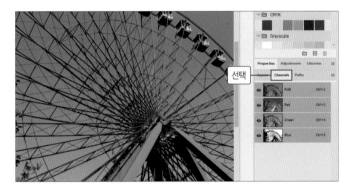

02 각 채널을 선택하여 흑백 대비가 가장 명확한 채널을 찾습니다. 'Red' 채널과 'Green' 채널을 선택하면 배경과 놀이 기구의 흑백 구분이 명확하지 않습니다.

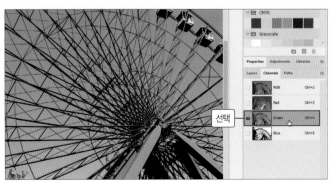

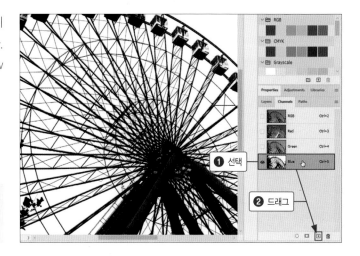

03 ❶ 'Blue' 채널을 선택하면 흑백 대비가 가장 큰 것을 확인할 수 있습니다. Blue 채널을 복사하기 위해 ❷ 'Create new channel' 아이콘(▣)으로 드래그합니다.

TIP ◁
채널 이미지에서 아직 회색 영역이 보이므로 검은색으로 변경해야 명확하게 선택 영역으로 지정할 수 있습니다.

04 'Blue copy' 채널이 만들어졌습니다. 흑백 대비를 조절하기 위해 메뉴에서 (Image) → Adjustments → Levels를 실행합니다.

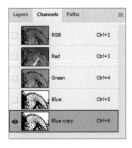

05 Levels 대화상자가 표시되면 놀이 기구의 기둥 영역을 기준으로 섀도 영역을 조절하기 위해 ❶ 섀도 탭을 오른쪽으로 드래그합니다. 예제에서는 '114'로 설정했습니다. ❷ 〈OK〉 버튼을 클릭합니다.

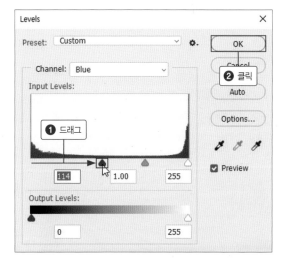

06 회색 영역이 그림과 같이 검은색으로 변경된 것을 확인할 수 있습니다. 'RGB' 채널을 선택하여 현재 레이어로 지정하며 'Blue Copy' 채널이 비활성화됩니다.

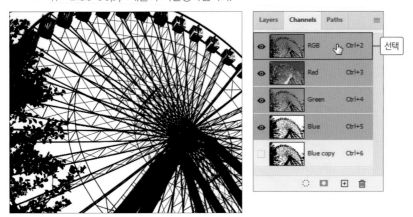

07 Ctrl을 누른 상태에서 'Blue copy' 채널을 선택합니다. 그림과 같이 놀이 기구 외의 배경 부분이 선택 영역으로 지정됩니다.

08 놀이 기구만 선택 영역으로 지정하기 위해 메뉴에서 [Select] → Inverse를 실행하여 선택 영역을 반전합니다.
❶ Ctrl+J를 눌러 선택된 부분만 새로운 레이어로 만듭니다. ❷ 'Background' 레이어의 '눈' 아이콘(◉)을 클릭하여 비활성화하면 놀이 기구 이미지만 확인할 수 있습니다.

PHOTOSHOP

05 채널 마스크 알아보기

이론

마스크는 이미지를 보호하는 가림판이라고 생각할 수 있습니다. 예를 들어, 검은색 가림판에 문자를 입력하고 가위로 오려 문자에 구멍을 냅니다. 그 밑에 이미지를 배치하고 노란색 스프레이를 뿌리면 구멍이 뚫린 문자 부분에는 노란색 페인트가 뿌려져 사진에 문자가 표시되고, 나머지 사진 배경은 보호됩니다. 이처럼 보호 역할을 하는 검은색 가림판을 마스크라고 이해하면 됩니다.

▲ 문자 입력

▲ 문자를 오려 구멍을 낸 가림판과 뒤쪽의 이미지

▲ 스프레이로 페인트를 뿌린 모습

▲ 배경이 보호된 상태에서 문자만 표시

포토샵에서 채널 마스크를 만드는 방법도 같은 원리입니다. 이미지를 불러오면 그림과 같이 Channels 패널에는 해당 컬러의 채널이 위치합니다. 먼저 손 이미지에서 손 부분을 마스크로 보호할 것인지, 배경 부분을 보호할 것인지 정해야 합니다.

▲ 원본 이미지

검은색은 보호되는 부분이고, 흰색은 뚫리는 부분입니다. 선택 영역인 손 부분은 흰색, 배경 부분은 검은색으로 표시됩니다. 선택 영역을 불러온 다음 효과를 적용하면 손 부분만 효과가 적용됩니다.

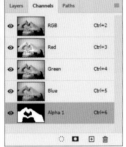

▲ 손 이외의 배경 부분만 마스크로 보호　　　　　　　　　　　　　　　　　▲ 손 부분만 선택 영역으로 지정된 상태에서 필터 적용

Ctrl+ I 를 눌러 채널을 반전시키면 손 부분은 검은색, 배경은 흰색으로 변경됩니다. 물론 마스크로 보호되는 부분은 손이 됩니다.

▲ 손 부분만 마스크로 보호　　　　　　　　　　　　　　　　　　　　　　　▲ 배경만 선택 영역으로 지정된 상태에서 배경 이미지 교체

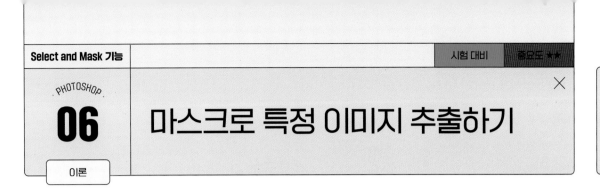

포토샵의 Select and Mask 기능을 이용하면 특정 이미지를 선택하여 추출할 수 있습니다. 추출한 이미지는 이미지 합성 작업에 유용하게 사용 가능합니다.

❶ Select and Mask 기능 알아보기 ● ● ●

이미지에서 특정 영역을 선택할 때 Select and Mask 기능을 이용하면 간단하게 이미지를 추출할 수 있습니다. 특정 부분을 마스크 영역으로 지정하면 해당 부분은 제거되지 않고 그대로 유지되며, 나머지 부분은 투명 영역으로 변환할 수 있습니다. 이 기능을 사용하면 이미지 합성 작업에서 불필요한 부분은 제거되어 결과물을 미리 보며 합성 작업을 할 수 있는 장점이 있습니다.

다음 그림과 같이 인물 부분만 마스크로 지정한 상태에서 하늘 배경 부분만 투명하게 만들면 미리 위치시킨 여름 이미지가 인물과 합성되어 보입니다.

▲ 원본 이미지

▲ 인물만 추출한 이미지

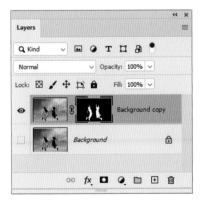

▲ 레이어 마스크가 적용된 상태

▲ 배경을 합성한 이미지

❷ Select and Mask 옵션 살펴보기 •••

메뉴에서 〔Select〕 → Select and Mask(Alt+Ctrl+R)를 실행하면 그림과 같은 Tools 패널과 Properties 패널이 표시됩니다. 여기에서 추출할 영역의 마스킹 작업을 정교하게 조절할 수 있습니다. 포토샵 CC 2021 버전부터는 털이나 머리카락을 자동으로 추출해 주는 〈Refine Hair〉 버튼이 추가되었습니다.

❶ **빠른 선택 도구** : 빠르게 영역을 지정합니다.

❷ **리파인 에지 브러시 도구** : 영역 가장자리를 다듬을 때 사용합니다.

❸ **브러시 도구** : 브러시로 영역을 지정할 때 사용합니다.

❹ **오브젝트 선택 도구** : 드래그한 부분을 기준으로 빠르게 영역을 선택합니다.

❺ **올가미 도구** : 직접 드래그하는 방식으로 영역을 지정합니다.

❻ **손 도구** : 화면을 이동할 때 사용합니다.

❼ **돋보기 도구** : 화면을 확대 또는 축소합니다.

❽ **Select Subject** : 선택 영역을 자동으로 지정합니다.

❾ **Refine Hair** : 머리카락이나 외곽선 부분을 자동으로 선택 영역으로 지정합니다.

❿ **View** : 미리 보기 모드를 지정합니다. 기본 설정은 반투명한 Onion Skin 모드로 영역을 지정한 부분만 또렷하게 표시합니다.

▲ Onion Skin

▲ Marching Ants

▲ Overlay

▲ On Black

▲ On White

▲ Black & White

▲ On Layers

Select and Mask 기능 　　　　　　　　　　　　　　　　　　　　　　　　　시험 대비　　중요도 ★★★

PHOTOSHOP
07 가느다란 털 선택하고 합성하기

실습

Select and Mask 기능의 Refine Hair 옵션을 이용하면 드래그만으로도 세밀한 선택 영역을 지정할 수 있습니다. 예제에서는 고양이 털 부분을 섬세하게 선택한 다음 배경색을 지정해서 합성해 보겠습니다.

Before　　　　　After

• 예제파일 : 09\털.jpg　　　　　　　• 완성파일 : 09\털_완성.psd

01 09 폴더에서 '털.jpg' 파일을 불러옵니다. 고양이를 대충 선택하기 위해 ❶ 빠른 선택 도구(🖌)를 선택한 다음 ❷ 고양이의 머리부터 꼬리까지 드래그하여 선택 영역으로 지정합니다. 옵션바에서 ❸ 〈Select and Mask〉 버튼을 클릭합니다.

02 Properties 패널에서 ❶ View 미리 보기 화면의 팝업 버튼을 클릭하고 ❷ 'On Black'으로 지정합니다.

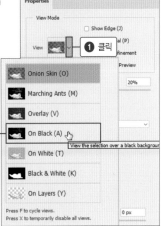

03 ❶ Opacity를 '100%'로 설정하여 고양이 이외의 영역을 검은색으로 표시합니다. 고양이는 외곽 형태만 대략적으로 선택되어 있습니다. ❷ 옵션바에서 〈Refine Hair〉 버튼을 클릭합니다.

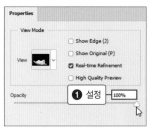

04 고양이의 일부 털 부분이 섬세하게 표시됨을 확인할 수 있습니다.

05 고양이의 외곽선 털 부분을 섬세하게 표현하기 위해 ❶ 리파인 에지 브러시 도구(✎)를 선택한 다음 ❷ 고양이의 외곽선을 따라 털 끝부분을 드래그합니다. 드래그할 때마다 고양이 털이 세밀하게 표시됩니다.

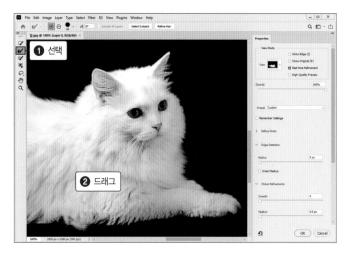

06 작업물을 새 레이어로 내보내기 위해 ❶ 'Output To'를 클릭해서 ❷ 'New Layer'로 지정한 다음 ❸ 〈OK〉 버튼을 클릭합니다.

07 그림과 같이 전체 이미지에서 추출된 고양이 이미지만 화면에 표시됩니다. 단색 배경과 합성하기 위해 Layers 패널에서 ❶ 'Background' 레이어를 선택합니다. ❷ 'Create new fill or adjustment layer' 아이콘(◉)을 클릭하고 ❸ Solid Color를 실행합니다.

08 Color Picker 대화상자가 표시되면 ❶ 색상을 'R:130, G:34, B:77'로 지정한 다음 ❷ 〈OK〉 버튼을 클릭합니다. 배경 색이 적용된 것을 확인할 수 있습니다.

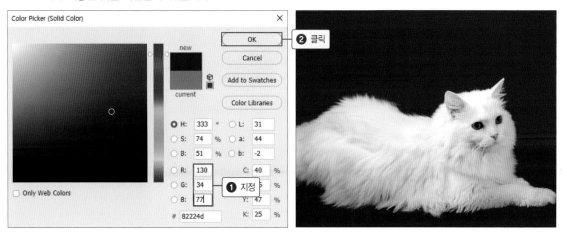

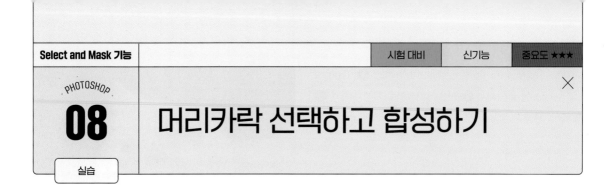

| Select and Mask 기능 | | 시험 대비 | 신기능 | 중요도 ★★★ |

PHOTOSHOP

08 머리카락 선택하고 합성하기

실습

• **예제파일** : 09\머리카락.jpg, 모래.jpg   • **완성파일** : 09\머리카락_완성.psd   • • •

---

01 09 폴더에서 '머리카락.jpg' 파일을 불러옵니다.

인물을 대충 선택하기 위해 빠른 선택 도구()를 선택합니다.

---

02 ❶ 인물의 머리카락부터 몸 전체를 드래그하여 선택 영역으로 지정합니다.

❷ 옵션바에서 〈Select and Mask〉 버튼을 클릭합니다.

TIP ⟨⊢

인물의 외곽선을 기준으로 얼굴이나 몸 전체에서 선택 영역이 빠진 부분이 없는지 확인합니다.

03 Properties 패널에서 ❶ View 미리
보기 화면의 팝업 버튼을 클릭한 다음
❷ 'Overlay'로 지정하면 그림과 같이 선택 영
역 이외의 배경이 빨간색으로 표시됩니다.

Why? 👉

선택 영역을 세밀하게 작업할 때는 View를
'Overlay'로 지정하는 것이 편리합니다. 합성할 이미
지를 미리 보면서 작업할 때는 'Onion Skin'으로 지
정하여 작업하는 것이 좋습니다

04 옵션바에서 〈Select Subject〉 버튼을
클릭하고 ❶ 〈OK〉 버튼을 클릭합니다.
선택 영역을 자동으로 추가한 다음 ❷ 리파인 에
지 브러시 도구(📷)를 선택하고 ❸ 복잡한 머리
카락의 끝부분을 드래그합니다. 그림과 같이 머
리카락 사이의 빈 영역까지 빨갛게 채워집니다.

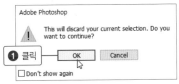

TIP 👉

브러시 크기를 확대 또는 축소하여 자유롭게 드래그
합니다.

05 ❶ View 미리 보기 화면의 팝업 버튼
을 클릭한 다음 ❷ 'Black & White'로
지정하면 선택된 부분은 흰색으로, 선택되지 않
은 부분은 검은색으로 나타납니다.

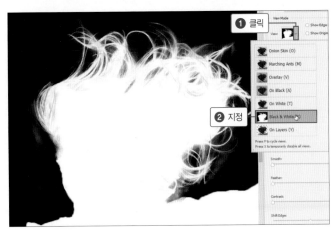

06 Output Settings 항목에서 ❶ 'Output To'를 클릭해 ❷ 'New Layer with Layer Mask'로 지정한 다음 ❸ 〈OK〉 버튼을 클릭합니다.

07 배경 이미지를 추가하기 위해 09 폴더에서 '모래.jpg' 파일을 불러옵니다.
❶ Ctrl+A를 눌러 이미지를 전체 선택하고 ❷ Ctrl+C를 눌러 복사합니다.

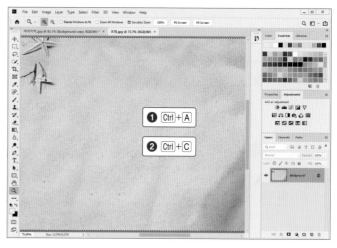

08 ❶ '머리카락.jpg' 작업 창을 선택하고 ❷ Ctrl+V를 눌러 모래 이미지를 붙여 넣고 배치합니다.
Layers 패널에서 모래 이미지가 저장된 ❸ 'Layer 1' 레이어를 'Background copy' 레이어 아래로 드래그하면 합성된 이미지를 확인할 수 있습니다.

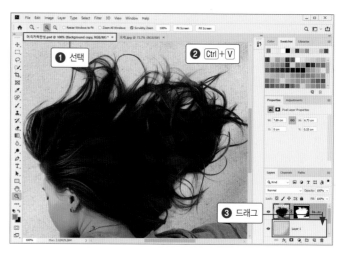

PHOTOSHOP

09 얼굴을 자동 인식하여 성형하기

이론 | 실습

Liquify는 이미지 표면을 잡아당기는 방식으로 유동적인 변화를 줄 수 있으며, 드래그하는 대로 자유자재로 변형할 수 있기 때문에 날씬한 몸매를 만들거나 눈을 크게 만드는 등 인물 사진을 쉽게 수정할 수 있습니다. 메뉴에서 (Filter) → Liquify(Shift+Ctrl+X)를 실행하면 Liquify 대화상자를 표시할 수 있습니다.

❶ 변형 도구(Forward Warp Tool W) : 브러시를 사용하는 것처럼 드래그하여 이미지를 변형합니다.

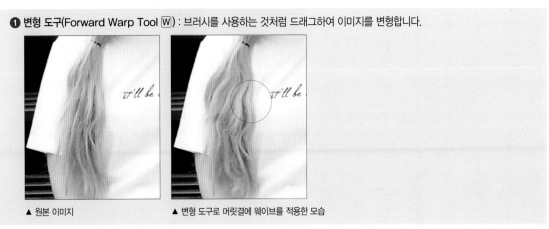

▲ 원본 이미지　　　　▲ 변형 도구로 머릿결에 웨이브를 적용한 모습

❷ 복구 도구(Reconstruct Tool [R]) : 복구 기능으로 변형된 영역을 드래그하면 차츰 복구됩니다.

❸ 스무드 도구(Smooth Tool [E]) : 형태를 부드럽게 만듭니다.

❹ 회전 도구(Twirl Clockwise Tool [C]) : 시계 방향으로 회전하는 것처럼 변형합니다.

❺ 축소 도구(Pucker Tool [S]) : 수축하는 방식으로 변형합니다.

▲ 원본 이미지 　　　　　　　　　　▲ 축소 도구로 인물의 팔을 축소한 이미지

❻ 확대 도구(Bloat Tool [B]) : 축소 도구와 반대로 이미지를 팽창하여 변형합니다.

❼ 왜곡 도구(Push Left Tool [O]) : 위로 드래그하면 픽셀을 왼쪽으로 밀고, 아래로 드래그하면 픽셀을 오른쪽으로 밀어 이미지를 변형합니다.

❽ 마스크 도구(Freeze Mask Tool [F]) : 이미지가 변형되지 않도록 고정하는 도구입니다. 이미지를 마스크 도구로 드래그하면 해당 영역에 빨간색이 칠해져 다른 영역과 구분되며 이미지가 변형되지 않습니다.

▲ 인물 이외의 배경에 마스크를 설정한 모습　　　　▲ 마스크를 설정한 영역이 왜곡되지 않은 모습

❾ 마스크 지우개 도구(Thaw Mask Tool [D]) : 고정한 영역을 제거하여 변형합니다.

❿ 페이스 도구(Face Tool [A]) : 얼굴을 조절할 때 최적화된 도구입니다.

⓫ 손 도구(Hand Tool [H]) : 작업 화면을 이동할 때 사용합니다.

⓬ 돋보기 도구(Zoom Tool [Z]) : 화면을 확대할 때 사용하는 도구로, [Alt]를 누른 상태로 클릭하면 화면이 축소됩니다.

⓭ Brush Tool Options : 브러시 크기, 농도, 강약, 브러시 비율, 난류 도구 변형도, 태블릿 압력 인식 등을 조절합니다.

⓮ Face-Aware Liquify : 얼굴을 부분적으로 선택하여 코를 높이거나, 미소를 크게 만들거나, 얼굴을 변형할 수 있습니다.

⓯ Load Mesh Options : 메시를 이용하여 변형 작업을 진행하는 기능입니다.

⓰ Mask Options : 이미지가 변형되지 않는 마스크 영역을 설정합니다.

⓱ View Options : 작업 화면 보기 상태를 설정합니다.

⓲ Brush Reconstruct Options : 왜곡된 이미지를 복구할 때 사용할 옵션을 선택합니다.

Liquify 대화상자에서 페이스 도구나 Face-Aware Liquify를 이용하면 인물 사진을 자동으로 인식하여 눈, 코, 입, 표정, 얼굴 형태를 마음대로 보정할 수 있습니다.

Before

· 예제파일 : 09\성형.jpg

After

· 완성파일 : 09\성형_완성.jpg

01 09 폴더에서 '성형.jpg' 파일을 불러옵니다.

얼굴을 변형하기 위해 먼저 메뉴에서 (Filter) → Liquify(Shift+Ctrl+X)를 실행하여 Liquify 대화상자를 표시합니다.

02 눈을 크게 만들기 위해 'Eyes'를 확장하고 ❶ Eye Size를 '90'으로 설정합니다. 오똑한 콧날을 만들기 위해 'Nose'를 확장하고 ❷ Nose Width를 '-100'으로, 얼굴을 갸름하게 수정하기 위해 ❸ Face Width를 '-100'으로 설정한 다음 ❹ 〈OK〉 버튼을 클릭합니다.

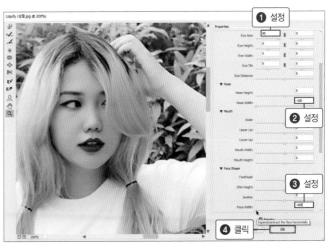

동영상으로 배우는 **포토샵 CC 2023**

채널 기능을 이용한 상품 패키지 디자인

예제 소개 영상

포토샵 채널 개념을 이해하고 있다면, 채널을 활용해 감각적인 그래픽 이미지를 만들 수도 있습니다. 흑백 이미지에서 색상 채널을 분리하여 채널 분할 색상 요소를 만들어 역동적이고 독특한 분위기의 이미지를 제작해 봅니다.

이미지 크기	120×100mm
해상도	300dpi
소스 파일	09\image_sports.jpg
완성 파일	09\패키지라벨.psd, 라벨.jpg, 목업.jpg

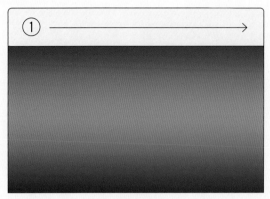

① ⟶

RGB 모드의 문서로 그러데이션 배경 만들기

② ⟶

개체 선택 도구로 인물 이미지 추출 후 흑백 전환하기

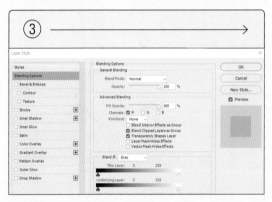

③ ⟶

인물 레이어 복제 후 레이어 스타일의 R(빨간색)만 체크 표시, G(녹색)과 B(파란색) 채널 체크 표시 해제하기

④ ⟶

픽셀 유동화 필터와 뒤틀기 도구로 사진의 일부분 변형하기

⑤ ⟶

인물 레이어 하단에 도형 도구로 그러데이션 직사각형 만들기

⑥ ⟶

문자 도구를 이용하여 제품명과 제품 정보 입력하기

PART 10.

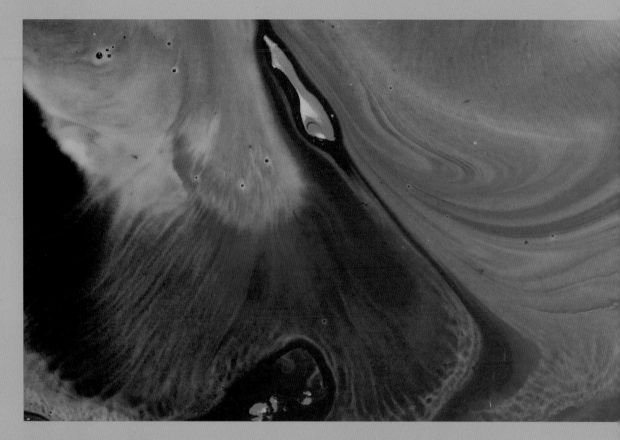

드로잉 도구를 이용하여
그림 그리기

① 브러시 도구와 연필 도구 알아보기

② 인물 일러스트 그리기

③ 문자 브러시로 두께가 있는 입체 문자 만들기

④ 원하는 부분만 드래그하는 대로 지우기

⑤ 회화적인 이미지 만들기

⑥ 이미지 복제하기

⑦ 피부 잡티 제거하기

⑧ 패스를 그리는 도구 알아보기

⑨ 펜 도구로 일러스트 그리기

⑩ 곡률 펜 도구로 방향선 없이 패스 만들기

⑪ 곡선과 직선의 선택 영역 지정하기

⑫ 로고를 패스선으로 따기

⑬ 선과 도형을 그리는 도구 알아보기

⑭ 기본 원형 셰이프 만들기

⑮ 셰이프 도구로 기본 도형을 이용한 이모티콘 그리기

⑯ 실루엣 이미지 만들기

⑰ 밤하늘 이미지 연출하기

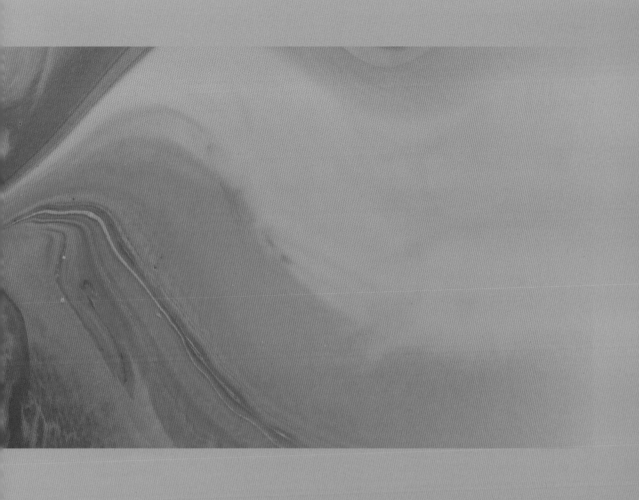

자유로운 드로잉을 위한 브러시 도구와 지우개 도구, 이미지 복원을 위한 힐링 브러시 도구 등 다양한 드로잉 도구를 알아봅니다.

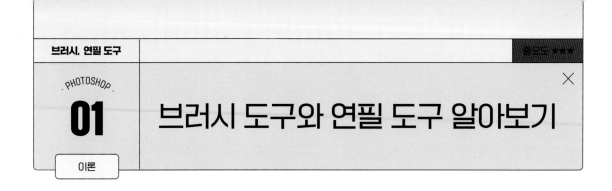

브러시 도구와 연필 도구 알아보기

❶ 브러시 도구 옵션바 살펴보기

브러시 도구(✏️)를 이용하면 넓은 면적을 칠하여 이미지에 붓 터치를 적용할 수 있습니다. 브러시 옵션바에서 브러시 모양을 선택하고 크기나 투명도 등을 설정합니다.

❶ **브러시 설정 창** : 옵션바에서 현재 선택된 브러시 오른쪽 팝업 버튼을 클릭하면 표시되며 브러 시 크기와 모양을 선택할 수 있습니다. 다양한 브러시가 목록으로 표시됩니다.

ⓐ **Size** : 브러시 크기를 조절합니다.

ⓑ **Hardness** : 브러시 강도를 조절하며, 값이 클수록 브러시 끝부분이 단단해집니다.

ⓒ **브러시 검색창** : 브러시 이름을 입력하여 브러시를 검색합니다.

ⓓ **프리셋** : 포토샵에서 제공하는 브러시 견본의 이름과 크기, 모양을 표시합니다.

ⓔ **브러시 설정 메뉴** : 브러시를 불러오거나 브러시 표시 방법을 설정할 수 있습니다.

ⓕ **Create a new preset from this brush** : 직접 여러 가지 옵션을 설정해 새롭게 만든 브러시 모양과 크기를 프리셋에 등록합니다.

❷ **Toggle the Brush settings panel** : Brush Settings 패널을 표 시하는 아이콘으로 포토샵에서 제공하는 브러시 외에 자신만의 독특한 브러시를 직접 만들고자 할 때 Brush Settings 패널에서 다양한 옵션 을 설정합니다.

ⓐ **브러시 선택 창** : 원하는 브러시 스타일을 선택합니다.

ⓑ **Size** : 브러시의 크기를 설정합니다. 값이 클수록 브러시가 커집니다.

ⓒ **Angle** : 브러시 각도를 조절합니다.

ⓓ **Roundness** : 브러시의 둥근 정도를 조절합니다.

ⓔ **Hardness** : 브러시의 단단한 정도를 조절합니다.

ⓕ **Spacing** : 브러시의 간격을 조절합니다.

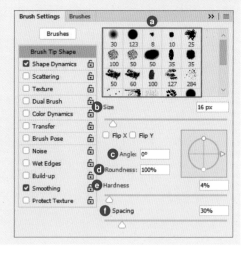

TIP 👈

브러시는 메뉴에서 (**Edit**) → **Define Brush Preset**을 실행하여 직접 만들 수 있으며 브러시를 제공하는 웹 사이트에서 다운로드할 수도 있습 니다. 브러시를 다운로드하고 압축을 해제한 다음 브러시 설정 메뉴에서 **Import Brushes**를 실행하면 다운로드한 브러시 파일이 불러들여집니다.

❸ **Mode** : 브러시 도구를 이용하여 드로잉할 때 브러시의 색상과 배경 이미지 합성 방식을 지정합니다.

❹ **Opacity** : 브러시의 불투명도를 조절합니다. 값이 작을수록 투명하게 채색됩니다. Opacity를 줄여 작업하면 투명하게 표현되어 여러 번 덧칠한 듯이 겹치는 느낌을 표현할 수 있습니다.

▲ Opacity : 100%

▲ Opacity : 50%

❺ **Pressure for Opacity** : 태블릿으로 작업할 때 펜 압력을 이용하여 브러시의 불투명도를 변경합니다.

❻ **Flow** : 브러시의 강약을 조절하며 값이 작을수록 강도가 낮아져서 브러시 터치가 축소됩니다.

▲ Flow : 100%

▲ Flow : 30%

❼ **Airbrush-style build-up effects** : 에어브러시 기능을 설정합니다. 클릭하는 동안 이동하지 않아도 계속 색상이 뿌려집니다.

❽ **Smoothing** : 브러시 획의 부드러운 정도를 설정합니다.

❾ **Smoothing Options** : 브러시 획을 조정할 수 있는 옵션을 제공합니다. 연필 도구나 브러시 도구, 지우개 도구를 선택한 다음 옵션바의 Smoothing을 설정(0~100)하고 설정 아이콘을 클릭하여 브러시 획을 설정할 수 있습니다.

ⓐ **Pulled String Mode** : 브러시를 드래그하면 표시되는 안내선이 팽팽한 경우에 드로잉되며, 원형의 보정 영역 안에서 마우스 커서를 이동하면 표시가 남지 않습니다.

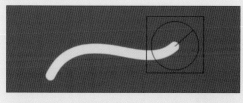

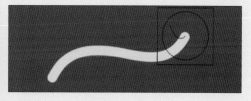

▲ 브러시 안내선이 팽팽할 경우에만 브러시가 표시되는 모습

ⓑ **Stroke Catch-up** : 드래그하다가 위치 이동 없이 계속 클릭하면 마우스 커서가 위치한 지점까지 그려집니다.

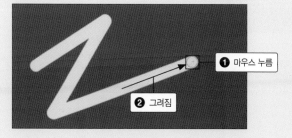

❶ 마우스 누름

❷ 그려짐

ⓒ Catch-up on Stroke End : 드래그하다가 클릭하면 마우스 커서가 위치한 위치까지 그려집니다.

마우스 누름

ⓓ Adjust for Zoom : 보정을 조정하여 획이 지저분해지지 않도록 합니다. 문서를 확대하면 보정이 감소하고, 축소하면 보정이 증가합니다.

❿ Set the brush Angle : 브러시 각도를 조절합니다.

⓫ Pressure for Size : 태블릿으로 작업할 때 펜 압력을 이용하여 브러시 크기를 변경합니다.

⓬ Symmetry : 대칭축을 표시하여 한 번에 대칭축을 기준으로 여러 개의 이미지를 작성할 때 이용합니다.

  ⓐ Vertical : 세로축을 중심으로 대칭축을 만듭니다.

  ⓑ Horizontal : 가로축을 중심으로 대칭축을 만듭니다.

  ⓒ Dual Axis : 십자 형태의 대칭축을 만듭니다.

  ⓓ Diagonal : 사선 형태의 대칭축을 만듭니다.

  ⓔ Wavy : 물결 형태의 대칭축을 만듭니다.

  ⓕ Circle : 원 형태의 대칭축을 만듭니다.

  ⓖ Spiral : 나선 형태의 대칭축을 만듭니다.

  ⓗ Parallel Lines : 평행선 형태의 대칭축을 만듭니다.

  ⓘ Radial : 방사 형태의 대칭축을 만듭니다.

  ⓙ Mandala : 만다라 형태의 대칭 그림을 그릴 수 있는 대칭축을 만듭니다.

❷ 연필 도구 알아보기 • • •

연필 도구(✏)는 주로 가느다란 선을 그릴 때 사용하며 좁은 영역을 색칠하거나 수정할 때 이용합니다.

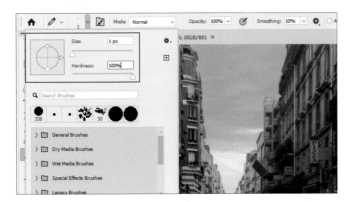

브러시 도구와 마찬가지로 드래그한 방향대로 선이 그려지고 옵션바에서 굵기 등을 지정할 수 있습니다. 연필 도구 옵션바는 브러시 도구 옵션바와 같지만, 'Enable airbrush mode' 기능이 없고 그린 선을 지우는 'Auto Erase' 기능이 있습니다.

❸ Brush Settings 패널 알아보기 ● ● ●

Brush Settings 패널은 메뉴에서 〔Window〕 → Brush Settings(F5)를 실행하거나, 브러시 도구 옵션바에서 'Toggle the Brush Settings panel' 아이콘(🗹)을 클릭하여 표시할 수 있습니다.

❹ Brushes 패널 알아보기 ● ● ●

브러시 견본 목록을 볼 수 있습니다. 메뉴에서 〔Window〕 → Brushes를 실행하거나 Brush Settings 패널에서 〈Brushes〉 버튼을 클릭하면 표시할 수 있습니다.

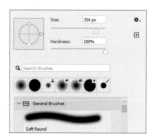

❺ Brush Tip Shape 항목 살펴보기 ● ● ●

Brush Settings 패널의 Brush Tip Shape 항목은 브러시 끝 모양을 다듬을 수 있는 옵션으로, 브러시 질감 및 느낌을 결정합니다. 옵션을 조절하면 브러시 하나를 여러 가지 느낌으로 표현할 수 있습니다.

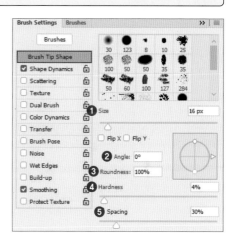

❶ Size(Diameter) : 브러시 크기를 조절합니다.

❷ Angle : 브러시 각도를 조절합니다.

❸ Roundness : 브러시 끝 모양을 조절합니다. 100%는 완전한 원형, 0%는 선형이 됩니다.

❹ Hardness : 브러시 외곽 테두리를 조절합니다. 값이 작을수록 연해집니다.

❺ Spacing : 브러시가 그려지는 간격을 조절합니다. 값이 클수록 간격이 넓은 점선이 됩니다.

▲ Spacing : 1%

▲ Spacing : 150%

❻ Shape Dynamics 옵션 살펴보기 • • •

브러시의 테두리 모양을 세부적으로 지정할 수 있습니다.

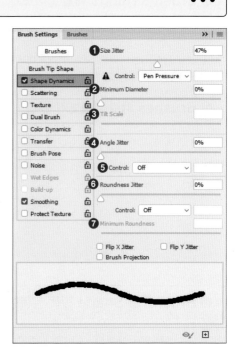

❶ Size Jitter : 붓 터치를 확대 및 축소하여 울퉁불퉁한 브러시를 만들 수
있습니다.

❷ Minimum Diameter : 붓 터치 크기가 변화되는 최소 크기를 조절하며
선의 양 끝을 가늘게 처리할 수 있습니다.

❸ Tilt Scale : 태블릿 PC를 사용할 때 압력 정도에 따라 브러시 크기를 조
절합니다.

❹ Angle Jitter : 붓 터치가 찍힐 때 각도를 조절합니다.

❺ Control : 태블릿 PC 기능을 사용할지, 사용하지 않을지, 태블릿 PC를
사용했을 때 끝부분을 가늘게 할지를 지정합니다.

❻ Roundness Jitter : 브러시 끝부분을 둥글게 하거나 모가 난 빈도를
조절합니다. 값이 클수록 불규칙한 상태가 됩니다.

❼ Minimum Roundness : Roundness의 최소화된 크기를 조절합
니다. 값이 작을수록 Roundness 크기가 최소화됩니다.

❼ Scattering 옵션 살펴보기 • • •

브러시의 분산 정도를 조절하는 옵션입니다. Scatter 값이 크
면 낙엽, 눈, 꽃잎이 날리는 모양을 쉽게 만들 수 있습니다.

❶ Scatter : 브러시 패턴의 흐트러짐을 조절합니다. 값이 클수록 패턴이
분산됩니다.

❷ Both Axes : 일정한 축을 중심으로 분산하는 옵션입니다.

❸ Control : 태블릿 PC와 연계할 때 동작하는 기능입니다.

❹ Count : 붓 터치 간격을 조절합니다.

❺ Count Jitter : Count의 빈도 수를 조절합니다.

❽ Texture 옵션 살펴보기 • • •

브러시에 무늬를 삽입하는 옵션으로 질감이 강한 브러시를 만들 때 주로 이용합니다.

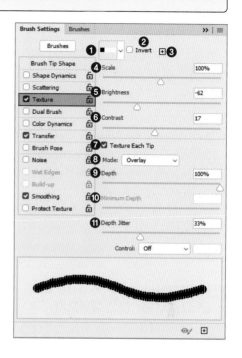

❶ 텍스처 : 포토샵에서 제공하는 질감을 지정합니다.

❷ Invert : 삽입한 질감의 무늬를 반전시켜 덧입합니다.

❸ Create : 새로 만든 질감을 등록합니다.

❹ Scale : 삽입한 질감의 크기를 확대하거나 축소합니다.

❺ Brightness : 질감의 밝기를 조절합니다.

❻ Contrast : 질감의 색 대비를 조절합니다.

❼ Texture Each Tip : 질감이 반복 삽입되면 각 질감에 대해 설정할 수 있습니다.

❽ Mode : 질감과 붓 터치의 합성 방법인 블렌딩 모드를 지정합니다.

❾ Depth : 질감이 각인되는 높낮이를 조절합니다.

❿ Minimum Depth : 최솟값 높낮이를 조절합니다.

⓫ Depth Jitter : 질감이 각인되는 높낮이가 순환되도록 발생 빈도를 조절합니다.

❾ Dual Brush 옵션 살펴보기 • • •

앞서 설정한 브러시에 새로운 브러시를 추가하여 두 개의 브러시 특성을 합쳐서 새로운 브러시를 만듭니다.

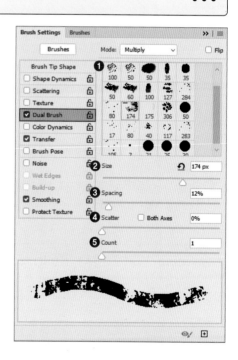

❶ 프리셋 : 새로 추가할 브러시를 선택합니다.

❷ Size(Diameter) : 새로 추가한 브러시의 크기를 조절합니다.

❸ Spacing : 추가한 브러시의 붓 터치 간격을 조절합니다.

❹ Scatter : 추가한 브러시의 분산 정도를 조절합니다.

❺ Count : 추가한 브러시의 밀집 정도를 조절합니다.

⑩ Color Dynamics 옵션 살펴보기 　　　• • •

브러시 색상에서 배경색과 전경색의 사용 빈도를 결정합니다. Color Dynamics 옵션을 이용하면 브러시 하나로 다양한 색상을 표현할 수 있어 다채로운 이미지를 만들 수 있습니다.

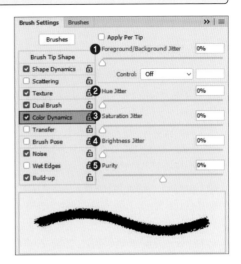

❶ Foreground/Background Jitter : 전경색과 배경색 빈도를 조절합니다. 값이 작을수록 전경색이 추가됩니다.
❷ Hue Jitter : 색조 사용 빈도 수를 조절하는 옵션으로 값이 크면 그만큼 다른 색조가 많이 혼합됩니다.
❸ Saturation Jitter : 값이 클수록 채도가 낮아집니다.
❹ Brightness Jitter : 값이 클수록 명도가 낮아집니다.
❺ Purity : 색상의 순수한 정도를 조절하며 값이 작으면 순도도 낮아집니다.

⑪ Transfer 옵션 살펴보기 　　　• • •

불투명한 정도를 조절하는 옵션입니다. Brush Tip Shape 항목에서 Spacing 옵션이 설정되어 있을 때 더 많은 효과가 나타납니다.

❶ Opacity Jitter : 브러시의 불투명도 빈도를 조절하며 값이 클수록 투명해집니다.
❷ Flow Jitter : 값이 클수록 브러시를 사용할 때 색상이 사용되는 부분과 사용되지 않는 부분이 혼용됩니다.

⑫ Noise, Wet Edges, Build-up, Smoothing, Protect Texture 옵션 살펴보기 　• • •

설정 값을 가지지 않는 항목으로 각각의 옵션에 체크 표시하면 해당하는 효과를 브러시에 표현할 수 있습니다.

❶ Noise : 브러시 주변에 거친 느낌을 줍니다.
❷ Wet Edges : 물이 묻은 브러시로 칠한 듯한 수채화 느낌을 만들 수 있습니다.
❸ Build-up : 에어브러시 기능을 설정합니다. 클릭하는 동안 이동하지 않아도 계속 색상이 뿌려집니다.
❹ Smoothing : 브러시 모양을 부드럽게 합니다.
❺ Protect Texture : 브러시 패턴 크기와 모양을 일정하게 만듭니다.

PHOTOSHOP
02 인물 일러스트 그리기

실습

브러시 도구를 이용하여 사진 이미지를 따라 드로잉 연습을 합니다. 예제에서는 인물 사진을 이용하여 라인 일러스트 드로잉을 해 보겠습니다.

Before **After**

• 예제파일 : 10\인물사진.psd • 완성파일 : 10\인물사진_완성.psd

01 10 폴더에서 '인물사진.psd' 파일을 불러옵니다.

밑그림으로 사용하기 위해 ❶ Layers 패널에서 'Create a new layer' 아이콘(⬛)을 클릭하여 'Layer 1' 레이어를 추가합니다.

메뉴에서 (Edit) → Fill을 실행하여 Fill 대화상자가 표시되면 ❷ Contents를 'White'로 지정한 다음 ❸ 〈OK〉 버튼을 클릭합니다.

Why? 👈
흰색의 이미지 레이어를 만드는 이유는 사진 이미지를 반투명하게 만들기 위해서입니다.

02 ❶ Layers 패널에서 'Layer 1' 레이어를 아래로 드래그하여 이동한 다음 ❷ 레이어 이름 부분을 더블클릭하고 ❸ 레이어 이름을 '레이어 1'로 변경합니다.

03 브러시 도구(✏)를 선택합니다. ❶ 옵션바에서 브러시 팝업 버튼을 클릭하고 ❷ 브러시를 'Hard Round'로 지정한 다음 ❸ Size를 '13px'로 설정합니다.

04 옵션바에서 Smoothing을 '90%'로 설정합니다.

TIP ◁
Smoothing이 100%에 가까워질수록 선이 매끄럽게 그어집니다.

05 Layers 패널에서 ❶ '인물사진' 레이어를 선택한 다음 ❷ Opacity를 '30%'로 설정하여 희미하게 적용합니다.

Why? ☞
원본 이미지의 Opacity 값을 낮추면 새로 그리는 일러스트의 작업 상태를 상대적으로 뚜렷하게 확인할 수 있고, 원본 이미지 위에 작업하는 실수를 줄일 수 있습니다.

06 Layers 패널에서 'Create a new layer' 아이콘(🔲)을 클릭하여 새 레이어를 추가합니다. ❶ 브러시 도구(🖌)를 선택한 다음 ❷ 인물 사진 이미지를 따라 이목구비를 그립니다.

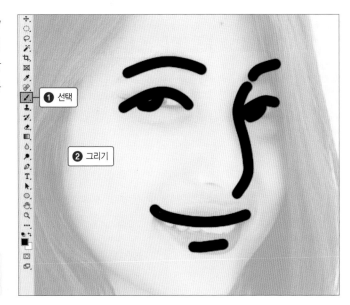

❶ 선택

❷ 그리기

TIP ⟨⟩

캐리커처는 단순할수록 잘 표현됩니다. 그리면서 인물을 단순화합니다.

07 나머지 부분을 드로잉하여 일러스트를 완성합니다.

그리기

TIP ⟨⟩

선을 그릴 때는 작업 화면을 확대해야 매끄럽게 표현됩니다.

08 라인 일러스트가 마무리되면 Layers 패널에서 '인물사진' 레이어의 '눈' 아이콘(👁)을 클릭하여 비활성화하면 이미지가 숨겨져 인물 일러스트를 확인할 수 있습니다.

클릭

PHOTOSHOP

03

실습

문자 브러시로 두께가 있는 입체 문자 만들기

✕

입력한 문자를 브러시로 등록하여 일반 브러시 사용 방법인 드래그 방식으로 사용해 봅니다. 예제에서는 문자 브러시를 이용하여 두께가 있는 입체 문자를 만들어 보겠습니다.

Before | After
· 예제파일 : 10\재즈.psd | · 완성파일 : 10\재즈_완성.psd

---

01 10 폴더에서 '재즈.psd' 파일을 불러옵니다.

문자를 입력하기 위해 ❶ 문자 도구(T.)를 선택합니다. 옵션바에서 ❷ 글꼴을 'BM HANNA Pro', 글꼴 크기를 '65pt', 색상을 '검은색'으로 지정한 다음 ❸ 'JAZZ'를 입력합니다.

02 ❶ [Ctrl]을 누른 상태에서 'Create a new layer' 아이콘(回)을 클릭하여 'Layer 1' 레이어를 만듭니다. 입력한 문자를 브러시로 등록하기 위해 'JAZZ' 문자만 보이도록 Layers 패널에서 ❷ '인물' 레이어의 '눈' 아이콘(◉)을 클릭하여 비활성화합니다.

03 'JAZZ' 레이어를 선택한 다음 ❶ 메뉴
에서 (Edit) → Define Brush Preset
을 실행합니다. Brush Name 대화상자가 표시
되면 ❷ Name에 '재즈브러시'를 입력한 다음
❸ 〈OK〉 버튼을 클릭합니다.

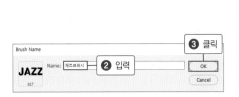

04 Layers 패널에서 ❶ '인물' 레이어의
'눈' 아이콘(👁)을 클릭하여 활성화합
니다. 문자를 흰색으로 지정하기 위해 ❷ 문자
도구(T)를 선택한 다음 'JAZZ' 문자를 드래그
하여 블록으로 지정합니다.
❸ 옵션바에서 색상 상자를 클릭하여 Color
Picker 대화상자가 표시되면 ❹ 색상을 '흰색'
으로 지정하고 ❺ 〈OK〉 버튼을 클릭합니다.

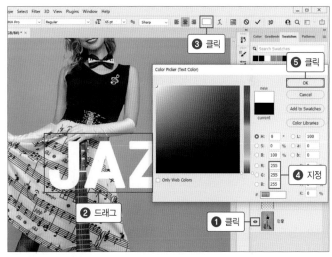

05 ❶ 브러시 도구(✐)를 선택한 다음 ❷ 옵
션바에서 브러시 팝업 버튼을 클릭하여
❸ 브러시를 '재즈브러시'로 지정합니다.

06 ● 'Toggle the Brush Settings panel' 아이콘(☑)을 클릭하여 Brush Settings 패널이 표시되면 ❷ Spacing을 '1%'로 설정합니다. 'JAZZ' 문자의 그림자 색상을 지정하기 위해 ❸ Tools 패널에서 전경색을 클릭하여 Color Picker 대화상자가 표시되면 ❹ 색상을 'R:238, G:64, B:55'로 지정한 다음 ❺ 〈OK〉 버튼을 클릭합니다.

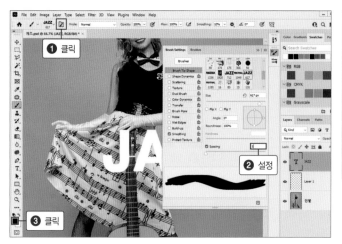

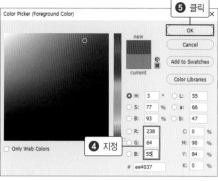

07 ● 'Layer 1' 레이어가 선택된 상태에서 입력한 ❷ 'JAZZ' 문자의 중앙을 클릭 합니다.

TIP
잘못 클릭한 경우 Ctrl+Z를 눌러 취소한 다음 다시 문자의 중앙 부분을 클릭합니다.

08 Shift를 누른 상태에서 오른쪽 하단 부분 을 클릭하면 JAZZ 문자 브러시가 적용 된 것을 확인할 수 있습니다.

중요도 ★★

PHOTOSHOP
04

이론

원하는 부분만 드래그하는 대로 지우기

❶ 지우개 도구로 이미지 쉽게 지우기 • • •

지우개 도구( )는 이미지를 색상 구분 없이 지우는 도구로 드래그한 부분이 지워집니다.

▲ 원본 이미지　　　　　　　　　▲ 원본 이미지를 브러시 모드로 일부 지운 모습

❷ 백그라운드 지우개 도구로 배경을 말끔하게 지우기 • • •

지우개 도구( )와 묶인 백그라운드 지우개 도구( )는 배경과 배경이 아닌 부분을 구분하여 지우는 도구입니다. 드래그하면 드래그한 부분의 배경만 지워집니다.

▲ Limits를 'Find Edges'로 지정하여 경계선을 기준으로 배경 이미지를 지운 모습

❸ 매직 지우개 도구로 원하는 색상만 한 번에 지우기 • • •

매직 지우개 도구( )는 같은 색상을 한 번에 지울 때 이용하는 도구입니다. 이미지를 클릭하면 클릭한 부분과 연결된 같은 색상 영역이 한 번에 지워집니다.

▲ 'Contiguous'를 체크 표시한 상태에서 넓은 배경 영역을 간단하게 지운 모습

❹ 아트 히스토리 브러시 도구 사용하기 ● ● ●

아트 히스토리 브러시 도구는 사진을 회화적인 이미지로 표현하는 도구입니다. 이 도구를 이용하면 다양한 형태의 붓 터치를 선택하여 드래그하는 것만으로도 멋진 효과를 얻을 수 있습니다.

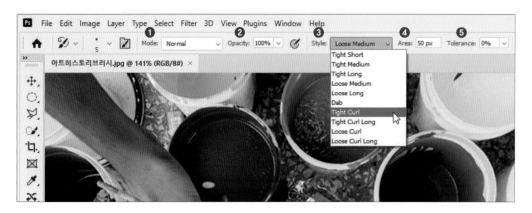

❶ Mode : 아트 브러시 페인팅 모드를 표현하는 옵션입니다. 'Nomal'로 지정된 경우에는 페인팅 스타일에 따라 원본 이미지에 붓 터치가 적용됩니다.

❷ Opacity : 불투명도를 조절하는 옵션으로, 값이 클수록 불투명하게 표현됩니다.

❸ Style : 페인팅 스타일을 지정합니다. 지정한 브러시에 따라 하나의 스타일로 다양한 붓 터치를 표현할 수 있습니다.

❹ Area : 브러시 터치 영역을 설정하는 옵션으로 값이 작을수록 적용 범위가 좁아집니다.

❺ Tolerance : 브러시 터치가 적용되는 간격을 조절하는 옵션으로 값이 작을수록 세밀하게 적용됩니다.

▲ Tight Medium

▲ Loose Medium

▲ Loose Long

▲ Dab

PHOTOSHOP

05

실습

회화적인 이미지 만들기

• **예제파일** : 10\해바라기.jpg　• **완성파일** : 10\해바라기_완성.jpg ● ● ●

01 10 폴더에서 '해바라기.jpg' 파일을 불러 옵니다.
브러시 회화 효과를 적용하기 위해 아트 히스토 리 브러시 도구(🖌)를 선택합니다.

02 ❶ 옵션바에서 브러시 팝업 버튼을 클 릭하여 ❷ 브러시를 'Soft Round'로 지정하고 ❸ Size를 '15px'로 설정합니다. ❹ Style을 'Tight Medium'으로 지정합니다.

03 전체적으로 이미지를 드래그하여 그림 과 같이 회화적인 브러시 효과를 적용합 니다.

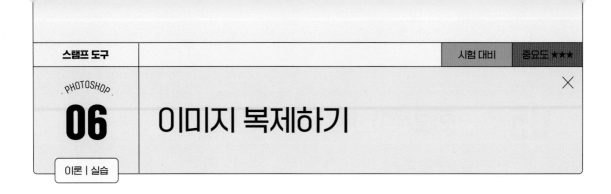

PHOTOSHOP

06 이미지 복제하기

이론 | 실습

❶ 스탬프 도구 – 스탬프 찍듯 복제하기　　• • •

스탬프 도구(🔖)를 이용하면 일정 위치를 기준으로 그림을 복제하거나 지울 수 있습니다. Alt를 누른 상태로 복사할 부분을 클릭한 다음 복제할 부분에 드래그하면 클릭했던 영역부터 그대로 복제됩니다. 스탬프 도구 옵션바에서 블렌딩 모드, 불투명도 등을 조절할 수 있습니다.

▲ 원본 이미지

▲ 스탬프 도구로 복제한 이미지

❷ 패턴 스탬프 도구 – 스탬프처럼 이미지 사용하기　　• • •

패턴 스탬프 도구(🔖)를 이용하면 포토샵에서 지원하는 패턴이나 사용자가 등록한 패턴을 드래그하여 이미지에 적용할 수 있어 반복적인 이미지 작업에 매우 유용합니다.

▲ 패턴으로 등록한 이미지

▲ 패턴 스탬프 도구로 복제한 이미지

스탬프 도구로 도장을 찍듯이 특정한 이미지를 복제할 수 있습니다. 예제에서는 스탬프 도구를 이용해 드래그하는 방법으로 간단하게 이미지를 복제해 봅니다.

Before

• 예제파일 : 10\스톰.psd

After

• 완성파일 : 10\스톰_완성.psd

01 10 폴더에서 '스톰.psd' 파일을 불러옵니다.

먼저 캐릭터를 복제하기 위해 ❶ 스탬프 도구(📷)를 선택한 다음 ❷ Layers 패널에서 '스톰' 레이어를 선택합니다.

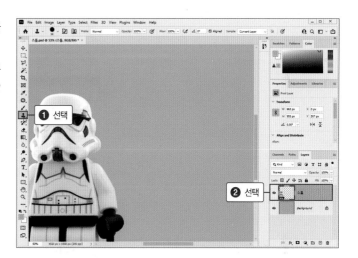

02 옵션바에서 ❶ 브러시 팝업 버튼을 클릭한 다음 ❷ 브러시를 'Hard Round'로 지정하고 ❸ Size를 '130px'로 설정합니다. 레이어에 상관없이 이미지를 복제하기 위해 ❹ Sample을 'All Layers'로 지정합니다.

03 Background 레이어에 캐릭터를 복제하기 위해 Layers 패널에서 ❶ 'Background' 레이어를 선택합니다.
❷ Alt 를 누른 상태에서 캐릭터의 얼굴 부분을 클릭하여 복제 기준점을 지정하고 ❸ 복제하려는 영역을 클릭합니다.

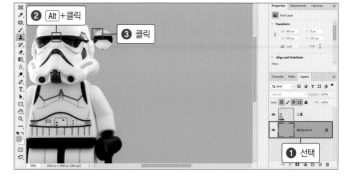

04 그림과 같이 지정한 영역을 드래그하면 캐릭터가 복제됩니다. 'Background' 레이어에 이미지가 복제되는 것을 확인할 수 있습니다.

05 연속하여 오른쪽으로 드래그하며, 복제가 안 된 부분이 있다면 마우스 버튼을 뗀 다음 다시 드래그하는 방식으로 이미지를 복제합니다.

06 드래그하는 방법만으로도 간단하게 이미지가 일렬로 복제되는 것을 확인할 수 있습니다.

TIP

레이어를 복제하여 캐릭터를 복제할 수도 있으며, 스탬프 도구를 이용한 이미지 복제는 별도의 레이어를 생성하지 않고도 간단하게 이미지가 복제되는 장점이 있습니다.

피부 잡티 제거하기

❶ 스팟 힐링 브러시 도구 – 인접 픽셀을 이용하여 사진 복원하기 • • •

스팟 힐링 브러시 도구(🖊)는 주로 이미지의 특정 영역을 클릭하여 복원하거나 작은 결점을 제거할 때 이용합니다. 클릭한 지점의 인접 픽셀을 가져와 복원하기 때문에 사용법도 간단하고 이음새가 드러나지 않아 편리합니다.

▲ 스팟 힐링 브러시 도구로 빰의 머리카락을 제거하는 모습

▲ 머리카락이 제거된 모습

❷ 힐링 브러시 도구 – 특정 소스를 이용하여 복원하기 • • •

힐링 브러시 도구(🖊)는 주로 특정 소스 색상으로 복원할 때 이용합니다. Alt를 누른 상태로 원하는 부분을 클릭하면 소스 색상이 추출되고, 복원하려는 영역을 드래그하면 추출된 소스 색상이 덧칠되면서 이미지를 복원할 수 있습니다. 오래된 사진이나 품질이 나쁜 인물 사진을 복원할 때 유용합니다.

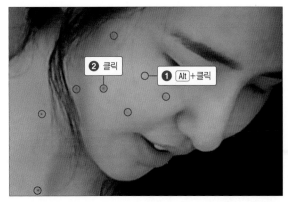

▲ 원본 이미지

▲ 힐링 브러시 도구로 점과 피부 트러블을 제거한 모습

❸ 패치 도구 – 넓은 영역을 간단하게 복원하기　• • •

패치 도구(▣)는 인접 영역에서 가장 비슷한 이미지나 색상을 가져와 특정 영역을 천 조각으로 패치하듯 붙일
수 있는 도구로 넓은 영역을 복원할 때 유용합니다.

▲ 원본 이미지

▲ 꽃을 선택하여 지운 이미지

❹ 콘텐츠 인식 이동 도구 – 이동하고 자동으로 채우기　• • •

특정 영역의 위치를 이동하면서 배경을 자동으로 채울 때 콘텐츠 인식 이동 도구(✖)를 이용합니다.

▲ 선택 영역 지정

▲ Mode : Move

▲ Mode : Extend

❺ 레드 아이 도구 – 적목 현상 보정하기　• • •

적목 현상으로 빨갛게 된 눈동자를 원래대로 보정할 때 레드 아이 도구(▣)를 이용합니다.

▲ 적목 현상이 발생한 모습

▲ 레드 아이 도구를 선택하고 드래그하여 적목 현상을 제거한 모습

318

인물 사진에서 피부의 잡티는 눈에 거슬릴 수 있습니다. 스팟 힐링 브러시 도구와 패치 도구를 이용하면 감쪽같이 잡티를 제거할 수 있으므로 사용 방법을 알아봅니다.

Before

After

· 예제파일 : 10\피부.jpg

· 완성파일 : 10\피부_완성.jpg

01 10 폴더에서 '피부.jpg' 파일을 불러옵니다. ❶ 돋보기 도구(🔍)를 선택하고 ❷ 얼굴 부분을 클릭해 화면을 확대합니다. 얼굴에서 잡티 부분을 제거하기 위해 ❸ 스팟 힐링 브러시 도구(🖌)를 선택합니다.

❸ 선택

❷ 화면 확대

❶ 선택

02 잡티 크기보다 조금 크게 브러시 크기를 조절하기 위해 옵션바에서 ❶ 브러시 팝업 버튼을 클릭한 다음 ❷ Size를 '40px'로 설정합니다. ❸ 이마 잡티를 없애기 위해 잡티가 위치한 부분을 클릭합니다. 감쪽같이 잡티가 사라집니다.

Why? 👈

브러시 크기를 잡티 이미지보다 조금 크게 조절하는 이유는 주변의 깨끗한 이미지를 기준으로 잡티 이미지를 제거하기 때문입니다. 만약 잡티 이미지가 브러시 크기보다 더 크다면 잡티 이미지를 기준으로 보정되기 때문에 잡티가 제거될 수 없습니다.

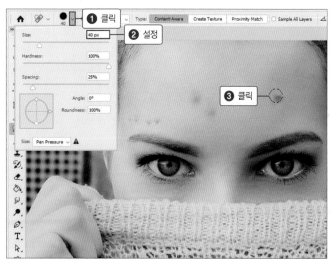

❶ 클릭

❷ 설정

❸ 클릭

03 연속적인 잡티는 그림과 같이 드래그해 한 번에 없앱니다.

TIP ◁▷

작은 점 형태의 잡티는 스팟 힐링 브러시 도구를 이용하여 클릭해서 없앨 수 있지만, 너무 많다면 드래그하거나, 영역을 지정하여 제거하는 패치 도구를 이용하는 것이 편리합니다.

04 이번에는 모여 있는 잡티를 없애기 위해 ❶ 패치 도구(⬚)를 선택합니다. 잡티 부분을 그림과 같이 ❷ 폐곡선 모양으로 드래그하여 선택 영역으로 지정합니다. ❸ 선택 영역 안쪽에 커서를 위치시키고 깨끗한 피부 부분인 위쪽으로 드래그합니다.

TIP ◁▷

선택 영역을 드래그할 때는 선택 영역 안의 피부 색상과 가장 비슷한 부분을 드래그하면 피부 얼룩이 생기지 않습니다.

05 Ctrl+D를 눌러 선택을 해제합니다. 피부 잡티가 없어져 깨끗한 피부가 만들어집니다.

패치 도구를 이용하면 간단하게 이미지를 복제하거나 불필요한 이미지를 삭제할 수 있습니다. 단순하게 이미지를 제거하거나 복제하지 않고, 배경과 자연스럽게 합성됩니다. 예제에서는 왼쪽 인물의 보트를 복제하거나 삭제해 보겠습니다.

Before

After

• **예제파일** : 10\이동.jpg

• **완성파일** : 10\이동_완성.jpg

01 10 폴더에서 '이동.jpg' 파일을 불러옵니다. 오른쪽과 왼쪽에 보트를 탄 인물 이미지를 확인할 수 있습니다.

02 왼쪽 인물을 복제하기 위해 ❶ 패치 도구(🔲)를 선택한 다음 ❷ 옵션바에서 〈Destination〉 버튼을 클릭합니다. 그림과 같이 ❸ 왼쪽 보트를 탄 인물을 여유 있게 드래그해 선택 영역으로 지정합니다.

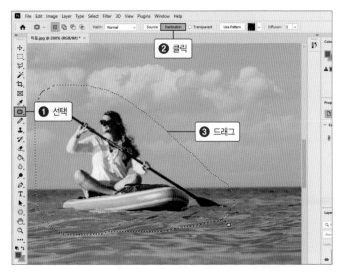

❷ 클릭

❶ 선택

❸ 드래그

03 ❶ 선택 영역 안에 마우스 커서를 위치시키고, 오른쪽으로 드래그하면 그림과 같이 인물이 복제되는 것을 확인할 수 있습니다. 복제 결과를 확인한 다음 ❷ Ctrl+Z를 눌러 실행을 취소합니다.

TIP ⟵
드래그할 때 수평선을 기준으로 드래그하면 하늘과 바다가 자연스럽게 합성됩니다.

04 이번에는 ❶ 옵션바에서 〈Source〉 버튼을 클릭한 다음 ❷ 선택된 왼쪽 인물을 오른쪽으로 드래그하면 그림과 같이 인물이 사라지는 것을 확인할 수 있습니다.

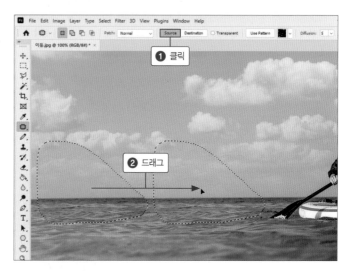

05 Ctrl+D를 눌러 선택 영역을 해제합니다. 하늘과 수평선, 바다 등 왼쪽 인물이 사라진 영역까지 합성된 것을 확인할 수 있습니다.

콘텐츠 인식 이동 도구는 자동으로 배경과 비슷한 이미지를 빈 영역에 채웁니다. 예제에서 왼쪽 인물 번호를 오른쪽 인물의 등으로 이동해 보겠습니다.

Before

After

• 예제파일 : 10\배구.jpg   • 완성파일 : 10\배구_완성.jpg

01 10 폴더에서 '배구.jpg' 파일을 불러옵니다. ❶ 콘텐츠 인식 이동 도구(⊠)를 선택한 다음 ❷ 옵션바에서 Mode를 'Move'로 지정합니다.

02 ❶ '9' 번호가 포함되도록 드래그하여 선택 영역으로 지정한 다음 ❷ 오른쪽 인물의 등으로 드래그하여 이동합니다. ❸ 크기를 작게 조절하기 위해 조절점을 안쪽으로 드래그합니다.

TIP ⟨┾

콘텐츠 인식 이동 도구를 이용할 때 복잡한 패턴의 배경은 흔적이 남으므로 비교적 배경이 단순할수록 자연스럽게 합성할 수 있습니다.

03 Enter를 누르면 배경을 인식하여 왼쪽 번호가 있던 자리에 자동으로 배경이 채워지면서 오른쪽 인물 등으로 번호가 합성됩니다.

PHOTOSHOP
08 패스를 그리는 도구 알아보기

이론

❶ 펜 도구 알아보기　　　　　　　　　　　　　　　　　　　● ● ●

펜 도구(✐)를 선택한 다음 클릭해서 기준점과 패스를 만들고 원하는 모양으로 드래그해 그림을 그릴 수 있습니다. 처음에는 펜 도구를 다루는 것이 쉽지 않으므로 연습을 많이 하는 것이 좋습니다.

❷ 프리폼 펜 도구 알아보기　　　　　　　　　　　　　　　● ● ●

프리폼 펜 도구(✐)를 이용하면 연필로 그림을 그리듯 자유롭게 패스를 그릴 수 있지만 정교한 패스를 그리기에는 무리가 있습니다.

❸ 내용 인식 추적 도구 알아보기　　　　　　　　　　　● ● ●

포토샵 CC 2021 버전부터 추가된 도구로, 개체 가장자리에 마우스 커서를 위치시키고, 클릭하기만 하면 개체 주위에 패스선을 쉽게 그릴 수 있습니다.

❹ 곡률 펜 도구 알아보기　　　　　　　　　　　　　　　● ● ●

곡률 펜 도구(✐)를 이용하면 부드러운 곡선과 직선을 쉽게 그릴 수 있습니다. 패스를 정확하고 미세하게 조절할 수 있으며, 도구를 전환할 필요 없이 매끄러운 점이나 모퉁이 점을 만들거나 전환, 편집, 추가, 제거할 수 있습니다.

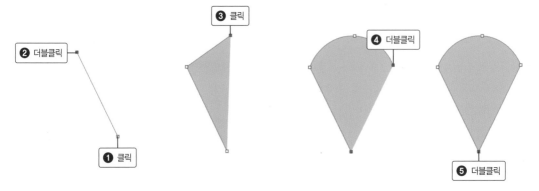

❺ 기준점 추가/삭제/변환 도구 알아보기 •••

기준점 추가 도구(◢)로 그려진 패스에 새로운 기준점을 추가할 수 있고, 기준점 삭제 도구(◢)로 기존의 기준점을 삭제할 수도 있습니다.

기준점 변환 도구(⏷)는 패스를 이루는 기준점 속성을 변경하여 패스 모양을 수정할 때 이용합니다. 즉, 곡선 패스를 직선으로, 직선 패스를 곡선으로 변경할 때 이용하는 도구입니다.

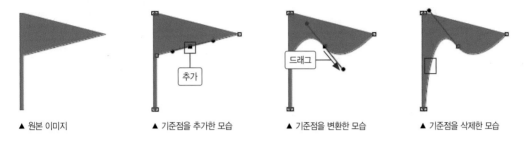

▲ 원본 이미지   ▲ 기준점을 추가한 모습   ▲ 기준점을 변환한 모습   ▲ 기준점을 삭제한 모습

TIP ⬅
기준점을 조절할 때 Alt 를 누르면 양쪽의 방향선 중 하나의 방향선만 조절할 수 있습니다.

❻ 직선 패스 그리기 •••

펜 도구로 시작점을 클릭하고 두 번째 지점을 클릭하면 직선 패스가 만들어집니다. 처음 클릭한 시작점과 마지막으로 클릭한 끝점이 만나면 패스가 닫히면서 셰이프가 만들어집니다. Shift 를 누른 상태로 클릭하면 45°, 수직, 수평의 직선을 그릴 수 있습니다.

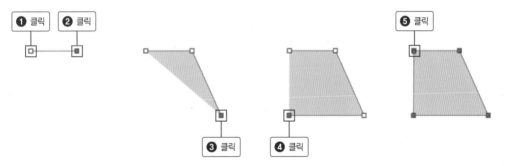

TIP ⬅
패스선을 그리다가 단계별로 취소할 경우에는 Ctrl + Z 를 눌러 기준점을 순차적으로 취소할 수 있습니다. 그리는 도중에 패스선 전체를 삭제할 경우에는 Delete 를 눌러 삭제합니다. 한 번에 정확한 패스선을 그리기 어려운 경우에는 패스선을 그린 다음 직접 선택 도구(⯈)를 이용하여 수정하는 방법을 사용합니다.

❼ 곡선 패스 그리기 ● ● ● ●

곡선 패스를 그리는 방법은 직선 패스를 그리는 방법과 같으며, 방향선을 이용하여 형태를 만드는 것만 차이가 있습니다. 시작점을 클릭한 다음, 두 번째 지점을 클릭한 상태로 드래그하여 만들어지는 방향선을 원하는 대로 조절하고 방향을 조절하여 곡선 패스를 그립니다.

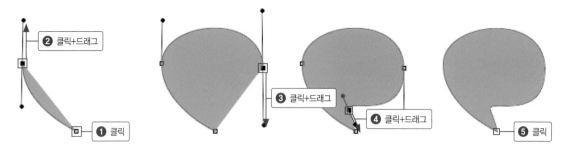

TIP

패스를 그릴 때 방향선을 잘 이용하는 것이 중요합니다. 처음에는 어려울 수 있으므로 많은 연습이 필요하며 한 번에 정확하게 그리려 하기보다는 패스를 그린 다음 직접 선택 도구를 이용하여 수정하는 것이 편리합니다.

❽ 자유롭게 패스 수정하기 ● ● ● ●

❶ 패스 선택 도구

패스 선택 도구(🔺)는 패스로 이루어진 개체를 선택할 때 사용하는 도구로, 클릭하면 하나의 패스 또는 개체를 선택할 수 있고 특정 영역을 드래그하면 드래그한 영역 안의 모든 패스를 함께 선택할 수 있습니다.

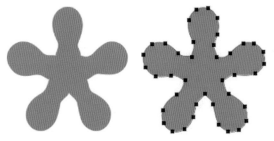

▲ 패스 선택 도구로 패스선을 선택하여 이동이나 복제, 삭제할 수 있습니다.

❷ 직접 선택 도구

직접 선택 도구(🔺)는 기준점이나 선을 하나씩 선택할 수 있어 패스 선택 도구보다 정교하게 패스를 수정할 수 있습니다.

▲ 클릭하여 패스를 선택한 모습　　　　▲ 직접 선택 도구로 패스를 수정한 모습

펜 도구		중요도 ★★

PHOTOSHOP
09

실습

펜 도구로 일러스트 그리기

×

• **예제파일** : 10\강아지_스케치.psd　　• **완성파일** : 10\강아지_완성.psd　　　　　　　　● ● ●

---

01 10 폴더에서 '강아지_스케치.psd' 파일을 불러옵니다.

❶ Layers 패널에서 'Create a new layer' 아이콘(□)을 클릭하여 새 레이어를 추가합니다. ❷ 펜 도구(∅)를 선택하고 ❸ 옵션바에서 pick tool mode를 'Path'로 지정합니다.

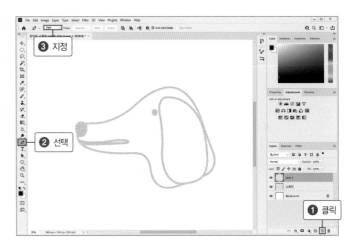

02 강아지 외곽부터 패스를 만들겠습니다. ❶ 먼저 한 지점을 클릭해서 패스의 시작점을 만듭니다. ❷, ❸, ❹ 스케치 선을 따라 이어서 기준점을 만들어 나타내는 방향선을 조절합니다. 강아지를 하나의 패스로 만듭니다.

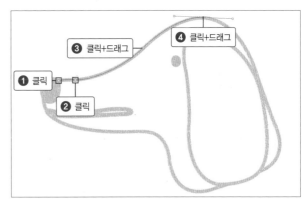

03 펜 도구(∅)를 이용하여 강아지 스케치의 귀와 털, 눈, 코, 입 등을 모두 각각의 패스로 만듭니다.

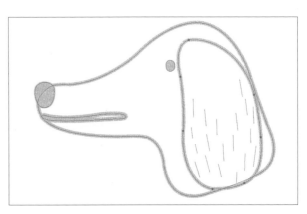

TIP ⬐

Ctrl을 누른 상태로 여백을 클릭하면 패스 작업을 마칠 수 있습니다.

04 브러시 도구(✐)를 선택하고 ① 옵션 바에서 브러시 팝업 버튼을 클릭한 다음 ② 'Dry Media Brushes'에서 'Kyle's Ultimate Pastel Palooza' 브러시로 지정하고 ③ Size를 '30px'로 설정합니다.

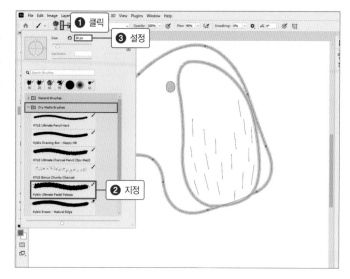

05 ① 전경색을 'R:162, G:123, B:81'로 지정하고 ② 패스 선택 도구(▶)를 선택합니다. ③ 강아지 얼굴 패스를 클릭하여 선택하고 ④ 마우스 오른쪽 버튼을 클릭한 다음 ⑤ Fill Subpath를 실행합니다.

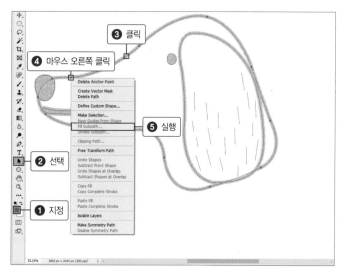

06 Fill Subpath 대화상자가 표시되면 ① Contents를 'Foreground Color'로 지정하고 ② 〈OK〉 버튼을 클릭합니다. 앞서 지정한 전경색이 강아지 패스 안쪽에 채워집니다.

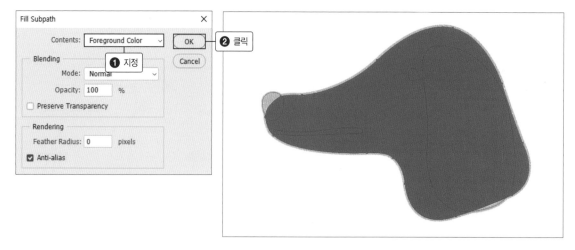

07 ❶ 패스 선택 도구(▸.)로 ❷ 강아지 얼굴 패스를 다시 클릭하고 ❸ 마우스 오른쪽 버튼을 클릭한 다음 ❹ Stroke Subpath를 실행합니다.

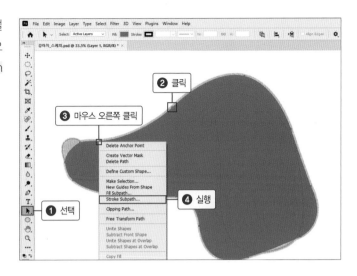

08 Stroke Subpath 대화상자가 표시되면 ❶ Tool을 'Brush'로 지정한 다음 ❷ 〈OK〉 버튼을 클릭합니다.

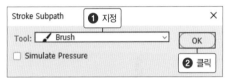

09 앞서 설정한 브러시 옵션이 반영된 선이 패스를 따라 나타납니다. 같은 방법으로 강아지 코, 귀, 눈, 입의 색과 라인을 채색합니다.

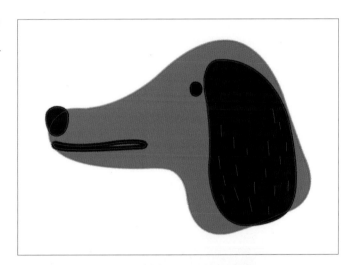

10 ❶ 전경색을 'R:162, G:123, B:81'로 지정한 다음 ❷ Shift를 누른 상태로 강아지 귀의 털 모양 패스를 클릭합니다. ❸ 마우스 오른쪽 버튼을 클릭하고 ❹ Stroke Subpaths를 실행합니다.

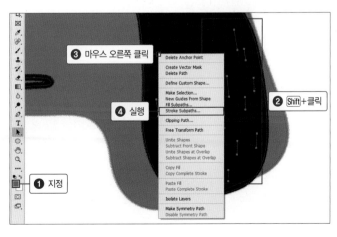

11 Stroke Subpaths 대화상자가 표시되면 ❶ Tool을 'Brush'
로 지정한 다음 ❷ 'Simulate Pressure'을 체크 표시하고 ❸
〈OK〉 버튼을 클릭합니다.

12 패스를 따라 선 끝이 자연스럽게 시작하
고 끝나는 형태가 적용됩니다.

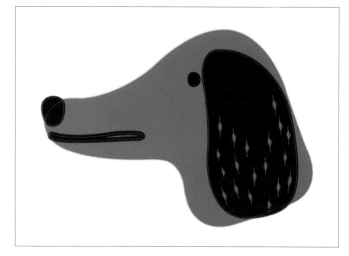

13 남은 부분을 채색한 다음 Paths 패널에서 여백을 클릭하여 'Work Path'의 선
택을 해제합니다. 패스선이 화면에 보이지 않습니다.

14 Layers 패널에서 '스케치' 레이어의 '눈' 아이콘(◉)을 클릭하여 비활성화합니다. 강아지 일러스트가 완성되었습
니다.

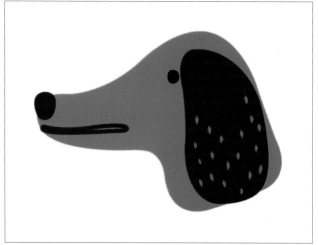

곡률 펜 도구

PHOTOSHOP

10

실습

중요도 ★★

곡률 펜 도구로
방향선 없이 패스 만들기

• **예제파일** : 10\곡률.png ・ **완성파일** : 10\곡률_완성.psd

---

01 10 폴더에서 '곡률.png' 파일을 불러옵니다.

❶ 곡률 펜 도구(◍)를 선택한 다음 ❷ 커피잔의 시작점을 클릭합니다. ❸ 다음 기준점을 클릭하면 그림과 같이 시작점에서 다음 기준점이 직선으로 연결됩니다.

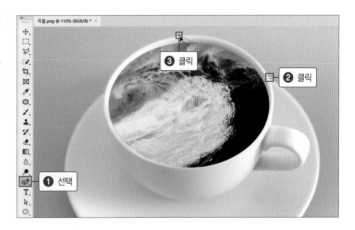

02 세 번째 기준점을 더블클릭하면 자동으로 직선이 곡선으로 변경됩니다.

TIP

세 번째 기준점을 클릭하지 않고, 더블클릭한 이유는 커피잔과 커피 받침대의 외곽선이 꺾이는 부분이라 더블클릭합니다.

03 연속하여 ❶ 네 번째 기준점을 클릭하고 ❷ 다섯 번째, ❸ 여섯 번째 기준점을 클릭합니다. 커피 받침대 형태에 맞게 곡선의 패스선이 작성됩니다.

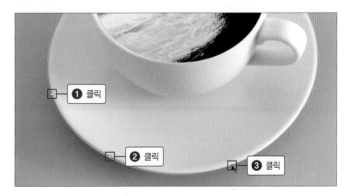

04 ❶, ❷, ❸ 계속해서 일곱 번째 기준점부터 아홉 번째 기준점을 클릭한 다음 ❹ 시작점을 더블클릭하여 패스선을 완성합니다.

TIP ⇦

원의 기준점을 클릭할 때는 원의 1/4 정도의 길이로 나눠 클릭하면 자연스러운 곡선 형태의 패스선이 작성됩니다.

05 패스선이 작성되면 ❶ 직접 선택 도구(⬚)를 선택합니다. ❷ 기준점을 클릭한 다음 방향선을 ❸ 드래그하는 방식으로 패스선을 수정합니다.

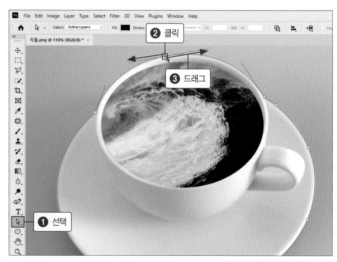

06 완성된 패스는 Paths 패널에서 'Load path as a selection' 아이콘(⬚)을 클릭하여 선택 영역으로 지정한 다음 합성하여 사용할 수 있습니다.

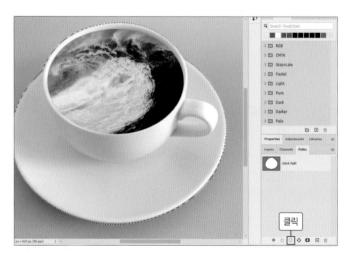

곡선과 직선의 선택 영역 지정하기

매끄럽고 정교한 선택 영역을 지정하기 위해서는 패스선을 이용합니다. 패스선을 정확하게 그릴수록 이미지의 완성도를 높일 수 있습니다. 예제에서는 펜 도구를 이용하여 곡선과 직선의 책 형태 패스선을 그린 다음 선택 영역으로 지정하고 복사하여 배경 사진과 합성해 보겠습니다.

Before

After

• **예제파일** : 10\book.jpg, 서재.jpg

• **완성파일** : 10\서재_완성.psd

---

01 10 폴더에서 'book.jpg' 파일을 불러옵니다.

책과 손 형태에 따라 패스선을 작성하기 위해 ❶ 펜 도구(⬚)를 선택한 다음 ❷ 옵션바에서 Pick tool mode를 'Path'로 지정합니다.

---

02 곡면의 패스선을 작성해 보겠습니다. ❶ 시작점을 클릭한 다음 이어서 ❷ 두 번째 기준점을 클릭한 상태로 ❸ 드래그하여 방향선을 만듭니다.

03 다시 곡면의 패스선을 작성하기 위해 Alt를 누른 상태에서 이전에 작성한 두 번째 기준점을 클릭합니다. 왼쪽 방향선이 삭제된 것을 확인할 수 있습니다.

04 ❶ 세 번째 기준점을 클릭한 다음 ❷ 드래그하여 방향선을 만듭니다. 책 윗면에 꺾인 곡선 형태의 패스선이 작성되었습니다. ❸ Alt를 누른 상태에서 이전에 작성한 세 번째 기준점을 클릭합니다.

05 책 모서리에 맞게 직선 형태의 패스선을 작성하기 위해 ❶ 네 번째 기준점을 클릭하고 연속으로 ❷ 다섯 번째와 ❸ 여섯 번째 기준점을 클릭합니다.

06 나머지 손 부분도 곡면에 맞게 기준점을 클릭한 다음 드래그하는 방식으로 부드러운 곡면의 패스선을 그립니다.

07 책 모양대로 직선의 패스선을 그린 다음 ❶ 처음 시작점에 끝점을 클릭하여 폐곡선 형태의 패스선을 완성합니다. 패스선을 선택 영역으로 변경하기 위해 ❷ Paths 패널에서 'Load path as a selection' 아이콘(◌)을 클릭합니다. ❸ [Ctrl]+[C]를 눌러 선택 영역으로 지정한 책 이미지를 복사합니다.

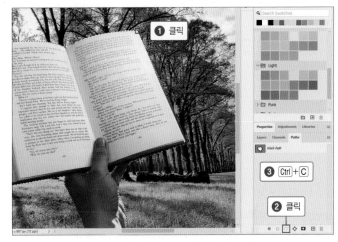

08 배경 이미지를 불러오기 위해 10 폴더에서 '서재.jpg' 파일을 불러옵니다. ❶ [Ctrl]+[V]를 눌러 책 이미지를 붙여 넣은 다음 ❷ 이동 도구(⊕)를 선택하고 ❸ 그림과 같이 배치하여 완성합니다.

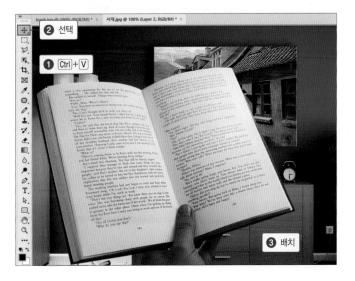

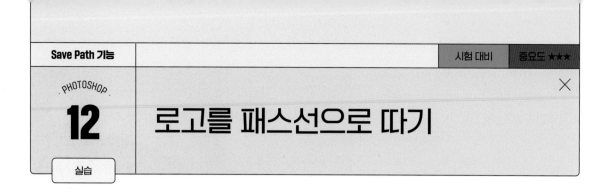

PHOTOSHOP

12   로고를 패스선으로 따기

실습

• **예제파일** : 10\스프.jpg   • **완성파일** : 10\스프_완성.psd   • • •

01 내용 인식 추적 도구를 사용하기 위해 메뉴에서 (Edit) → Preferences → Technology Previews를 실행합니다. Preferences 대화상자가 표시되면 ❶ 'Enable Content-Aware Tracing Tool'을 체크 표시하고 ❷ 〈OK〉 버튼을 클릭합니다.

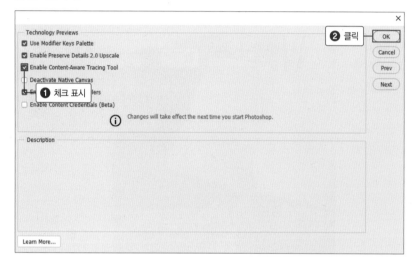

TIP

Preferences를 설정한 다음 프로그램을 재실행하면 이후부터는 내용 인식 추적 도구를 사용할 수 있습니다.

02 10 폴더에서 '스프.jpg' 파일을 불러옵니다. ❶ 이미지 로고 부분을 확대하고 ❷ 내용 인식 추적 도구(💯)를 선택합니다.

03 'C' 문자 부분에 마우스 커서를 위치시키면 패스선으로 변환될 문자의 외곽선을 따라 점선으로 표시됩니다.

04 같은 방법으로 문자에 마우스 커서를 위치시키고, ❶ 점선으로 표시되면 클릭하는 방식으로 문자 부분을 패스선으로 작성합니다. 문자 부분을 패스선으로 작성하였다면 ❷ Paths 패널에서 '패널 메뉴' 아이콘(▤)을 클릭한 다음 ❸ Save Path를 실행합니다.

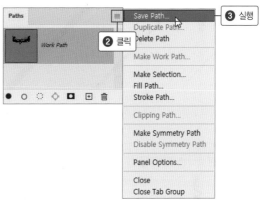

05 Save Path 대화상자가 표시되면 ❶ Name에 원하는 이름을 입력하고 ❷ 〈OK〉 버튼을 클릭하여 작성한 패스선을 저장합니다.

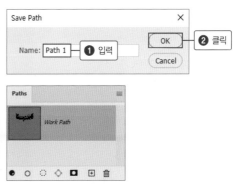

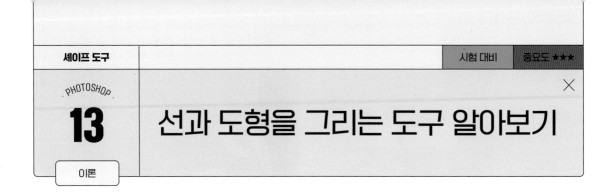

선과 도형을 그리는 도구 알아보기

❶ 선 도구 알아보기 ・・・

선 도구(✎)를 이용할 때 옵션바의 Set shape stroke width에서 선의 두께를 설정할 수 있습니다. Shift를 누른 상태로 드래그하면 45° 간격의 기울기로 직선을 만들 수 있습니다.

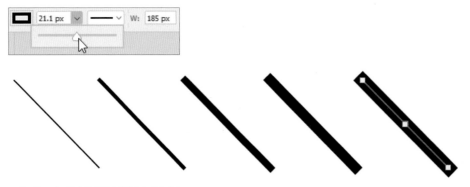

▲ 끝점을 드래그하여 선 위치를 변경할 수 있습니다.

❷ 삼각형 도구 알아보기 ・・・

삼각형 도구(△)를 이용하여 정삼각형이나 직삼각형 등의 삼각형을 만들 수 있습니다. 도형 안의 앵커점을 드래그하는 방식으로 모서리 부분을 둥글게 처리합니다.

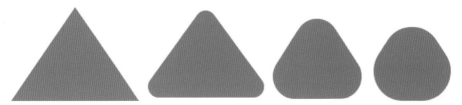

▲ 앵커점을 드래그하여 모서리를 한 번에 둥글게 수정할 수 있습니다.

❸ 사각형 도구 알아보기　• • •

사각형 도구(□)를 이용하면 정사각형, 직사각형 등의 사각형을 만들 수 있습니다.

▲ 사각형 도구로 그린 사각형

❹ 원형 도구 알아보기　• • •

원형 도구(◎)를 이용하면 여러 모양의 원형을 만들 수 있어 버튼 이미지를 만들 때 사용하면 편리합니다.

▲ 원형 도구로 그린 원형

❺ 다각형 도구 알아보기　• • •

다각형 도구(◎)는 마름모, 오각형, 별 등 다양한 형태를 만들 수 있는 도구입니다. 옵션바의 Sides에서 3부터 100까지 각의 개수를 설정할 수 있습니다.

▲ 다각형 도구로 그린 다각형

❻ 사용자 셰이프 도구 알아보기　• • •

사용자 셰이프 도구(⬚)는 포토샵에서 제공하는 셰이프 도안을 골라서 사용하며, 직접 셰이프를 등록할 수도 있습니다.

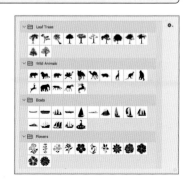

▲ 사용자 셰이프로 만든 다양한 셰이프

❼ 셰이프의 Properties 패널 살펴보기　● ● ●

사각형 도구를 선택하면 Properties 패널에 옵션이 표시됩니다. 사각형 모서리의 호를 서로 다르게 조절할 수 있어 손쉽게 다양한 형태를 만들 수 있습니다.

❶ Top left corner radius : 왼쪽 상단 모서리의 호 값을 설정합니다.

❷ Top right corner radius : 오른쪽 상단 모서리의 호 값을 설정합니다.

❸ Bottom left corner radius : 왼쪽 하단 모서리의 호 값을 설정합니다.

❹ Bottom right corner radius : 오른쪽 하단 모서리의 호 값을 설정합니다.

❽ 셰이프 도구 옵션바 살펴보기　● ● ●

셰이프 도구를 선택하면 옵션바에서 패스 형태를 지정하거나 다양한 연산 도구 및 정렬 기능을 이용할 수 있습니다.

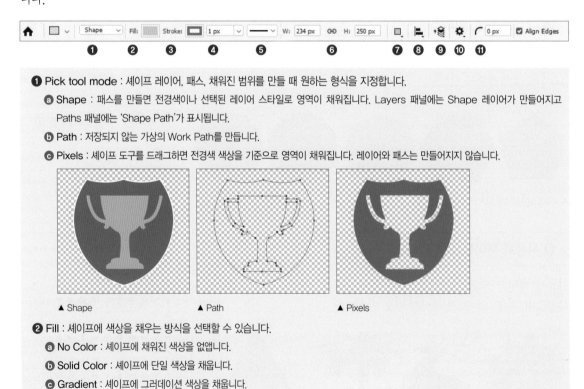

❶ Pick tool mode : 셰이프 레이어, 패스, 채워진 범위를 만들 때 원하는 형식을 지정합니다.

ⓐ Shape : 패스를 만들면 전경색이나 선택된 레이어 스타일로 영역이 채워집니다. Layers 패널에는 Shape 레이어가 만들어지고 Paths 패널에는 'Shape Path'가 표시됩니다.

ⓑ Path : 저장되지 않는 가상의 Work Path를 만듭니다.

ⓒ Pixels : 셰이프 도구를 드래그하면 전경색 색상을 기준으로 영역이 채워집니다. 레이어와 패스는 만들어지지 않습니다.

▲ Shape　　　　　　▲ Path　　　　　　▲ Pixels

❷ Fill : 셰이프에 색상을 채우는 방식을 선택할 수 있습니다.

ⓐ No Color : 셰이프에 채워진 색상을 없앱니다.

ⓑ Solid Color : 셰이프에 단일 색상을 채웁니다.

ⓒ Gradient : 셰이프에 그러데이션 색상을 채웁니다.

ⓓ Pattern : 셰이프에 패턴을 채웁니다.

▲ No Color

▲ Solid Color

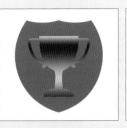
▲ Gradient

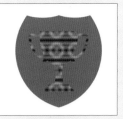
▲ Pattern

❸ **Stroke** : 셰이프 외곽선에 적용될 색상이나 그러데이션, 패턴을 지정합니다.

　ⓐ **No Color** : 테두리에 채워진 색상을 없앱니다.

　ⓑ **Solid Color** : 테두리에 단일 색상을 채웁니다.

　ⓒ **Gradient** : 테두리에 그러데이션으로 색상을 채웁니다.

　ⓓ **Pattern** : 테두리에 패턴을 채웁니다.

❹ **Stroke width** : 테두리 선 두께를 설정합니다.

❺ **Stroke type** : 실선 또는 점선 등의 테두리 선 유형을 지정할 수 있어 셰이프로 시선을 사로잡는 디자인을 만들 수 있습니다.

❻ **W, H** : 셰이프의 가로와 세로 길이를 조절합니다.

❼ **Path operations** : 셰이프를 연산하여 형태를 조절합니다.

　ⓐ **Combine Shapes** : 만들어진 셰이프에 새로운 셰이프 영역을 합칩니다.

　ⓑ **Subtract Front Shape** : 만들어진 셰이프에서 새로운 셰이프 영역을 뺍니다.

　ⓒ **Intersect Shape Areas** : 만들어진 셰이프와 새로운 셰이프의 교차된 부분만 표시합니다.

　ⓓ **Exclude Overlapping Shapes** : 만들어진 셰이프와 새로운 셰이프의 교차되지 않은 부분만 표시합니다.

▲ Combine Shapes　　▲ Subtract Front Shape　　▲ Intersect Shape Areas　　▲ Exclude Overlapping Shapes

❽ **Path alignment** : 만들어진 셰이프의 위치를 정렬합니다.

❾ **Path arrangement** : 셰이프의 순서를 지정합니다.

❿ **Path options** : 셰이프부터 크기와 비율을 조절합니다. 선택한 셰이프에 따라 지정할 수 있는 옵션이 다릅니다.

⓫ **Set radius of rounded corners** : 셰이프 모서리의 호 값을 설정합니다.

PHOTOSHOP

14

실습

기본 원형 셰이프 만들기

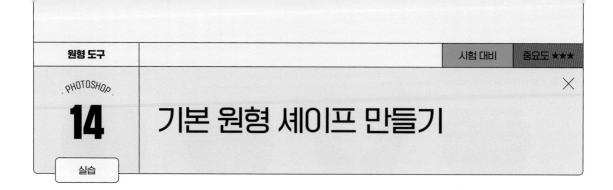

포토샵에서 제공하는 셰이프 도구를 이용하면 기본 도형을 손쉽게 만들 수 있으며, 컬러나 색상을 변경하여 다양한 형태의 셰이프로도 제작할 수 있습니다.

Before

After

· 예제파일 : 10\펜싱.jpg
· 완성파일 : 10\펜싱_완성.psd

01 10 폴더에서 '펜싱.jpg' 파일을 불러옵니다. ❶ 원형의 셰이프를 만들기 위해 원형 도구(◎)를 선택한 다음 ❷ 옵션바에서 Pick tool mode를 'Shape'로 지정합니다.

02 가면의 왼쪽 상단에서 오른쪽 하단으로 드래그하면 그림과 같은 안쪽이 흰색으로 채워진 원형의 셰이프가 만들어집니다.

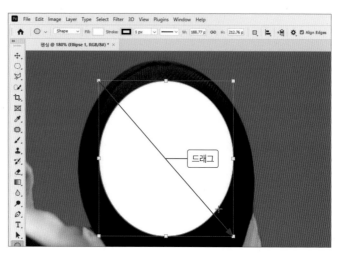

Why? 👈

옵션바에서 Fill이 흰색으로 지정되어 있기 때문에 셰이프의 색상이 흰색으로 표시됩니다.

03 원형을 흰색 링 형태의 셰이프로 만들기
위해 ❶ 옵션바에서 Fill의 색상 상자를
클릭한 다음 ❷ 'No Color'로 지정합니다. 셰
이프 안쪽 색상이 없어지고 셰이프 선만 표시됩
니다.

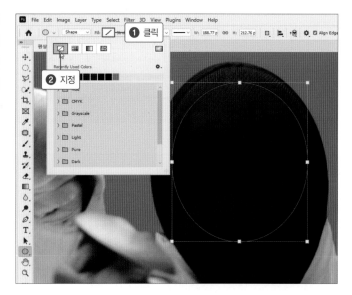

04 셰이프의 선 색상을 지정하기 위해
❶ Stroke의 색상 상자를 클릭한 다음
❷ '흰색'으로 지정합니다. 원형의 셰이프 선에
흰색의 선이 표시된 것을 확인할 수 있습니다.

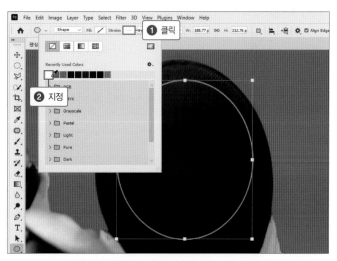

05 선 두께를 두껍게 조절하기 위해 옵션바
에서 Stroke Width를 '15px'로 설정합
니다. 그림과 같이 가면에 원형 링 형태의 표시
가 만들어진 것을 확인할 수 있습니다.

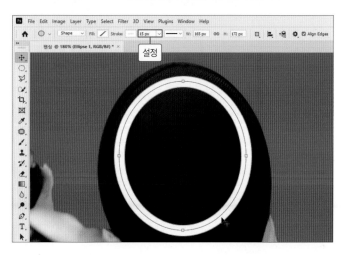

중요도 ★★

PHOTOSHOP
15

실습

셰이프 도구로 기본 도형을 이용한 이모티콘 그리기

브러시나 펜 도구로 불규칙한 형태의 그림을 그리기 어려운 경우에는 셰이프 도구에서 제공하는 기본 도형을 그리고 변형하여 그림을 그릴 수 있습니다. 예제에서는 셰이프 도구로 강아지 이모티콘 캐릭터를 그려 보겠습니다.

Before

• 예제파일 : 10\라인드로잉.psd

After

• 완성파일 : 10\라인드로잉_완성.psd

---

01 10 폴더에서 '라인드로잉.psd' 파일을 불러옵니다.

❶ 원형 도구(◎)를 선택하고 ❷ 옵션바에서 Fill을 'No Color', Stroke를 '검은색'으로 지정한 다음 ❸ Stroke Width를 '21px'로 설정합니다.

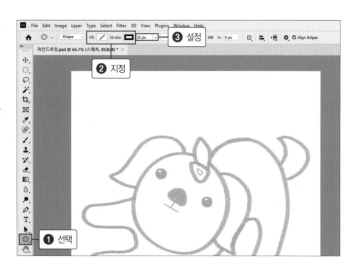

02 강아지 얼굴부터 만들겠습니다. 먼저 한 지점을 클릭한 다음 드래그하여 원을 만듭니다.

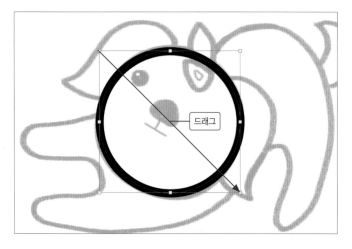

03 ❶ Ctrl+T를 눌러 Transform 기능을 실행합니다. ❷ 원에서 마우스 오른쪽 버튼을 클릭한 다음 ❸ Warp를 실행합니다.

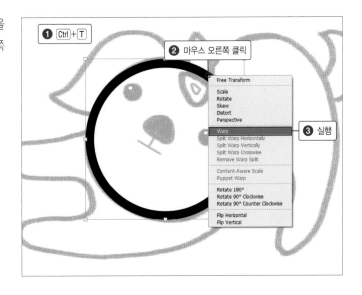

04 ❶ 조절점을 조절하여 스케치와 유사하게 원을 변형합니다. 자연스러운 원으로 변형되었다면 ❷ Enter를 눌러 변형을 완료합니다.

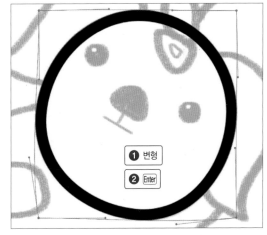

05 ❶ 다각형 도구(⬡)를 선택합니다. ❷ 캔버스를 클릭하여 Create Polygon 대화상자가 표시되면 폭과 높이를 조절하기 위해 ❸ Width와 Height를 '100px'로 설정하고 ❹ Number of Sides(면 개수)를 '3', Corner Radius를 '18px'로 설정한 다음 ❺ 〈OK〉 버튼을 클릭합니다.

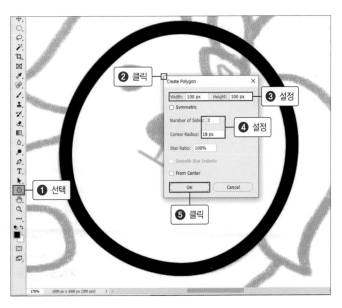

06 옵션바에서 색상을 '검은색', Stroke 를 'No Color'로 지정합니다. ❶ Ctrl +T를 눌러 Transform 기능을 실행합니다. 마 우스 오른쪽 버튼을 클릭한 다음 Warp를 실행 합니다. ❷ 조절점을 드래그하여 모양을 그림과 같이 변형합니다.

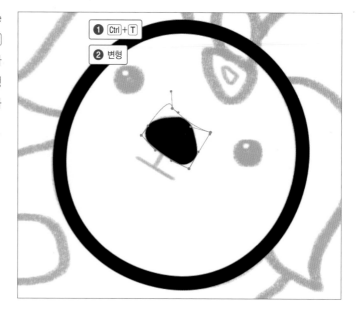

07 ❶ 코를 만든 방법으로 위쪽에 머리 핀을 만듭니다. ❷ 원형 도구(◯)로 ❸ 검은색 눈을 만들고 ❹ Fill을 '흰색', Stroke 를 'No Color'로 지정하여 눈의 반짝이는 빛을 표현합니다.

TIP ⬅
머리핀 안쪽 모양은 Stroke Width를 '5px'로 설정 해 모양에 변화를 줍니다.

08 브러시 도구(✎)를 선택합니다. ❶ 옵 션바에서 브러시 팝업 버튼을 클릭한 다음 ❷ 브러시를 'Hard Round'로 지정하고 ❸ Size를 '21px', Hardness를 '100%'로 설정 합니다.

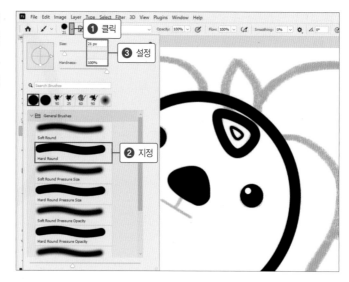

09 ❶ Layers 패널에서 'Create a new layer' 아이콘(▣)을 클릭하여 새 레이어를 추가합니다. ❷ 펜 도구(✐)를 선택하고 ❸ 옵션바에서 Pick tool mode를 'Path'로 지정합니다.

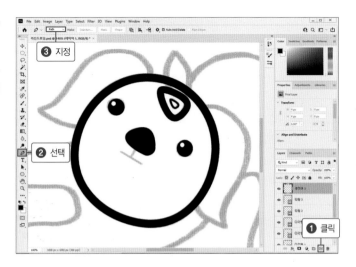

10 강아지 귀부터 패스를 만들겠습니다. 먼저 한 지점을 클릭해서 패스의 시작점을 만듭니다. 스케치 선을 따라 이어서 기준점을 만들어 방향선을 조절합니다. 강아지 귀를 패스로 완성합니다.

11 ❶ 패스 선택 도구(▶)를 선택합니다. ❷ 강아지 귀 패스를 클릭하여 선택하고 ❸ 마우스 오른쪽 버튼을 클릭한 다음 ❹ Stroke Path를 실행합니다.

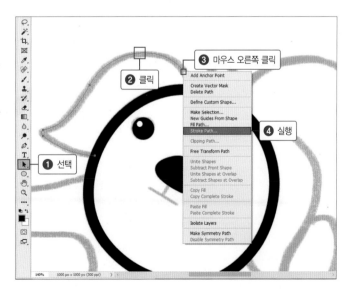

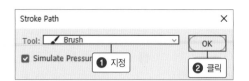

(12) Stroke Path 대화상자가 표시되면 ❶ Tool을 'Brush'로 지정한 다음 ❷ 〈OK〉 버튼을 클릭합니다.

(13) ❶ 패스 선택 도구(▶.)로 ❷ 캔버스의 빈 영역을 클릭합니다. 같은 방법으로 ❸ 펜 도구(∅.)로 ❹ 그림과 같이 몸 부분을 그린 다음 색을 지정합니다.

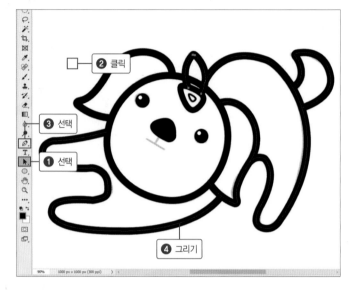

(14) 브러시 크기를 '5px'로 지정합니다. ❶ 펜 도구(∅.)로 ❷ 'ㅗ' 형태의 입을 그린 다음 색을 지정합니다.

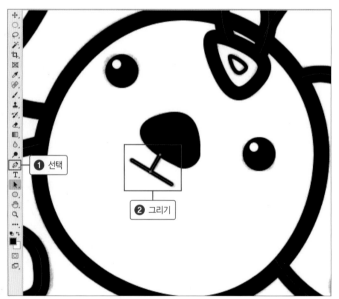

TIP ◁┅

Stroke Path 대화상자를 이용하면 브러시뿐만 아니라 연필 도구부터 지우개 도구 등 다양한 도구를 설정할 수 있습니다. Stroke Path 기능을 사용하기 전에 미리 패스에 적용할 도구의 형태나 굵기 등을 지정한 다음 사용하는 것이 편리합니다.

15 ❶ 강아지 얼굴을 그린 레이어를 선택하고 ❷ 마우스 오른쪽 버튼을 클릭한 다음 ❸ Rasterize Layer를 실행합니다.

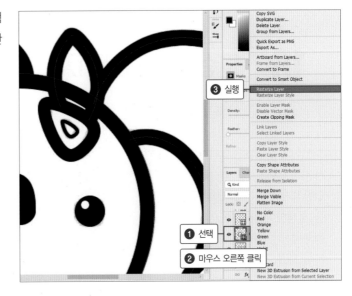

16 ❶ 지우개 도구(⬛)를 선택하고 ❷ 강아지 머리 잔털과 겹치는 곳을 지웁니다.

17 Paths 패널에서 여백을 클릭하여 'Work Path'의 선택을 해제합니다. 패스선이 화면에 보이지 않습니다.
Layers 패널에서 '스케치' 레이어의 '눈' 아이콘(👁)을 클릭하여 비활성화합니다. 강아지 이모티콘이 완성되었습니다.

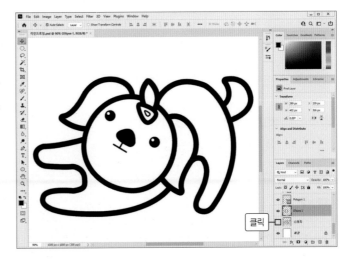

PHOTOSHOP

16 실루엣 이미지 만들기

실습

사용자 셰이프 도구를 이용하면 간단하게 원하는 형태의 셰이프를 선택하여 만들 수 있습니다. 예제에서는 동물 셰이프를 이용하여 노을 진 숲속 이미지를 연출해 보겠습니다.

Before

• 예제파일 : 10\노을배경.jpg

After

• 완성파일 : 10\노을배경_완성.psd

---

01 10 폴더에서 '노을배경.jpg' 파일을 불러 옵니다. ❶ 사용자 셰이프 도구(⬚)를 선택한 다음 ❷ 옵션바에서 Pick tool mode를 'Shape', Fill을 '검은색'으로 지정합니다.

---

02 동물을 만들기 위해 ❶ Shape 팝업 버튼을 클릭한 다음 ❷ 'Wild Animals'에서 'Giraffe' 셰이프를 선택합니다. ❸ 나무 옆에 기린 모양의 셰이프를 드래그하여 위치합니다.

TIP ⬚

셰이프를 배치한 다음 다시 크기를 조절하려면 메뉴에서 (Edit) → Transform Path → Scale을 실행합니다. 셰이프의 크기나 비율을 조절할 수 있습니다.

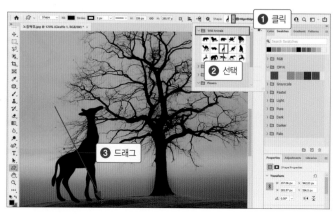

17 밤하늘 이미지 연출하기

실습

• **예제파일** : 10\배경.jpg　• **완성파일** : 10\배경_완성.psd　• • •

---

01 10 폴더에서 '배경.jpg' 파일을 불러옵니다. 구름 형태의 셰이프를 만들기 위해 ❶ 원형 도구(◯.)를 선택한 다음 ❷ 옵션바에서 Pick tool mode를 'Shape', Fill을 '흰색', Stroke를 'No Color'로 지정합니다.

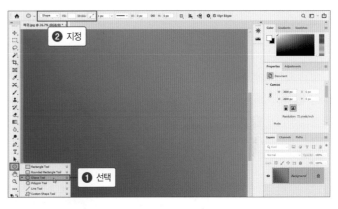

02 Layers 패널에서 ❶ 'Create a new group' 아이콘(▢)을 클릭하여 그룹을 만든 다음 ❷ Group 1 이름을 더블클릭하여 '구름'으로 변경합니다. ❸ 배경 이미지에 드래그하여 그림과 같은 원형의 셰이프를 만듭니다.

03 ❶ 연속으로 드래그하여 원형이나 타원형의 셰이프를 겹쳐지게 드로잉해서 구름 형태의 셰이프를 만듭니다. 그룹으로 포함된 구름 셰이프에 한 번에 그림자 효과를 적용하기 위해 ❷ '구름' 그룹을 선택한 다음 ❸ 'Add a layer style' 아이콘(𝘧𝘹.)을 클릭하고 ❹ Drop Shadow를 실행합니다.

04 Layer Style 대화상자가 표시되면
❶ Opacity를 '31%' Angle을 '47°',
Distance를 '102px', Spread를 '43%', Size를
'84px'로 설정한 다음 ❷ 〈OK〉 버튼을 클릭합
니다.

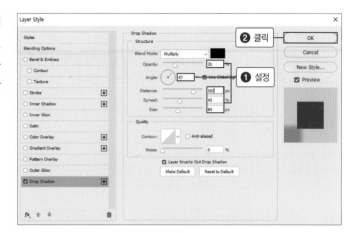

05 Layers 패널에서 ❶ '구름' 그룹을 선
택합니다. ❷ 이동 도구(⊕)를 선택한
다음 ❸ Alt+Shift를 누른 상태에서 구름 셰이
프를 클릭하고 ❹ 오른쪽 상단으로 드래그하여
복제합니다.

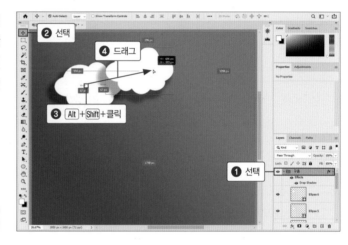

TIP ←

자유롭게 이동시키려면 Shift를 떼고 드래그합니다.

Why? ☜

Alt+Shift를 누른 상태에서 구름 셰이프를 드래그해야 셰이프가 개별적으로 복사되지 않고, 구름 형태의 셰이프를 한번에 복사할 수 있습니다.

06 ❶ 같은 방법으로 복제된 구름 이미지
를 Alt+Shift를 누른 상태에서 드래그해
여러 개의 구름 셰이프를 만듭니다.
이번에는 달 모양을 연산 기능으로 만들어 보겠
습니다. 먼저 ❷ 원형 도구(◯)를 선택한 다음
❸ 옵션바에서 Fill의 색상 상자를 클릭하고 ❹
'RGB'에서 '노란색'을 지정합니다.

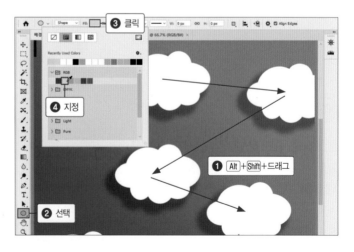

07 ❶ Layers 패널에서 'Create a new group' 아이콘(🗀)을 클릭하여 그룹을 만든 다음 ❷ 그룹 이름을 더블클릭하여 '달'로 변경합니다.

08 초승달 형태를 만들기 위해 옵션바에서 ❶ Path operations를 'Subtract Front Shape'로 지정합니다. ❷ 드래그하여 원형의 셰이프를 만듭니다.

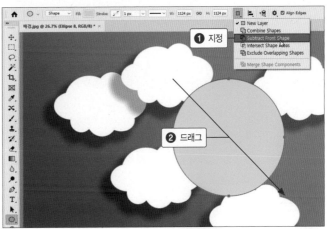

09 그림과 같이 기존 원형 셰이프와 겹치도록 작은 원형 셰이프를 드래그하여 만듭니다. 기존 원형 셰이프에서 새로 그린 원형 셰이프 영역이 빠진 것을 볼 수 있습니다.

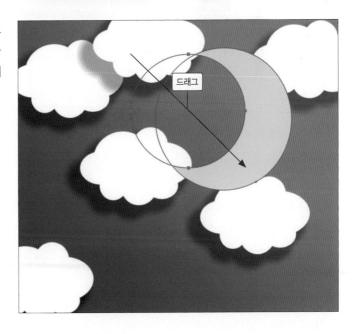

PART 11.

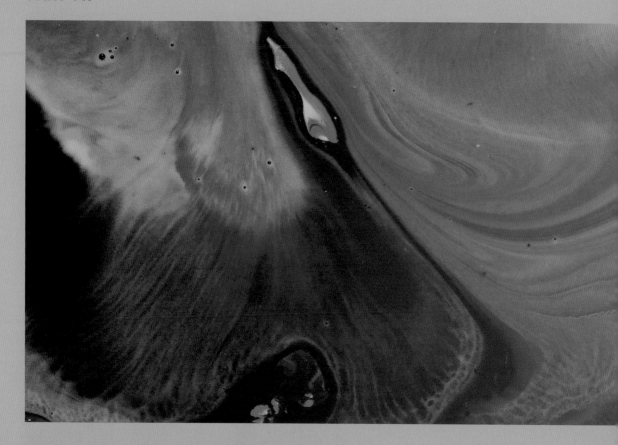

문자 입력과
필터 사용하기

⑴ 문자 도구 종류 알아보기

⑵ 입력을 위한 패널과 옵션바 사용하기

⑶ 단락 다루기

⑷ 문자 입력과 수정하기

⑸ 문자 입력하고 속성 변경하기

⑹ 문자 입력하고 설정하기

⑺ 긴 문장을 가져와 입력하기

⑻ 포토샵에서 제공하는 글꼴 사용하기

⑼ 형태를 따라 흐르는 패스 문자 입력하기

⑽ 문자 변형하기

⑾ 다양한 형태의 로고 문자 만들기

⑿ 문자 스타일 한 번에 적용하기

⒀ 문자 프레임 안에 이미지 삽입하기

⒁ 필터 종류와 사용 방법 알아보기

⒂ 한 개의 이미지에 여러 개의 필터 적용하기

⒃ 렌즈 왜곡 바로 잡기

⒄ 방사형 패턴 만들기

⒅ 물결 형태 만들기

⒆ 회전 속도감 표현하기

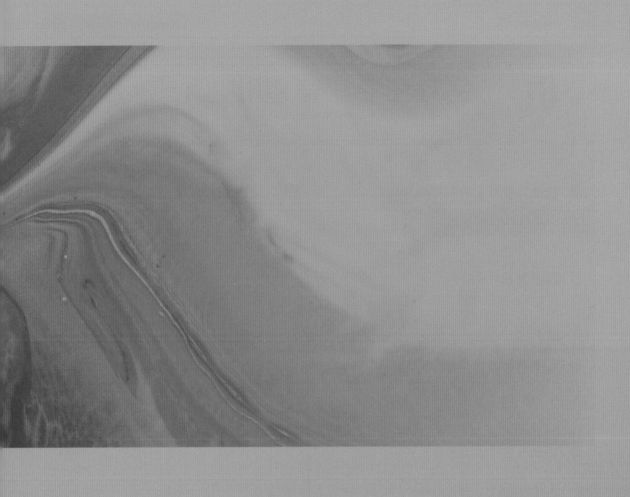

이미지에 문자를 입력하기 위한 문자 도구와 문자 변형 방법을 알아보고, 가장 많이 사용하는 그래픽 필터를 선별하여 소개합니다.

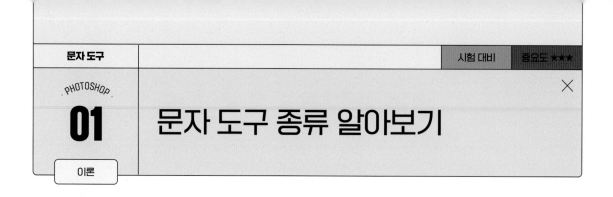

.PHOTOSHOP.

01 문자 도구 종류 알아보기

이론

❶ 가로쓰기 문자 도구　• • •

가로쓰기 문자 도구(T)를 이용하면 문자를 가로 방향으로 입력할 수 있습니다.

❷ 세로쓰기 문자 도구　• • •

세로쓰기 문자 도구(IT)를 이용하면 문자를 세로 방향으로 입력할 수 있습니다.

❸ 세로쓰기 선택 영역 문자 도구　• • •

세로쓰기 선택 영역 문자 도구(IT)를 이용하면 세로로 문자 형태의 선택 영역이 지정됩니다.

❹ 가로쓰기 선택 영역 문자 도구　• • •

가로쓰기 선택 영역 문자 도구(T)를 이용하면 가로로 문자 형태의 선택 영역이 지정됩니다. 일반 문자 도구와 입력 방식은 같지만 실제로 문자가 입력되지 않고 문자 형태의 마스크가 만들어집니다.

▲ 가로쓰기 문자 도구로 입력한 모습

▲ 세로쓰기 문자 도구로 입력한 모습

▲ 가로쓰기 선택 영역 문자 도구로 입력한 모습

▲ 입력을 마치고 선택 영역으로 지정된 모습

PHOTOSHOP
02 입력을 위한 패널과 옵션바 사용하기
이론

❶ Character 패널 – 문자 다루기   •••

문자를 입력하고 문자 레이어를 선택하거나 문자의 일부를 드래그하여 선택한 다음 Character 패널을 표시하면 선택한 레이어의 문자 또는 드래그하여 선택한 일부 문자에 글꼴, 크기, 자간 등의 스타일을 지정할 수 있습니다. Character 패널의 주요 기능은 문자 도구 옵션바에서도 이용 가능합니다.

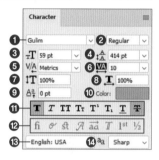

❶ **글꼴(Font)** : 적용 중인 글꼴 이름이 표시되고 사용할 글꼴을 지정할 수 있습니다.

❷ **글꼴 스타일(Font Style)** : 글꼴 스타일을 선택하며 이탤릭체, 볼드체 등을 지정할 수 있습니다.

❸ **글꼴 크기(Size)** : 글꼴 크기를 설정할 수 있습니다. 직접 값을 입력하거나 마우스 커서를 좌우로 드래그하여 글꼴 크기를 설정합니다.

❹ **행간(Leading)** : 입력한 문장의 행과 행 사이 간격을 설정하는 옵션입니다. 너무 가까우면 답답해 보이고 읽기 어려우며, 너무 멀리 떨어져 있으면 의미를 파악할 때 방해될 수 있으므로 문자 크기에 따라 적당하게 설정합니다.

▲ Leading : Auto   ▲ Leading : 10

❺ **커닝(Kerning)** : 커서가 위치한 지점의 양쪽 문자 사이 간격을 설정합니다.

❻ **자간(Tracking)** : 문자를 블록으로 지정할 때 활성화되는 옵션으로 선택한 문자들의 간격을 설정합니다.

▲ Tracking : 0   ▲ Tracking : −100

❼ **높이 조절(Vertically Scale)** : 문자의 세로 길이를 설정합니다. 값이 클수록 문자가 길어집니다.

⑧ 장평(Horizontally Scale) : 문자 너비를 조절하는 옵션으로 100%가 해당 글꼴의 기본 너비입니다.

CREATIVE PHOTOSHOP	CREATIVE PHOTOSHOP
▲ Horizontally Scale : 120%	▲ Horizontally Scale : 80%

⑨ 기준선 설정(Baseline Shift) : 선택한 문자의 기본 높이를 설정하는 옵션으로 첨자 문자를 만들 때 이용합니다.

⑩ Color : 문자 색상을 지정합니다.

⑪ 문자 속성 : 선택한 문자의 속성을 조절하는 기능이며, 다양한 옵션이 있으므로 작업에 따라 선택합니다.

⑫ OpenType : OpenType 표시(O)가 있는 글꼴을 작업할 때 합자, 작은 대문자, 분수 같은 대체 글리프를 이용할 수 있습니다.

⑬ 언어 설정 : 영어권 언어인 프랑스어, 독일어, 이탈리아어 등을 입력할 때 해당 언어를 선택하는 것으로 하이픈과 맞춤법 기능이 선택 언어에 맞춰집니다.

⑭ 안티에일리어싱 : 선택한 문자의 외곽선 형태를 지정합니다.

❷ 문자 도구 옵션바 살펴보기 • • •

❶ 문자 회전 : 가로로 입력한 문자는 세로로, 세로로 입력한 문자는 가로로 회전합니다.

❷ 글꼴 선택 : 글꼴을 지정하여 문자 모양을 결정합니다.

❸ 글꼴 유형 : 글꼴 스타일을 선택합니다. 이탤릭체나 볼드체 등을 지정할 수 있으며 글꼴마다 다른 스타일을 제공합니다.

▲ Italic	▲ Underline

❹ 글꼴 크기 : 글꼴 크기를 설정하는 것으로 직접 값을 입력할 수 있습니다.

❺ 안티에일리어싱 : 글꼴 경계선을 주변 색상과 혼합하여 계단 현상을 없애 경계면을 부드럽게 처리합니다.

❻ 문자 정렬 : 왼쪽, 가운데, 오른쪽으로 정렬할 수 있습니다.

▲ 왼쪽 정렬	▲ 가운데 정렬	▲ 오른쪽 정렬

❼ 글꼴 색 : 글꼴 색상을 지정합니다.

❽ Warp Text : 문자 형태를 왜곡할 수 있습니다.

❾ 패널 아이콘 : Character 패널과 Paragraph 패널을 표시하여 문자의 세부 설정을 할 수 있습니다.

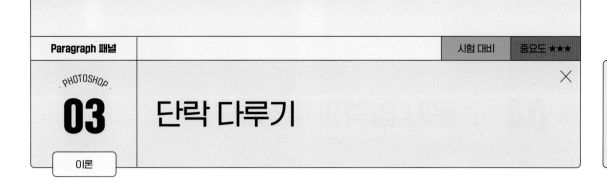

Paragraph 패널　　　　　　　　　　　시험 대비　중요도 ★★★

PHOTOSHOP

03 단락 다루기

이론

문자 도구(T)를 선택하고 포토샵 캔버스를 드래그하여 영역을 지정한 다음 문자를 입력하면 단락(Paragraph Text)으로 인식하여 Paragraph 패널의 기능을 이용할 수 있습니다.

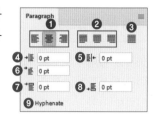

❶ Align Text : 문단을 왼쪽 정렬, 가운데 정렬, 오른쪽 정렬할 때 이용합니다.

▲ Left align text

▲ Center text

▲ Right align text

❷ Justify : 단락 끝부분에 만들어지는 여백을 왼쪽, 가운데, 오른쪽으로 정렬합니다.

❸ Justify all : 단락 끝부분에 여백이 있으면 양쪽 혼합으로 정렬합니다.

❹ Indent left margin : 문장의 왼쪽 여백 정도를 설정합니다.

❺ Indent right margin : 문장의 오른쪽 여백 정도를 설정합니다.

❻ Indent first line : 단락 첫 번째 줄에서 왼쪽 들여쓰기 간격을 조절합니다.

❼ Add space before paragraph : 문서 위쪽 여백의 정도를 설정합니다.

❽ Add space after paragraph : 문서 아래쪽 여백의 정도를 설정합니다.

❾ Hyphenate : 긴 영단어를 입력할 때 자동으로 줄이 바뀌어 단어가 나뉘면 하이픈을 표시하여 한 단어임을 나타냅니다.

TIP

가변 글꼴 사용하기

글꼴의 두께, 폭, 사선 형태 등을 슬라이더를 드래그하여 간단하게 변경할 수 있습니다. Properties 패널에서 제공하는 슬라이더를 이용하여 두께, 폭 및 사선을 조절할 수 있는 여러 가변 글꼴이 제공됩니다.

가변 글꼴을 찾기 위해서는 Character 패널이나 옵션바의 글꼴 목록에서 'Variable'을 입력하여 검색하거나 글꼴 이름 옆에 있는 아이콘(🔛)을 찾습니다.

PHOTOSHOP

04 문자 입력과 수정하기

이론

❶ 문자 입력하기 ● ● ●

문자를 입력하기 위해서는 먼저 Tools 패널에서 문자 도구를 선택합니다. 문자를 입력하고자 하는 위치를 클릭하면 샘플 텍스트가 표시되며, 샘플 텍스트를 이용하여 문자의 글꼴이나 크기를 조절한 다음 원하는 문자를 입력합니다.

▲ 자동으로 샘플 텍스트가 블록으로 표시된 모습

▲ 글꼴과 크기, 색상을 지정한 다음 문자를 입력한 모습

❷ 문자 수정하기 ● ● ●

문자 도구가 선택된 상태에서 ❶ 문자를 드래그하여 블록으로 지정합니다. ❷ 수정하거나 Delete를 눌러 지울 수 있습니다. 입력한 문자는 색상이나 크기, 정렬 방식 등의 속성을 변경할 수 있습니다.

❸ 곡선 형태의 문자 입력하기 ● ● ●

문자를 직선이 아닌 이미지 형태에 따라 자유롭게 입력하려면 ❶ 펜 도구(✎)를 이용하여 원하는 형태의 자유 곡선을 만들고 ❷ 문자 도구로 곡선을 클릭하면 패스를 따라 흐르는 문자를 입력할 수 있습니다.

▲ 패스선을 따라 입력한 문자

PHOTOSHOP

05 문자 입력하고 속성 변경하기

이론

시험 대비 　중요도 ★★★

❶ 문자를 이미지로 변경할 때

문자 속성을 버리고 문자를 이미지로 변환하기 위해서는 ❶ Layers 패널의 문자 레이어에서 마우스 오른쪽 버튼을 클릭합니다. ❷ 표시되는 메뉴에서 Rasterize Type을 실행하면 문자 이미지로 변환됩니다.

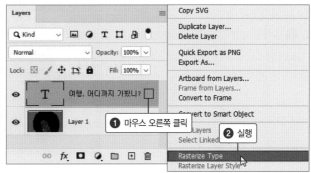

❷ 문자를 패스로 변경할 때

Layers 패널의 문자 레이어에서 마우스 오른쪽 버튼을 클릭하여 표시되는 메뉴에서 Create Work Path를 실행하면 문자가 패스선으로 변경됩니다. Paths 패널에는 'Work Path'가 만들어집니다.

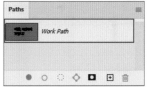

❸ 문자를 셰이프로 변경할 때

Layers 패널의 문자 레이어에서 마우스 오른쪽 버튼을 클릭하여 표시되는 메뉴에서 Convert to Shape를 실행하면 문자가 셰이프로 변경됩니다. Layers 패널을 확인하면 셰이프 레이어가 만들어집니다.

PHOTOSHOP
06 문자 입력하고 설정하기

실습

• **예제파일** : 11\포스터2.jpg • **완성파일** : 11\포스터2_완성.psd   • • •

---

01 11 폴더에서 '포스터2.jpg' 파일을 불러옵니다.

❶ 가로쓰기 문자 도구(T. : 이하 문자 도구)를 선택하고 ❷ 입력할 부분을 클릭하면 샘플 텍스트가 표시되며 블록으로 지정되어 있습니다.

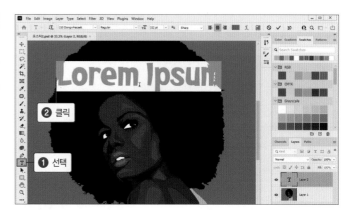

---

02 옵션바에서 원하는 글꼴을 선택하고 글꼴 크기와 색상을 지정합니다. 예제에서는 글꼴을 'BM HANNA Pro', 글꼴 스타일을 'Regular', 글꼴 크기를 '212pt', 색상을 '노란색'으로 지정하였습니다.

TIP ⟨-
문자는 Character 패널이나 Properties 패널에서 자유롭게 지정할 수 있습니다.

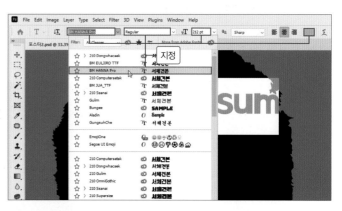

---

03 '여행, 어디까지 가봤니?'를 입력하면 문자 설정에 맞게 입력됩니다.

TIP ⟨-
예제에서는 배달의 민족에서 무료로 제공하는 서체를 사용하였습니다. 문자에 따라 다른 글꼴을 선택하여 입력하세요.

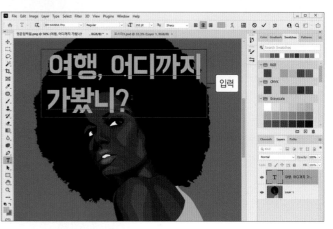

문장 입력

PHOTOSHOP

07

긴 문장을 가져와 입력하기

실습

• **예제파일** : 11\노트.jpg, 문장.txt   • **완성파일** : 11\노트_완성.psd   • • •

---

01   11 폴더에서 '노트.jpg' 파일을 불러옵니다. ❶ 문자 도구(T)를 선택한 다음 문자 상자를 만들기 위해 그림과 같이 ❷ 왼쪽 상단 에서 오른쪽 하단으로 드래그합니다.

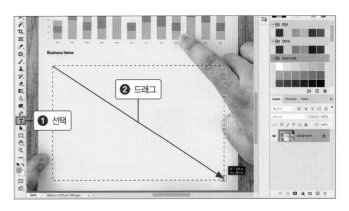

02   11 폴더에서 '문장.txt' 파일을 연 다음 Ctrl+A와 Ctrl+C를 차례대로 눌러 텍스트를 복사합니다.

❶ 포토샵에서 Ctrl+V를 눌러 문자 상자에 텍 스트를 붙여 넣습니다. ❷ 문장 전체를 드래그 하여 블록으로 지정합니다.

❸ Character 패널에서 글꼴을 'RixStraight_ Pro', 글꼴 크기(T)를 '9pt', 행간()을 '12pt' 로 지정합니다.

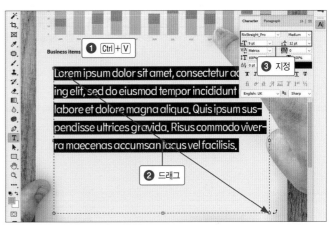

03   옵션바에서 ❶ 'Left align text' 아이콘 ()을 클릭합니다. 전체 문장이 왼쪽 정렬되면 입력을 마치기 위해 ❷ Ctrl+Enter를 누릅니다.

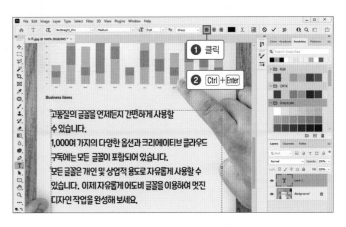

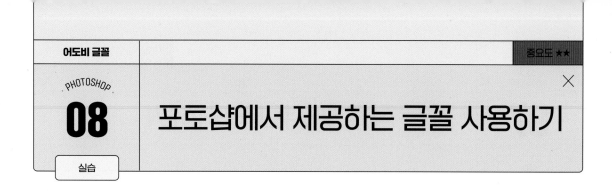

• 예제파일 : 11\포스터.psd

●●●

---

01 ❶ '윈도우 시작' 아이콘(⊞)을 클릭한 다음 ❷ Adobe Creative Cloud를 실행합니다. Adobe Creative Cloud
가 실행되면 글꼴을 추가하기 위해 ❸ '글꼴 관리'를 선택합니다.

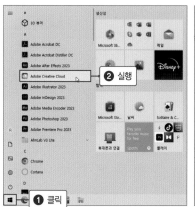

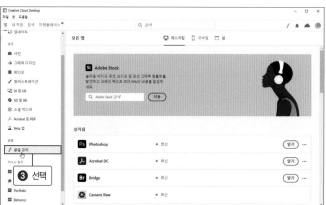

---

02 더 많은 글꼴을 보기 위해 〈추가 글꼴
검색〉 버튼을 클릭합니다.

TIP

Adobe Creative Cloud에서는 별도의 추가 요금
없이 다양한 글꼴을 제공하며, 개인 및 상업적인 용
도로 자유롭게 사용할 수 있습니다.

---

03 ❶ 언어 및 쓰기 시스템을 '한국어', ❷
분류를 '디자인'으로 선택합니다. ❸ 샘
플 텍스트에 원하는 문장을 입력해 봅니다.

---

04 원하는 형태의 한글 글꼴을 미리 볼 수 있습니다. 포토샵에서 사용하기 위해 마음에 드는 글꼴의 〈패밀리 보기〉 버튼을 클릭합니다. 예제에서는 '210 동화책' 글꼴의 〈패밀리 보기〉 버튼을 클릭합니다.

05 해당 글꼴의 설명과 글꼴 유형이 표시됩니다. 글꼴을 활성화하기 위해 '글꼴 활성화' 아이콘을 클릭하여 활성화합니다.

TIP ⬦

'글꼴 활성화' 아이콘을 클릭하여 활성화하면 별도로 글꼴을 다운로드하지 않아도 어도비의 모든 앱에서 사용할 수 있습니다.

06 포토샵을 실행한 다음 11 폴더에서 '포스터.psd' 파일을 불러옵니다.
❶ 문자 도구(T.)를 선택한 다음 옵션바에서
❷ 글꼴을 방금 활성화한 글꼴로 지정합니다. 예제에서는 '210 Dongwhacaek'으로 지정하였습니다.

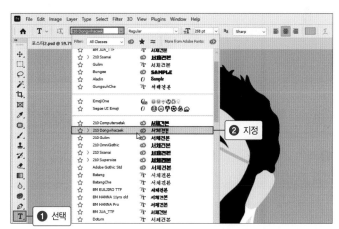

07 문자를 입력하면 선택한 글꼴로 문자가 입력되는 것을 확인할 수 있습니다.

PHOTOSHOP
09
실습

형태를 따라 흐르는
패스 문자 입력하기

×

개체의 형태를 따라 흐르는 듯한 문
자를 입력할 수 있습니다. 예제에서
는 개체를 선택하고 외관을 확장한
다음 패스를 따라 문자를 입력해 보
겠습니다.

Before

After

· 예제파일 : 11\로켓.png

· 완성파일 : 11\로켓_완성.psd

---

(01) 11 폴더에서 '로켓.png' 파일을 불러옵
니다.

❶ 빠른 선택 도구(☑️)로 ❷ 타원형의 로켓 몸
체를 드래그하여 선택 영역으로 지정합니다.

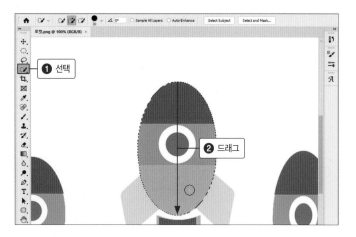

---

(02) 선택 영역을 확장하기 위해 메뉴에서
(Select) → Modify → Expand를 실
행합니다.

Why? 👇

선택 영역을 확장하는 이유는 입력할 문자의 경로로
사용하기 위해 일러스트 영역과 간격을 두기 위해서
입니다.

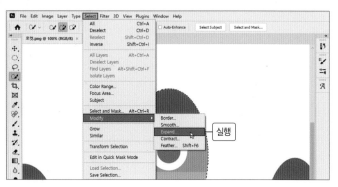

03 Expand Selection 대화상자가 표시되면 ❶ Expand By를 '20pixels'로 설정하고 ❷ 〈OK〉 버튼을 클릭합니다.

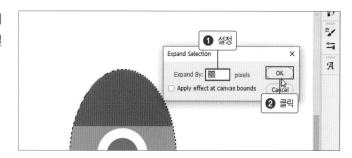

04 그림과 같이 기존의 선택 영역에서 20픽셀 확장되어 나타납니다.

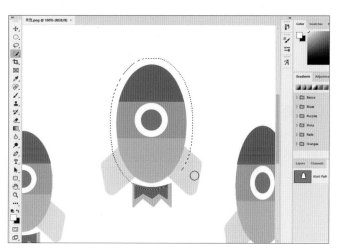

05 선택 영역을 패스선으로 변경하기 위해 ❶ Paths 패널을 선택하고 ❷ 'Make work path from selection' 아이콘(◇)을 클릭합니다.

06 ❶ 문자 도구(T.)를 선택하고 ❷ 옵션바에서 원하는 글꼴을 선택합니다. 예제에서는 어도비 글꼴인 'Gilbert Color'로 지정했습니다.

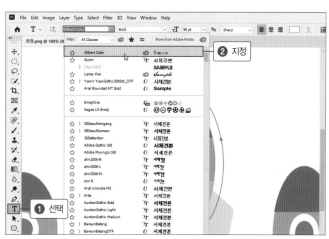

TIP ◁

Gilbert Color 글꼴은 어도비 클라우드에서 무료로 사용할 수 있습니다. 예제에서 이용한 폰트가 없다면 원하는 글꼴이나 비슷한 글꼴을 사용하세요.

07 문자 도구가 선택된 상태에서 패스선에 마우스 커서를 위치시키면 커서의 형태가 변경됩니다.

08 ① 패스선을 클릭하면 샘플 텍스트가 패스선에 표시됩니다. ② 글꼴 크기를 '90pt'로 지정합니다.

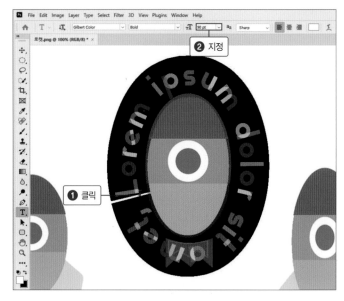

TIP

입력된 문자의 위치를 조절하는 방법은 Spacebar 를 눌러 문자를 조절하거나 패스선의 형태를 변형하여 조절할 수 있습니다.

09 'GOOGLE PLAY'를 입력합니다. 패스선을 따라 문자가 입력되는 것을 확인할 수 있습니다.

| Warp Text 기능 | | 시험 대비 | 중요도 ★★★ |

문자 변형하기

문자를 입력하고 옵션바에서 'Create Warped Text' 아이콘(🗚)을 클릭하거나 메뉴에서 [Type] → Warp Text를 실행하면 문자를 변형할 수 있는 Warp Text 대화상자가 표시됩니다.

TIP ⟨⟩

Faux Bold 서식이 있는 문자 레이어나 윤곽선 데이터를 포함하지 않은 글꼴은 변형할 수 없습니다.

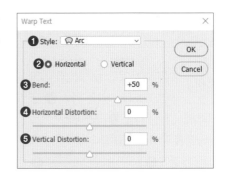

❶ **Style** : 변형 또는 왜곡 등의 특수 효과 스타일을 선택할 수 있습니다.

▲ Arc

▲ Arc Upper

▲ Bulge

▲ Fish

❷ **Horizontal, Vertical** : 적용 방향을 선택합니다.

❸ **Bend** : 휘어지는 강도를 조절합니다.

❹ **Horizontal Distortion** : 왼쪽, 오른쪽으로 굴절되는 강도를 조절합니다.

❺ **Vertical Distortion** : 위, 아래로 굴절되는 강도를 조절합니다.

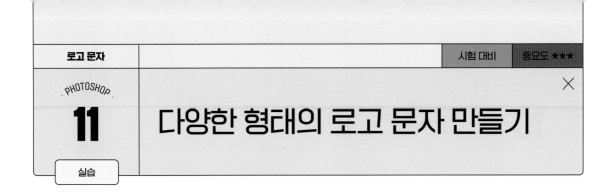

다양한 형태의 로고 문자 만들기

· **예제파일** : 11\로고.psd   · **완성파일** : 11\로고_완성.psd   • • •

01 11 폴더에서 '로고.psd' 파일을 불러옵니다. 곡선 패스를 그리기 위해 ❶ 펜 도구(✐)를 선택한 다음 ❷ 옵션바에서 Pick tool mode를 'Path'로 지정합니다.

그림과 같이 ❸ 시작점을 클릭한 다음 ❹ 두 번째 기준점을 클릭하고 ❺ 오른쪽으로 드래그합니다. 호 형태의 곡선이 만들어집니다.

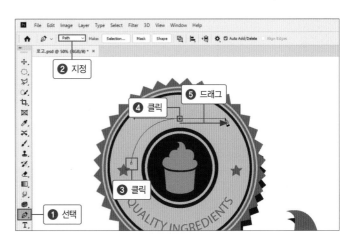

02 이어서 그림과 같이 기준점을 클릭하여 반원 형태의 패스선을 만듭니다.

03 ❶ 문자 도구(T)를 선택한 다음 ❷ 옵션바에서 글꼴과 글꼴 크기, 색상을 지정합니다. 예제에서는 글꼴을 'NanumBarun Gothic', 글꼴 스타일은 'Bold', 글꼴 크기를 '33pt', 색상을 '검은색'으로 지정했습니다.

04 패스의 시작점을 클릭하면 샘플 텍스트가 표시됩니다. 커서가 패스선 위에 나타납니다.

05 '맛있는 베이커리'를 입력하면 그림과 같이 패스선을 따라 문자가 곡선 형태로 입력됩니다.

TIP ⬅
문자가 잘려서 표시되면 직접 선택 도구로 문자의 시작 부분을 드래그하여 변경할 수 있습니다.

06 두 번째 로고에 문자를 입력하기 위해 ① 문자 도구(T)를 선택한 다음 ② 옵션바에서 글꼴과 글꼴 크기, 색상을 지정합니다. 예제에서는 글꼴을 'NanumBarunGothic', 글꼴 스타일을 'Bold', 글꼴 크기를 '33pt', 색상을 '흰색'으로 지정하였습니다.

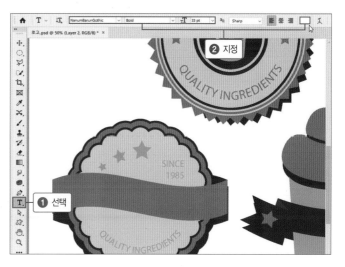

07 로고에 '맛있는 베이커리'를 입력합니다. 로고의 띠 형태에 맞게 변경하기 위해 메뉴에서 (Type) → Warp Text를 실행합니다.

08 Warp Text 대화상자가 표시되면 Style 을 'Flag'로 지정합니다. 문자가 그림과 같이 휘날리는 깃발처럼 변형되었습니다.

09 로고 띠 형태에 맞게 변형하기 위해 ❶ Bend를 '65%'로 설정한 다음 ❷ 〈OK〉 버튼을 클릭합니다. 그림과 같이 로고 형태에 맞게 입력한 문장이 곡선으로 나타납니다.

10 세 번째 로고도 두 번째 로고와 같은 방법으로 '맛있는 베이커리'를 입력합니다.

11 로고 띠 형태에 맞게 변경하기 위해 메뉴에서 (Type) → Warp Text를 실행합니다.
Warp Text 대화상자가 표시되면 Style을 'Arc'로 지정합니다. 그림과 같이 입력한 문자가 위로 볼록한 호 형태로 변형됩니다.

12 형태에 맞게 변형하기 위해 ❶ Bend를 '-14%'로 설정하고 ❷ 〈OK〉 버튼을 클릭합니다. 그림과 같이 문자가 로고에 맞게 아래쪽으로 휘어진 곡선으로 변경됩니다. 로고 형태에 맞게 모든 문자가 변형되었습니다.

문자 스타일 한 번에 적용하기

• 예제파일 : 11\스타일.psd   • 완성파일 : 11\스타일_완성.psd   • • •

---

01 11 폴더에서 '스타일.psd' 파일을 불러옵니다.

위쪽부터 제목글과 광고글, 정보글로 구성되어 있습니다.

TIP ◁⊰

예제에서 사용한 글꼴은 제목글 : 210 Supersize (130pt), 광고글 : 210 Supersize(70pt, 이탤릭체), 정보글 : NanumGothic(45pt)입니다. 미리 해당 폰트를 내 PC에 설치하세요.

02 제목글의 문자 속성을 저장하기 위해 ❶ 문자 도구(T.)를 선택하고 ❷ '플라잉 요가' 문자를 드래그하여 블록으로 지정합니다. Character Styles 패널에서 ❸ 'Create new character style' 아이콘(回)을 클릭합니다. ❹ 'Character Style 1'이 표시되면 더블클릭합니다.

TIP ◁⊰

Character Styles 패널은 메뉴에서 (Window) → Character Styles를 실행하여 활성화할 수 있습니다.

03 Character Style Options 대화상자가 표시되면 ❶ Style Name에 '제목글'을 입력한 다음 ❷ 〈OK〉 버튼을 클릭합니다.

04 광고글의 문자 속성을 지정하기 위해 ❶ '당신의... 드립니다!' 문자를 드래그하여 블록으로 지정합니다. Character Styles 패널에서 ❷ 'Create new character style' 아이콘(回)을 클릭합니다. ❸ 'Character Style 1'이 표시되면 더블클릭합니다.

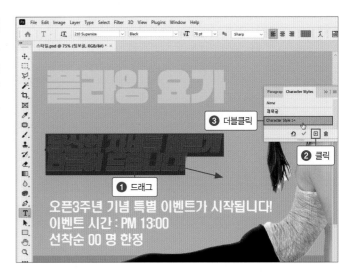

05 Character Style Options 대화상자가 표시되면 ❶ Style Name에 '광고글'을 입력한 다음 ❷ 〈OK〉 버튼을 클릭합니다.

TIP ⟨⇦

문자가 저장된 포토샵 파일을 열었을 때 경고 대화상자가 표시되는 경우가 있습니다. 포토샵의 업데이트로 인해 해당 레이어를 업데이트할 것인지 물어보는 것으로, 이 경우 〈Update〉 버튼을 클릭하여 해결합니다.

06 정보글의 문자 속성을 지정하기 위해 ❶ '오픈3주년... 한정' 문자를 드래그하여 블록으로 지정합니다. Character Styles 패널에서 ❷ 'Create new character style' 아이콘(回)을 클릭합니다. ❸ 'Character Style 1'이 표시되면 더블클릭합니다.

07 Character Style Options 대화상자가 표시되면 ❶ Style Name에 '정보글'을 입력한 다음 ❷ 〈OK〉 버튼을 클릭합니다.

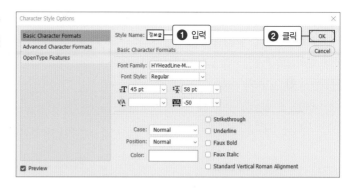

08 정보글의 문자 속성을 변경해 보겠습니다. ❶ 정보글을 드래그하여 블록으로 지정하고 Character Styles 패널에서 ❷ '광고글' 스타일을 선택합니다.

09 정보글 속성이 '광고글' 속성으로 변경되어 내용은 그대로 유지된 상태에서 문자 색상과 글꼴, 글꼴 크기가 '광고글' 속성으로 변경됩니다.

10 이번에는 스타일을 수정해 보겠습니다. Character Styles 패널에서 ❶ '광고글' 스타일을 더블클릭하여 Character Style Options 대화상자가 표시되면 ❷ Color의 색상 상자를 클릭합니다.

11 ❶ Color Picker 대화상자가 표시되면 색상을 '흰색'으로 지정한 다음 ❷ 〈OK〉 버튼을 클릭합니다. Character Styles Options 대화상자에서도 〈OK〉 버튼을 클릭합니다.

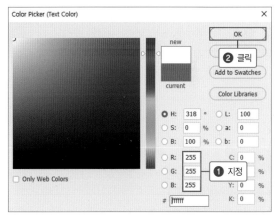

12 그림과 같이 광고글 스타일 색상이 흰색으로 변경되며, 광고글 스타일이 적용된 문장 색상도 흰색으로 변경되었습니다.

문자 프레임 안에 이미지 삽입하기

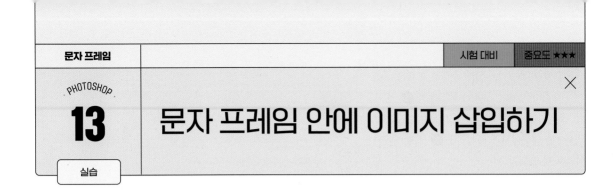

• **예제파일** : 11\메뉴.psd, sns1.jpg, sns2.jpg, sns3.jpg　　• **완성파일** : 11\메뉴_완성.psd　　● ● ●

01 11 폴더에서 '메뉴.psd' 파일을 불러옵니다. 사각형 프레임을 만들기 위해 ❶ 프레임 도구(⊠)를 선택한 다음 ❷ 옵션바에서 'Rectangular Frame' 아이콘(⊠)을 클릭합니다. ❸ 파란색 메뉴에 드래그하여 사각형 프레임을 만듭니다.

02 ❶ 11 폴더에서 'sns1.jpg' 파일을 선택한 다음 사각형 프레임으로 드래그합니다. 사각형 프레임 안에 이미지가 삽입됩니다. ❷ 옵션바에서 'elliptical Frame' 아이콘(⊠)을 클릭한 다음 ❸ 녹색 메뉴에 Shift를 누른 상태로 드래그하여 원형 프레임을 만듭니다.

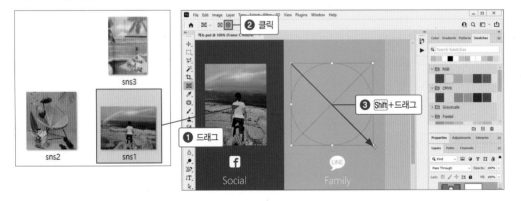

03 11 폴더에서 'sns2.jpg' 파일을 선택한 다음 원형 프레임으로 드래그합니다. 원형 프레임 안에 이미지가 삽입됩니다.

TIP ⟨⊅

프레임 도구는 마치 Paste Into 기능처럼 특정 영역에 이미지를 붙이는 기능 면에서는 비슷하지만 프레임 도구로 삽입된 이미지는 위치나 크기, 프레임 형태를 자유롭게 조절할 수 있습니다.

04 ❶ 세로 문자 도구(⊥T.)를 선택한 다음 ❷ 노란색 메뉴에 'SNS STAR'를 입력합니다. ❸ 옵션바에서 글꼴과 색상을 지정합니다. 예제에서는 글꼴을 'Jalnan OTF', 글꼴 크기를 '121pt', 색상을 '흰색'으로 지정하였습니다.

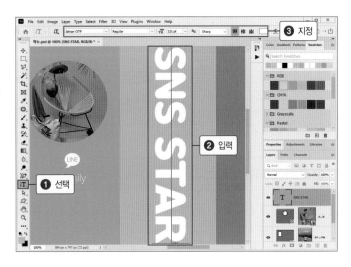

TIP ◁▷

글꼴은 임의로 지정하여 입력해도 좋습니다.

05 Layers 패널에서 'SNS STAR' 문자 레이어를 선택하고 ❶ 마우스 오른쪽 버튼을 클릭한 다음 ❷ Convert to Frame을 실행합니다. New Frame 대화상자가 표시되면 ❸ Name에 'SNS STAR'가 지정된 상태에서 〈OK〉 버튼을 클릭합니다.

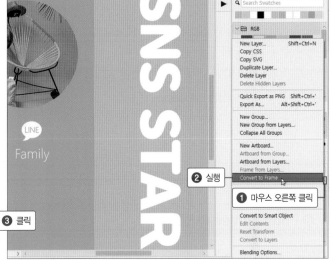

06 입력한 문자가 문자 프레임 형태로 변경됩니다. ❶ 11 폴더에서 'sns3.jpg' 파일을 문자 프레임으로 드래그합니다. 문자 프레임에 이미지가 삽입됩니다.

❷ Ctrl+T를 누른 다음 ❸ 위, 아래로 드래그하여 프레임 안의 이미지 위치를 조절하여 완성합니다.

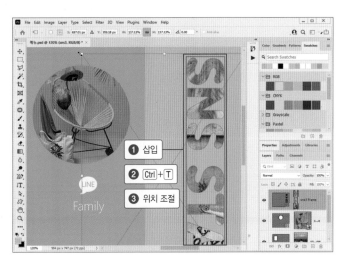

필터 종류와 사용 방법 알아보기

❶ Filter 메뉴 살펴보기 • • •

(Filter) 메뉴를 클릭하면 몇 개의 그룹으로 묶여 있는 필터를 확인할 수 있습니다. 해당 그룹 이름 오른쪽의 삼각형(▶)을 클릭하면 그룹에 속한 필터가 표시됩니다. 이외에도 Filter Gallery 명령을 실행하면 화면을 미리 보면서 필터를 적용할 수 있습니다.

특히 AI 기능을 이용한 어도비 센세이(Sensei)로 인물 얼굴을 인식하고 자연스럽게 변형이 가능한 뉴럴 필터를 제공하고 있습니다. 뉴럴 필터를 이용하면 증명사진이나 프로필 사진 촬영 후 인물의 표정을 변형시킬 수 있어서 유용하게 사용할 수 있습니다. ▶ 146, 148쪽 참고

❷ Filter Gallery 사용하기 • • •

Filter Gallery를 이용하면 미리 보기 창에서 필터 효과를 확인할 수 있고 바로 옵션을 조절할 수도 있습니다. 이펙트 레이어를 이용하여 여러 개의 필터를 함께 적용하고 쉽게 되돌리거나 삭제할 수 있습니다.

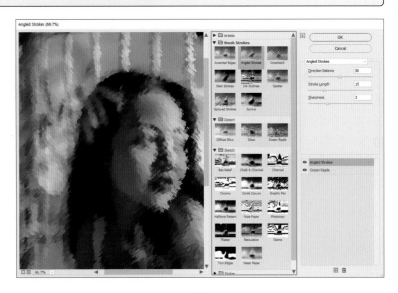

❸ 회화 효과를 표현하는 Artistic 필터 살펴보기

Artistic 계열 필터는 회화 효과를 표현합니다. 메뉴에서 (Filter) → Filter Gallery를 실행한 다음 Artistic 항목에서 이용할 수 있습니다.

❶ Colored Pencil(색연필)
색연필로 그린 것처럼 효과를 주는 필터입니다. 배경색이 종이 색으로 지정되며 이미지에 사용된 색을 기준으로 색연필 색이 결정됩니다.

❷ Cutout(오려내기)
이미지의 색상 변화를 뚜렷하게 표시해 색종이를 오려 붙인 듯한 효과를 주는 필터입니다.

❸ Rough Pastels(거친 파스텔 효과)
거친 파스텔로 그린 것처럼 표현합니다.

❹ Smudge Stick(문지르기 효과)
붓을 이용하여 수채화를 그린 것처럼 만드는 필터입니다. 비교적 어두운 느낌의 이미지를 만들 때 사용합니다.

❺ Plastic Wrap(플라스틱 포장)
이미지에 랩을 씌운 것처럼 번들거리는 효과를 만드는 필터입니다.

❻ Water Color(수채화 효과)
색상의 경계 부분을 어두운 색으로 표현하여 수채화 느낌을 주는 필터입니다.

❼ Paint Daubs(페인트 덥스)
페이트 붓을 이용하여 이미지에 덧칠한 효과를 나타내는 필터입니다. 여섯 가지 브러시를 제공하여 원하는 브러시의 터치를 표현할 수 있습니다.

❽ Post Edges(포스터 가장자리)
어두운 부분에 검은색 외곽선을 만들어 포스터 느낌을 주는 필터입니다. 강한 느낌의 이미지를 표현할 때 사용합니다.

❹ 이미지를 변형시키는 Distort 필터 살펴보기 • • •

Distort 계열의 필터는 이미지를 비틀거나 회전, 특정 형태로 변형시킵니다. 메뉴에서 [Filter] → Distort를
실행한 다음 다양한 형태로 이미지를 변형시켜 보세요.

❶ Polar Coordinates(극좌표)
선택한 옵션에 따라 선택 영역을 직교
좌표에서 극좌표로, 또는 극좌표에서
직교좌표로 변환하는 필터입니다.

❷ Shear(기울임)
Shear 대화상자의 선을 변형하여 이
미지를 곡선이나 대각선 방향으로 기
울여 왜곡하는 필터입니다.

❸ ZigZag(지그재그)
이미지를 수면에 나타나는 동심원 모
양으로 변형하는 필터입니다.

❹ Spherize(구형화)
돋보기로 보는 것처럼 둥글게 처리하
는 필터로, Amount가 클수록 볼록해
집니다.

❺ Ripple(잔물결)
이미지 표면을 물결 형태로 굴절시키
는 필터입니다.

❻ Wave(파도)
물결 모양처럼 이미지를 다양하게 변
형할 수 있으며 여러 가지 옵션을 이용
하는 만큼 복잡하게 변형할 수도 있습
니다.

❺ 회화적인 Sketch 필터 살펴보기 • • •

Sketch 계열 필터는 이미지에 분필이나 목탄, 크레용 펜 등으로 스케치한 효과를 내거나 독특한 재질을 표현
할 때 사용합니다. [Filter] → Filter Gallery를 실행한 다음 Sketch 계열에서 사용할 수 있습니다.

❶ Charcoal(목탄)
이미지를 목탄으로 그린 것처
럼 표현하는 필터입니다. 배경
색이 종이 색상으로, 전경색이
목탄 색상으로 지정됩니다.

❷ Graphic Pen(그래픽 펜)
가는 펜을 이용하여 스케치한
느낌을 주는 필터입니다. 어
두운 색이 전경색으로 표현되
며, 밝은 색이 배경색으로 표
현됩니다.

❸ Halftone Pattern(하프톤 패턴)
인쇄 망점을 표현하는 필터
로, 신문에 인쇄된 사진을 보
는 것 같은 효과를 줍니다.

❹ Tone Edges(가장자리 찢기)
이미지의 외곽선이 찢긴 것처
럼 표현하는 필터입니다.

Filter Gallery

중요도 ★★

PHOTOSHOP
15

실습

한 개의 이미지에
여러 개의 필터 적용하기

×

Filter Gallery를 이용하면 여러 개의 필터를 하나의 이미지에 적용할 수 있으며, 적용된 필터를 추가하거나 삭제할 수 있고, 순서를 변경할 수도 있습니다. 예제에서는 필터 기능으로 거친 유화 느낌을 표현해 보겠습니다.

Before

After

· 예제파일 : 11\유화.jpg

· 완성파일 : 11\유화_완성.jpg

---

01 11 폴더에서 '유화.jpg' 파일을 불러옵니다. 필터 효과를 적용하기 위해 메뉴에서 [Filter] → Filter Gallery를 실행합니다. ❶ Brush Strokes에서 유화 효과를 표현하는 'Angled Strokes'를 선택하고 ❷ Direction Balance를 '50'으로 설정합니다.

---

02 새로운 필터를 추가하기 위해 ❶ 'New effect layer' 아이콘(▣)을 클릭하여 새로운 효과 레이어를 추가합니다.

❷ 아래 효과 레이어가 선택된 상태에서 기존 필터에 거친 브러시 효과를 추가하기 위해 ❸ Distort에서 'Ocean Ripple'을 선택합니다.

❹ Ripple Size를 '13'으로 설정한 다음 ❺ 〈OK〉 버튼을 클릭합니다.

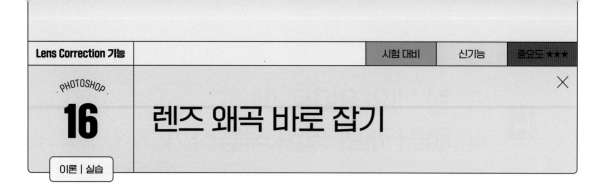

PHOTOSHOP

16 | 렌즈 왜곡 바로 잡기

이론 | 실습

렌즈에 의해 피사체가 살짝 휘거나 왜곡되기도 합니다. 메뉴에서 (Filter) → Lens Correction(Shift + Ctrl + R)을 실행하면 왜곡된 피사체를 바로 잡을 수 있습니다.

① 도구

  ⓐ 왜곡 제거 도구 : 왜곡된 이미지를 양쪽으로 드래그하여 왜곡을 제거합니다.

  ⓑ 정렬 도구 : 정렬하려는 방향으로 직접 드래그하여 이미지를 정렬합니다.

  ⓒ 그리드 이동 도구 : 화면에 그리드를 표시하며 드래그하여 그리드를 이동합니다.

  ⓓ 손 도구 : 이미지가 확대된 상태에서 화면을 이동합니다.

  ⓔ 돋보기 도구 : 이미지를 확대하거나 축소하여 검색할 때 사용합니다.

② (Auto Correction) 탭

  ⓕ Correction : 수정할 문제를 선택합니다. 교정으로 인해 이미지가 원본 수치와 다르게 확장 또는 축소되면 'Auto Scale Image'를 체크 표시합니다. Edge에서는 교정으로 인해 발생하는 영역을 어떻게 처리할 것인지를 지정합니다. 투명하게 하거나 색상을 사용할 수 있으며 이미지 가장자리 픽셀을 확장할 수도 있습니다.

  ⓖ Search Criteria : 아래쪽 'Lens Profiles' 목록을 필터링합니다. 기본적으로 이미지 센서 크기를 기반으로 하는 프로필이 먼저 나타납니다. RAW 프로필을 먼저 나열하려면 메뉴를 표시한 다음 **Prefer Raw Profiles**를 실행합니다.

  ⓗ Lens Profiles : 프로필을 선택합니다. 기본적으로 이미지를 만드는 데 사용된 카메라 및 렌즈와 일치하는 프로필만 표시됩니다. 단, 카메라 모델은 완벽하게 일치하지 않아도 됩니다. 또한 초점 거리, f-스톱 및 초점 거리를 기반으로 선택된 렌즈에 대해 일치하는 하위 프로필을 자동으로 선택합니다.

③ (Custom) 탭

  ⓘ Geometric Distortion : 렌즈 왜곡을 교정합니다. 슬라이더를 이동하여 이미지 중심에서 바깥으로 휘어지거나 이미지 중심을 향해 안쪽으로 휘어진 수평선과 수직선을 바르게 교정합니다.

  ⓙ Chromatic Aberration : 다른 색상 채널을 기준으로 색상 채널 크기를 조절하여 둘레를 보정합니다.

  ⓚ Vignette : 비네팅의 밝기와 폭을 설정합니다.

  ⓛ Transform : 가로, 세로로 평행을 이뤄 이미지 원근을 교정합니다. Scale에서 이미지 비율을 늘리거나 줄일 수 있습니다.

렌즈로 인해 왜곡된 사진을 많이 볼 수 있습니다. Lens Correction 필터를 이용하면 왜곡된 부분을 간단하게 보정할 수 있습니다.

Before

• 예제파일 : 11\비틀.jpg

After

• 완성파일 : 11\비틀_완성.jpg

01 11 폴더에서 '비틀.jpg' 파일을 불러옵니다.

메뉴에서 (Filter) → Lens Correction(Shift +Ctrl+R)을 실행합니다.

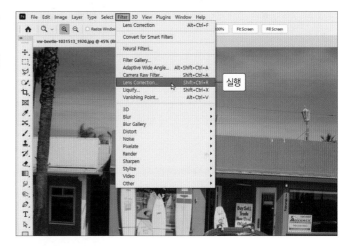

02 Lens Correction 대화상자가 표시됩니다.

03 이미지 중앙을 중심으로 둥글게 왜곡된 부분을 바로 잡기 위해 ❶ (Custom) 탭을 선택합니다. ❷ Remove Distortion을 '12'로 설정하면 중앙을 기준으로 이미지가 오목하게 조절됩니다.

04 비뚤어진 사진을 바로 잡기 위해 ❶ 정렬 도구(▭)를 선택하고 ❷ 건물 상단 수평 부분의 왼쪽부터 오른쪽 끝까지 드래그합니다.

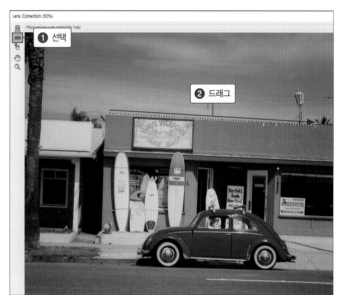

05 그림과 같이 이미지가 회전하면서 수평 부분이 바르게 조절됩니다. 이미지 수정이 완료되었다면 〈OK〉 버튼을 클릭합니다.

PHOTOSHOP

17

실습

방사형 패턴 만들기

×

인물이나 피사체를 강조하는 방법으로 시선을 집중시키는 방사형 패턴을 사용합니다. 예제에서는 세로 패턴을 만든 다음 Polar Coordinates 필터를 이용하여 방사형 패턴 만드는 방법을 알아보겠습니다.

Before

• 예제파일 : 11\코믹.psd

After

• 완성파일 : 11\코믹_완성.psd

01 11 폴더에서 '코믹.psd' 파일을 불러옵니다. 패턴 이미지를 만들기 위해 Layers 패널에서 ❶ 'Create a new layer' 아이콘(🔲)을 클릭하여 새 레이어를 만든 다음 ❷ 아래로 드래그합니다.

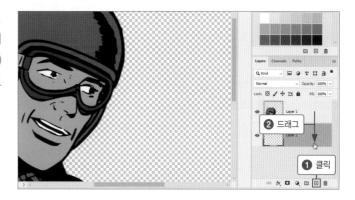

❷ 드래그

❶ 클릭

02 ❶ 사각형 선택 도구(▭)를 선택하고 ❷ 그림과 같이 이미지 오른쪽 부분을 드래그하여 선택 영역으로 지정합니다. 선택 영역에 색상을 채우기 위해 메뉴에서 (Edit) → Fill을 실행하여 Fill 대화상자가 표시되면 ❸ Contents를 'Color'로 지정합니다.

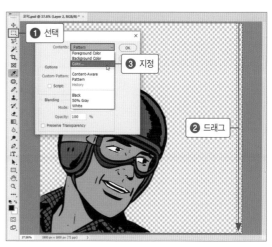

❶ 선택

❸ 지정

❷ 드래그

03 Color Picker 대화상자가 표시되면 ❶ 색상을 'R:255, G:255, B:0'으로 지정한 다음 ❷ 〈OK〉 버튼을 클릭합니다. ❸ Fill 대화상자에서도 〈OK〉 버튼을 클릭합니다.

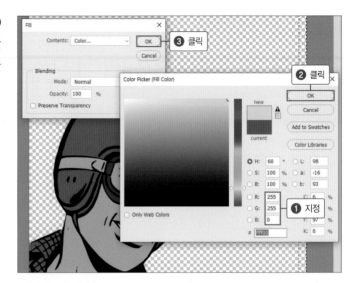

04 선택 영역에 노란색 색상이 채워졌습니다. ←를 연속으로 눌러 노란색 사각형 바로 옆으로 선택 영역을 이동합니다.

05 메뉴에서 (Edit) → Fill을 실행하여 Fill 대화상자가 표시되면 ❶ Contents를 'Color'로 지정합니다.
Color Picker 대화상자가 표시되면 ❷ 색상을 'R:10, G:246, B:215'로 지정한 다음 ❸ 〈OK〉 버튼을 클릭합니다. ❹ Fill 대화상자에서도 〈OK〉 버튼을 클릭합니다.

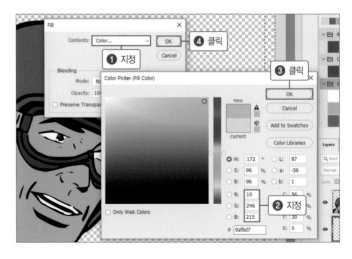

06 선택 영역에 형광 하늘색이 채워졌습니다. ❶ 사각형 선택 도구(▭)로 ❷ 두 사각형을 드래그해 선택 영역으로 지정합니다. ❸ 패턴으로 지정하기 위해 메뉴에서 (Edit) → Define Pattern을 실행합니다.

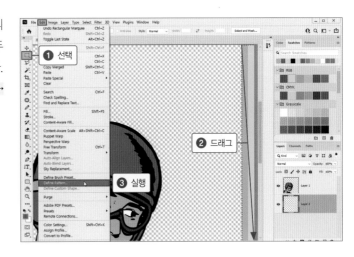

07 Pattern Name 대화상자가 표시되면 ❶ Name을 '세로패턴'으로 입력하고 ❷ 〈OK〉 버튼을 클릭합니다.

08 ❶ Ctrl+D를 눌러 선택 영역을 해제합니다. 배경에 패턴을 적용하기 위해 메뉴에서 (Edit) → Fill을 실행합니다. Fill 대화상자가 표시되면 ❷ Contents를 'Pattern'으로 지정합니다. ❸ Custom Pattern 팝업 버튼을 클릭하고 ❹ '세로패턴'을 선택한 다음 ❺ 〈OK〉 버튼을 클릭합니다.

Why? 👈

Ctrl+D를 눌러 선택 영역을 해제하는 이유는 전체 배경에 패턴을 적용하기 위해서입니다. 만약 선택 영역이 지정된 상태에서 패턴을 적용하면 선택 영역 안쪽만 패턴이 적용됩니다.

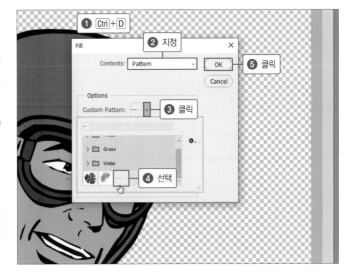

09 그림과 같이 등록한 패턴이 전체 배경 영역에 채워집니다.

⑩ 적용한 패턴 배경을 방사형으로 변형하기 위해 메뉴에서 (Filter) → Distort → Polar Coordinates를 실행합니다.

⑪ Polar Coordinates 대화상자가 표시되면 미리 보기에 방사형의 패턴이 표시됩니다. 〈OK〉 버튼을 클릭합니다.

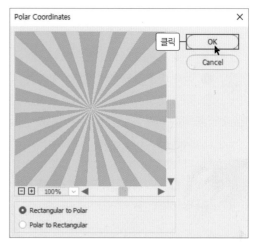

⑫ 세로 패턴이 방사형 패턴으로 변경된 것을 확인할 수 있습니다.

PHOTOSHOP
18

실습

물결 형태 만들기

×

기본 형태의 사각형 셰이프를 Wave 필터를 이용하여 물결 형태로 변경해 보겠습니다. 파형과 파장의 길이를 조절하여 원하는 형태의 물결 셰이프를 만듭니다.

Before

• **예제파일** : 11\홈까페.psd

After

• **완성파일** : 11\홈까페_완성.psd

---

01 11 폴더에서 '홈까페.psd' 파일을 불러옵니다.

오른쪽에 녹색의 사각형 셰이프를 만들기 위해 ❶ 사각형 도구(□)를 선택합니다. 색상을 지정하기 위해 ❷ 옵션바에서 Fill의 색상 상자를 클릭합니다.

02 ❶ 'Color Picker' 아이콘(□)을 클릭하여 Color Picker 대화상자가 표시되면 ❷ 색상을 'R:31, G:147, B:83'으로 지정하고 ❸ 〈OK〉 버튼을 클릭합니다.

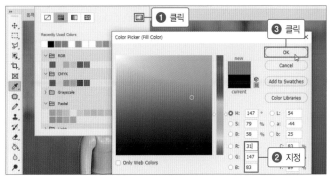

03 사각형 셰이프에 테두리가 생기지 않
도록 ❶ 옵션바에서 Stroke Width를
'0px'로 설정한 다음 ❷ 드래그하여 사각형을
그립니다.

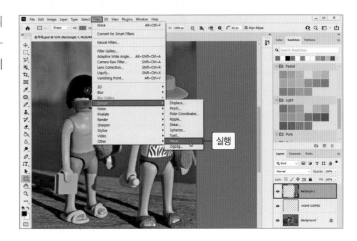

Why?👉
이미지(캔버스) 바깥쪽으로 넘어가게 셰이프를 그린
이유는 물결이 생기면 물결 사이로 배경 이미지가 보
일 수 있으므로, 여유 있게 사각형 셰이프를 만듭니다.

04 녹색의 사각형 셰이프가 만들어졌습니
다. Layers 패널을 확인하면 'Rectan-
gle 1' 셰이프 레이어가 생성되었습니다. 메뉴에
서 (Filter) → Distort → Wave를 실행합니다.

05 셰이프 레이어는 래스터화(Raster-
ized)나 스마트 레이어(Smart Object)
로 변환해야 한다는 경고가 표시되면 스마트
레이어로 변환하기 위해 〈Convert To Smart
Object〉 버튼을 클릭합니다.

06 Wave 대화상자가 표시되면 파장이 골고루 변
형되도록 Number of Generators를 '1'로 설정
합니다.

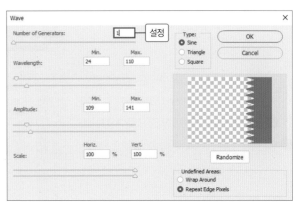

07 ❶ Wavelength(파장의 길이)의 Min과 Max를 각각 '1', '121' ❷ Amplitude(진폭)의 Min과 Max를 각각 '1', '50'으로 설정한 다음 ❸ 〈OK〉 버튼을 클릭합니다.

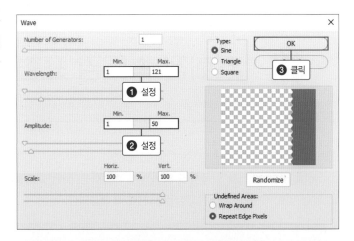

08 그림과 같이 사각형 셰이프의 외곽 부분이 물결 형태로 변경되었습니다.

09 물결 형태의 셰이프 위에 문자를 위치시키기 위해 Layers 패널에서 'HOME COFFEE' 레이어를 가장 위로 드래그합니다. 이미지가 완성되었습니다.

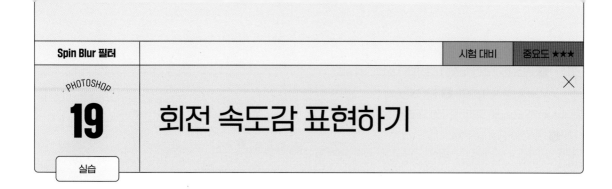

회전 속도감 표현하기

Spin Blur 필터를 이용하면 이미지에 회전하는 듯한 효과를 적용할 수 있습니다. 예제에서는 보드를 타는 인물 사진에 회전 속도감을 표현해 보겠습니다.

Before

• 예제파일 : 11\롱보드.psd

After

• 완성파일 : 11\롱보드_완성.psd

01 11 폴더에서 '롱보드.psd' 파일을 불러옵니다.

보드를 타는 인물에 필터를 적용하기 위해 Layers 패널에서 '인물2' 레이어를 선택합니다.

Why? 👈

Layers 패널에서 '인물2' 레이어를 선택한 다음 블러 명령을 실행하는 이유는 보드를 타는 인물에만 블러를 적용하고, 배경이나 다른 인물에 블러를 적용하지 않기 위함입니다.

02 메뉴에서 (Filter) → Blur Gallery → Spin Blur를 실행합니다.

394

03 원형 블러 영역이 그림과 같이 표시됩니다. 원형 블러 영역의 중심 부분을 드래그하여 보드 타는 인물의 얼굴에 위치합니다. 중심에서 바깥쪽으로 갈수록 블러 적용 정도가 강한 것을 확인할 수 있습니다.

04 원형 블러 경계선을 바깥쪽으로 드래그하여 원형 블러 영역 안에 인물이 포함되도록 확대합니다.

05 ❶ Blur Angle을 '7°'로 설정하여 블러 효과를 적용한 다음 ❷ 옵션바에서 〈OK〉 버튼을 클릭하여 완성합니다.

TIP

블러 영역의 중심점에 마우스 커서를 위치한 다음 드래그하는 방식으로도 블러 각도를 조절할 수 있습니다.

문자를 이용한 쿠폰 제작하기

예제 소개 영상

도형 도구와 문자 도구를 이용해 쇼핑몰이나 마케팅 디자인에서 자주 볼 수 있는 쿠폰을 간단하고 짜임새 있게 디자인할 수 있습니다.

이미지 크기	800×600pixels
해상도	72dpi
완성 파일	11\쿠폰디자인.psd, 쿠폰디자인.jpg

① 새 레이어에서 배경색 채우기

② 사각형 도구로 쿠폰 형태를 만들고 둥근 모서리 만들기

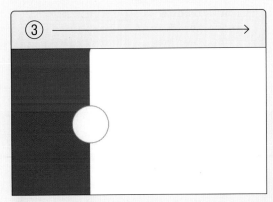

③ 원형 도구로 양쪽 가장자리 중앙에 원 그리기

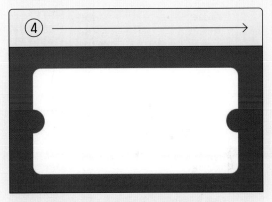

④ 쿠폰 프레임 래스터화하고,흰색 원형의 선택 영역을 만든 후 삭제하기

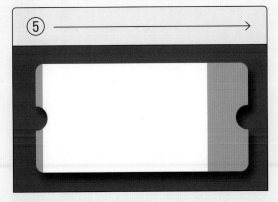

⑤ 문자 작업 부분 강조하기

⑥ 쿠폰 정보 입력하고, 사각형 도구로 다운로드 버튼 만들기

찾아보기

A

Actions	89, 95
Actions 패널	59
Add a layer style	218
Add a mask	218
Add space before paragraph	359
Add to selection	110, 118
Add to Swatches	161
Adjust for Zoom	300
Adjustments 패널	59
Adobe Stock	45
Advanced	125
Again	134
AI	37
Align Text	359
Amount	205
Anchor	83
Angle	298, 301
Angle Jitter	302
Anti-alias	111
Area	312
Artboards	66
Artistic 필터	381
Attribute	218
Auto Color	36, 190
Auto Correction	384
Automate	154
Automatic	81
Auto Refresh	115

B

Background Color	160
Background Contents	66
Baseline Shift	358
Batch	94
Begin recording	88
Bend	369
Bevel & Emboss	238
Bicubic	81
Bicubic Sharper	81
Bicubic Smoother	81
Bilinear	81
Bitmap	66
Black Clip	205
Bloat Tool	292
Border	121
Both Axes	302
Brick Fill	181, 187
Brightness/Contrast	191

Brightness randomness	182
Brushes 패널	59
Brush Reconstruct Options	292
Brush Settings 패널	58
Brush Tool Options	292
Build-up	304

C

Camera Raw Filter	36
Canvas extension color	83
Canvas Size	84
Catch-up on Stroke End	300
Cavas extension color	84
Centimeters	77
Channel	192
Channels 패널	57
Character 패널	58
Character Styles 패널	58
Charcoal	382
Circle	300
Classic	175
Clone Source 패널	61
CMYK	161
CMYK Color	66
Color	117, 168, 175, 205, 358
Color 패널	59
Color Balance	202
Colored Pencil	381
Color Libraries	161
Color Mode	66
Color Overlay	238
Color randomness	182, 187
Combine Shapes	341
Comments 패널	61
Conditional Mode Change	94
Contact Sheet II	94
Content	99, 165
Contour	238
Contract	121
Convert to Smart Object	259, 264
Count	302
Count Jitter	302
Create a new group	218
Create a new layer	218
Create Clipping Mask	249
Create Droplet	94
Create new action	88, 89
Create new channel	274
Create new set	88
Create new snapshot	88

D

Darker Color	230
Default Color	160
Define Pattern	186
Delete	88
Delete current channel	274
Delete current state	88
Delete layer	218
Destination	94
Detect Faces	124
Diagonal	300
Dialog On/Off	88
Diameter	301
Dimensions	81
Distort	134, 135
Dither	175
Drop Shadow	238
Dual Axis	300
Duotone Curve	273

E ~ F

Effect	218
Errors	94
Essentials	99
Exclude Overlapping Shapes	341
Exit	70
Expand	121
Expand Panels	57
Export	86
Face-Aware Liquify	292
Face Tool	292
Facial age	149
Feather	111, 121
File Naming	94
Fill	123, 218
Fill Screen	74
Fill Source	162
Filter for adjustments	218
Filter for pixel layers	218
Filter for shape layers	218
Filter for smart objects	218

Creative Cloud	24
Creative Cloud Desktop	24
Crop and Straighten Photos	94
Cross Weave	181
Current Size	83
Cutout	381

Filter for type layers	218	Indent right margin	359	Nearest Neighbor	81
Filter Gallery	380	Info 패널	57	Neural	39
Fit Image	94	Inner Shadow	238	Neural Filters	146
Fit on Screen	76	Input	195	New	66, 175
Fit Screen	74	Input Levels	192	New Action	89
Fit To	81	Interface	50	New Document	67
Fixed Ratio	111	Intersect Shape Areas	341	New selection	110
Fixed Size	111	Intersect with selection	110	New Size	83
Flicker	45	Item On/Off	88	New Workspace	64
Flip Horizontal	135	Justify	359	No Color	341
Flip Vertical	135	Justify all	359	Normal	111
Flow	299	Kerning	357	Notes 패널	61
Folders	99	Kind	218	Object Finder Mode	115
Font Style	357			Object Subtract	115
Foreground Color	160			Offset between rows	182
Freeze Mask Tool	292	**L**		Opacity	117, 165, 168, 175, 218, 312
Full Screen	56			Open	82
Full Screen Mode With Menu Bar	56	Lab	161	OpenType	358
Fuzziness	124	Lab Color	66	Orientation	66
		Layer Comps 패널	61	Outer Glow	238
		Layers 패널	57	Outline	115
G ~ H		Learn more	51	Output	125, 145, 195
		Legacy	86	Output Levels	192
Genarate	229	Lens Correction	94, 384	Output Options	98
Gradient	341	Levels	192	Overlay	230
Gradient Editor	176	Libraries 패널	58	Overlay Options	115
Gradient Map	209	Lighten	230		
Gradient Overlay	238	Linear	175		
Gradients 패널	60	Linear Light	230	**P**	
Gradient Type	175	Link layers	218		
Graphic Pen	382	Load	124	Paint Daubs	381
Grayscale	66	Load Mesh Options	292	Paragraph 패널	58
Grid & Slices	77	Load Selection	122	Parallel Lines	300
Grow	122	Lock	218	Parameters	125
Guides	77	Lock all	228	Paste Into	114
Hair thickness	149			Paste Special	114
Halftone Pattern	382			Path alignment	341
Hand Tool	292	**M**		Path arrangement	341
Hardness	298, 301			Path options	341
Harmonization	39, 199	MacOS	22	Paths 패널	57
Height	66, 81	Mandala	300	Pattern	341
Highlights	202, 205	Manual Refresh	115	Pattern rotate angle	182
Highlights 포인트	195	Mask All Objects	40	Patterns 패널	60
Histogram 패널	60	Mask Options	292	Pattern Scale	182, 187
History 패널	59, 88	Measurement Log 패널	61	PDF	90
Horizontal	300, 369	Merge to HDR Pro	94	PDF Presentation	94
Horizontal Distortion	369	Metadata	99	Perceptual	175
HSB	161	Method	175	Perspective	134, 135, 138
Hyphenate	359	Midtone	202, 205	Perspective Warp	143
		Minimum Diameter	302	Photomerge	94, 154
		Mode	115, 162, 165, 168, 175, 312	Photo Restoration	35
I ~ K		MorgueFile	45	Pick a filter type	218
		Multiply	230	Pixabay	45
Image	124			Place Along Path	181
Image Assets	229			Place Embeded	90
Image Size	38, 77	**N ~ O**		Plastic Wrap	381
Import library	58			Play section	88
Indent first line	359	Name	175, 218	Play selection	91
Indent left margin	359	Navigator 패널	59		

Polar Coordinates 382
Post Edges(포스터 가장자리) 381
Preferences 50
Preserve Details 81
Preserve Luminosity 202
Preserve Transparency 136, 165
Preset 151, 175, 195, 203
Pressure for Opacity 299
Pressure for Size 300
Preview 99
Properties 패널 61
Protect Texture 304
Pucker Tool 292
Pulled String Mode 299
Push Left Tool 292

R

Radial 300
Radius 205
Random Fill 181
Range 124
Reconstruct Tool 292
Reduce Noise 81
Refine Edge 125
Refine Hair 284
Relative 83
Resample 81
Reset Essentials 62, 63
Resize Windows to Fit 74
Resolution 66, 81
Reverse 175
RGB 161
RGB Color 66
Ripple 382
Rotate 134
Rough Pastels 381
Roundness 298, 301
Roundness Jitter 302
Rulers 77, 78

S

Sample Radius 123
Save 70, 71, 124
Save Adobe PDF 90
Save As 71
Save for Web 86
Save Selection 122
Scale 134
Scatter 302
Screen 230
Scrubby Zoom 74
Select 124
Select and Mask 283
Selection 124

Selection Preview 124
Select Subject 284
Set Black Point 192
Set Gray Point 192
Set the brush Angle 300
Set White Point 192
Shadows 195, 202, 205
Shear 382
Show all objects 115
Show Clipping 195
Similar 122
Size 298
Size Jitter 302
Skew 134
Skin Smoothing 206
Sky Replacement 254
Smart Blur 265
Smart Objects 259
Smart Portrait 146, 148
Smooth 121, 123, 195
Smoothing 299
Smoothing Options 299
Smooth Selection 123
Smooth Tool 292
Smudge Stick 381
Snap 77
Soften Edge 125
Solid Color 341
Sort by Filename 99
Source 94
Spacing 182, 298
Spherize 382
Spiral 181
Split Warp Crosswise 135
Split Warp Horizontally 135
Split Warp Vertically 135
Standard Screen 56
Stop playing/recoding 88, 91
Stroke 238, 341
Stroke Catch-up 299
Stroke type 341
Stroke width 341
Style 111, 312
Styles 패널 59
Subtract from selection 110
Subtract Front Shape 341
Surprise 147
Swatches 패널 60
Switch Color 160
Symmetry 300
Symmetry Fill 181

T

Texture 238
Thaw Mask Tool 292

Tilt Scale 302
Timeline 패널 60
Tint 203
Tolerance 312
Tone 205
Tone Balance 202
Tone Edges 382
Tool Presets 패널 60
Tools 패널 51
Tools 패널 편집 56
Top left corner radius 340
Tracking 357
Transform 134
Transform Selection 122
Transparency 175
Turn layer filtering on/off 218
Twirl Clockwise Tool 292

V ~ Z

Vertical 300
Vertical Distortion 369
Vertically Scale 357
Vibrance 197
View 284
View Mode 125
View Options 292
Warp 134, 135, 139, 144
Warp Text 358
Water Color 381
Wave 382
Wavy 300
Web Color 161
Wet Edges 304
White Clip 205
Width 66, 81, 82
Windows 22
Workspace 62
ZigZag 382
Zoom All Windows 74
Zoom In 74
Zoom Out 74
Zoom Tool 292

포토샵 단축키 모음

포토샵의 다양한 기능을 빠르게 실행할 수 있는 단축키 모음입니다. 단축키를 외워 두면 빠르고 효율적으로 작업할 수 있습니다.
※ 포토샵 CC 2023을 기준으로 작성되었습니다. 버전에 따라 차이가 있을 수 있습니다.

도구에 관한 키

기능	단축키
이동/아트보드 도구	V
사각형 선택/원형 선택 도구	M
올가미/다각형 올가미/자석 올가미 도구	L
빠른 선택 도구/마술봉 도구	W
자르기/원근 자르기/분할/분할 선택 도구	C
스포이드/3D 재질 스포이드/색상 샘플러/자/주석/계산 도구	I
스팟 힐링 브러시/힐링 브러시/패치/콘텐츠 인식 이동/레드 아이 도구	J
브러시/연필/컬러 리플레이스먼트/혼합 브러시 도구	B
스탬프/패턴 스탬프 도구	S
히스토리 브러시/아트 히스토리 브러시 도구	Y
지우개/백그라운드 지우개/매직 지우개 도구	E
그레이디언트/페인트 통/3D 재료 드롭 도구	G
닷지/번/스펀지 도구	O
펜/프리폼 펜/곡률 펜 도구	P
가로쓰기 문자/세로쓰기 문자/가로쓰기 선택 영역 문자/세로쓰기 선택 영역 문자 도구	T
사각형/둥근 사각형/원형/다각형/선/사용자 셰이프 도구	U
손바닥 도구	H
회전 보기 도구	R
돋보기 도구	Z

이미지 파일에 관한 키

기능	단축키
이미지 새로 만들기	Ctrl + N
이미지 파일 열기	Ctrl + O
Bridge에서 이미지 찾아보기	Alt + Ctrl + O
이미지 닫기	Ctrl + W
모든 이미지 닫기	Alt + Ctrl + W
이미지 저장하기	Ctrl + S
다른 이름으로 이미지 저장하기	Shift + Ctrl + S
인쇄하기	Ctrl + P
한 부 인쇄하기	Alt + Shift + Ctrl + P
포토샵 종료하기	Ctrl + Q

이미지 표시에 관한 키

기능	단축키
이미지 확대해서 보기	Ctrl + +
이미지 축소해서 보기	Ctrl + -
화면 크기에 맞게 조정하기	Ctrl + 0
실제 픽셀로 보기	Ctrl + 1
표시자 표시하기	Ctrl + H
눈금자 표시하기	Ctrl + R
스냅 켜기	Shift + Ctrl + ;
안내선 잠그기	Alt + Ctrl + ;

편집에 관한 키

이미지 잘라내기	Ctrl + X
이미지 복사	Ctrl + C
이미지 붙여넣기	Ctrl + V
이미지를 합병하여 복사	Shift + Ctrl + C
선택 영역 안쪽에 이미지 붙이기	Alt + Shift + Ctrl + V
이미지에 칠하기	Shift + F5
이미지를 자유롭게 변형	Ctrl + T
이미지 크기 조정	Alt + Ctrl + I
캔버스 크기 조정	Shift + Ctrl + C
작업 다음 단계로 이동하기	Shift + Ctrl + Z
작업 이전 단계로 이동하기	Alt + Ctrl + Z
이미지 변형 반복하기	Shift + Ctrl + T
바로가기 키 설정하기	Alt + Shift + Ctrl + K
메뉴 설정하기	Alt + Shift + Ctrl + M

색상 보정에 관한 키

색상 설정하기	Shift + Ctrl + K
자동으로 색상 톤 조정	Shift + Ctrl + L
자동으로 색 대비 조정	Alt + Shift + Ctrl + L
자동으로 색상 조정	Shift + Ctrl + B
색상 레벨 조정	Ctrl + L
커브 선을 이용한 색상 조정	Ctrl + M
색조와 색상 조정	Ctrl + U
검은색과 흰색으로 색상 변환	Alt + Shift + Ctrl + B
색상 반전	Ctrl + I
흑백 이미지로 색상 조정	Shift + Ctrl + U

이미지 합성에 관한 키

새로운 레이어 만들기	Shift + Ctrl + N
복사한 레이어 만들기	Ctrl + J
오린 레이어 만들기	Shift + Ctrl + J
레이어를 그룹으로 만들기	Ctrl + G
레이어를 그룹에서 해제하기	Shift + Ctrl + G
레이어 병합하기	Ctrl + E
보이는 레이어만 병합하기	Shift + Ctrl + E
클리핑 마스크 만들기	Alt + Ctrl + G

이미지 선택에 관한 키

전체 이미지 선택하기	Ctrl + A
선택 영역 해제하기	Ctrl + D
다시 선택 영역으로 지정하기	Shift + Ctrl + D
선택 영역 반전하기	Shift + Ctrl + I
모든 레이어 선택하기	Alt + Ctrl + A
선택 영역 가장자리 다듬기	Alt + Ctrl + R
선택 영역에 페더 지정하기	Shift + F6

패널 표시에 관한 키

Layers 패널 표시/끄기	F7
Brush Settings 패널 표시/끄기	F5
Color 패널 표시/끄기	F6
Actions 패널 표시/끄기	Alt + F9
Info 패널 표시/끄기	F8

고객센터

책을 읽다가 막히는 부분이 있나요?

책을 읽다가 막히는 부분이 있으면, 길벗출판사 홈페이지의 '1:1 문의' 게시판에 질문을 올려보세요. 길벗출판사 직원들과 〈무작정 따라하기〉 시리즈 저자들이 친절하게 답변해 드립니다.

1단계 길벗출판사 홈페이지(www.gilbut.co.kr)로 찾아오세요.

2단계 내용 문의 요청하기 기능을 이용하려면, 길벗출판사 홈페이지의 회원으로 가입해야 합니다. '회원가입'을 클릭해 무료 회원으로 가입한 후 가입 시 입력한 이메일 주소와 비밀번호를 입력해 로그인하세요.

3단계 '고객센터' 메뉴를 클릭한 후 FAQ 게시판에서 자주 묻는 질문에 관한 답변을 확인합니다. 그래도 해결되지 않는 부분이 있다면 '1:1 문의' 메뉴를 클릭하고 질문을 등록하세요. 답변을 얻을 수 있습니다.

베타테스터가 되고 싶어요

여러분도 길벗의 베타테스트에 참여해 보세요!

길벗출판사는 독자의 소리와 평가를 바탕으로 더 나은 책을 만들려고 합니다. 원고를 미리 따라 해보면서 잘못된 부분은 없는지, 더 쉬운 방법은 없는지 길벗과 함께 책을 만들어 보면서 여러분의 소중한 의견을 전달해 주세요.

1단계 길벗출판사 홈페이지(www.gilbut.co.kr)로 찾아오세요.

2단계 '고객센터 → 이벤트, 설문, 모집' 게시판을 이용하려면, 길벗출판사 홈페이지의 회원으로 가입해야 합니다. '회원가입'을 클릭해 무료 회원으로 가입한 후 가입 시 입력한 이메일 주소와 비밀번호를 입력해 로그인하세요.

3단계 '고객센터 → 이벤트, 설문, 모집' 메뉴를 클릭하여 게시판을 열고, 모집 중인 베타테스터를 선택한 후 신청하세요.